**Zu diesem Buch** Die Begriffe, mit deren Hilfe wir die Welt zu beschreiben versuchen, sind an den Gegenständen unserer unmittelbaren sinnlichen Erfahrung gebildet. Mit Wahrnehmung, Erkennen und Denken erfassen wir jedoch nicht die «Dinge an sich», sondern nur Strukturen, die sich im «Weltbildapparat» des menschlichen Gehirns als Reflexe der Außenwelt widerspiegeln. Bereits Platon versuchte, dies mit seinem bekannten Höhlengleichnis darzulegen.

Platons Höhle setzt der Autor dem menschlichen Bewusstsein gleich, das eng mit neuronalen Prozessen verbunden ist, die sich in unerem Gehirn ereignen. Wie verändert sich dann aber unsere Wahrnehmung, wenn Teile des Gehirns physisch oder psychisch beeinträchtigt werden? Wie viel Hirnsubstanz ist notwendig, um menschliches Bewusstsein darin zu beherbergen? Und wie entwickelte sich unser «Weltbildapparat» evolutionsgeschichtlich?

**Alfred Meier-Koll** war bis 1997 Professor für Physiologische Psychologie und Neuropsychologie an der Universität Konstanz. Er ist Autor des Titels *Chronobiologie. Zeitstrukturen des Lebens*, 1995.

Alfred Meier-Koll

# Wie groß ist Platons Höhle?
Über die Innenwelten unseres Bewusstseins

Rowohlt Taschenbuch Verlag

**rororo sience**

Lektorat Angelika Mette

Originalausgabe
Veröffentlicht im Rowohlt Taschenbuch Verlag GmbH,
Reinbek bei Hamburg, März 2002
Copyright © 2002 by Rowohlt Taschenbuch Verlag GmbH,
Reinbek bei Hamburg
Redaktion Astrid Grabow
Fachliche Beratung der Reihe Eva Ruhnau,
Humanwissenschaftliches Zentrum,
Ludwig-Maximilians-Universität, München
Umschlaggestaltung: any.way, Barbara Hanke
Satz aus der AdobeGaramond PostScript, QuarkXPress 4.11
Gesamtherstellung Clausen & Bosse, Leck
Printed in Germany
ISBN 3 499 60823 5

Die Schreibweise entspricht den Regeln
der neuen Rechtschreibung.

# Inhalt

Für Aurelia und Nicolai

Nächstdem, sprach ich, vergleiche Dir unsere Natur in Bezug auf Bildung und Unbildung folgendem Zustande. Sieh nämlich Menschen wie in einer unterirdischen höhlenartigen Wohnung, die einen gegen das Licht geöffneten Zugang längs der ganzen Höhle hat. In dieser seien sie von Kindheit an gefesselt an Hals und Schenkeln, so daß sie auf demselben Fleck bleiben und auch nur nach vorne hin sehen, den Kopf aber herumzudrehen der Fessel wegen nicht vermögend sind. Licht aber haben sie von einem Feuer, welches von oben und von ferne her hinter ihnen brennt. Zwischen dem Feuer und den Gefangenen geht oben her ein Weg, längs diesem sieh eine Mauer aufgeführt, wie die Schranken, welche die Gaukler vor den Zuschauern sich erbauen, über welche herüber sie ihre Kunststücke zeigen. – Siehe nun längs dieser Mauer Menschen allerlei Gefässe tragen, die über die Mauer herüber ragen, und Bildsäulen und andere steinerne und hölzerne Bilder und allerlei Arbeit: Einige, wie natürlich, reden dabei, andere schweigen. – Ein gar wunderliches Bild, sprach er, stellst Du dar und wunderliche Gefangene. – Uns ganz ähnliche, entgegnete ich. Denn zuerst, meinst Du wohl, daß dergleichen Menschen von sich selbst und von einander etwas anderes zu sehen bekommen als Schatten, welche das Feuer auf die ihnen gegenüberstehende Wand der Höhle wirft? – Wie sollten sie, sprach er, wenn sie gezwungen sind, zeitlebens den Kopf unbeweglich zu halten! – Und von dem Vorübergetragenen nicht eben dieses? – Was sonst? – Wenn sie nun miteinander reden könnten, glaubst Du nicht, daß sie auch pflegen würden dieses Vorhandene zu benennen, was sie sähen? – Notwendig. – Und wie, wenn ihr Kerker auch einen Widerhall hätte von drüben her, meinst Du, wenn einer von den Vorübergehenden reden würde, sie würden denken, etwas anderes rede als der eben vorübergehende Schatten? – Nein beim Zeus! sagte er. – Auf keine Weise also können diese irgend etwas anderes für das Wahre halten als die Schatten jener Kunstwerke? – Ganz unmöglich.

Platon: Politeia, 514 ff. (aus: «Der Staat», deutsche Übersetzung von Friedrich Schleiermacher, bearbeitet von Dietrich Kurz; Darmstadt 1971)

# Der Eingang zur Höhle

Die Begriffe des menschlichen Denkens und die Wörter unserer Sprache werden an den Gegenständen der sinnlichen Erfahrung geformt. Diese aber ist begrenzt, da unser Nervensystem aus dem breiten Strom der Umweltreize nur einen kleinen Teil ausfiltert und bewusst macht. Unser Gehirn ist ebenso wie die Gehirne aller Tiere ein artspezifischer «Weltbildapparat», den die Kräfte der biologischen Evolution geschaffen haben, nicht um mit seiner Hilfe die Welt bis in ihre Einzelheiten zu erkennen, sondern um damit in ihr zu überleben.

Die offenkundige Begrenztheit dessen, was unsere Sinne vermitteln und unser Verstand erfassen kann, hat Platon mit einer Höhle verglichen, in der wir zeitlebens gefangen bleiben. Die Schatten auf ihrer Wand betrachtend, versuchen wir uns vorzustellen, was außerhalb der Höhle liegen mag. So erkennen wir kein Ding an sich, sondern lediglich Reflexe und Schatten, welche die Gegenstände der Außenwelt auf ihre Wände werfen. Der Eingang zur Höhle lässt sich finden. Er liegt im Gehirn des Menschen. Betreten aber können wir ihn nicht. Wahrnehmen, Erinnern, Denken, Sprechen und Handeln sind untrennbar an neuronale Vorgänge gebunden. Um diese nachzuweisen, ist allerlei physikalisches Gerät und eine ingeniöse Methodik des Beobachtens und Messens zur Hand. Dennoch vermittelt kein Instrument Einblicke in die Innenwelt unseres Bewusstseins. Allein ihr Bewohner, das wache Individuum, kann bezeugen, dass es die Höhle und die Schatten auf ihren Wänden gibt.

«Ich sehe ein blaues Licht im rechten oberen Gesichtsfeld.» «Ich spüre ein Prickeln im linken Unterarm.» «Ich habe geträumt zu fliegen.» «Ich denken an morgen.» Wer solches berichtet, bleibt der einzige Zeuge dieser Ereignisse. Niemand sonst hat daran Anteil, und nichts kann sie auf einem Monitor abbilden; keiner hat einen Traum gefilmt oder einen Gedanken vermessen. Andererseits entziehen sich dem einsamen Zeugen dieser Innenwelt alle neuronalen Prozesse, die sich zeitentsprechend zu seinem Erleben im Gehirn ereignen. Kein Nervenimpuls, kein Erregungsmuster der Hirnrinde, keine Veränderung im Stoffwechsel der Nervenzellen wird ihm unmittelbar bewusst, denn all dies ereignet sich vor Platons Höhle. Dort liegt eine andere Welt als diejenige, welche wir in der Höhle unmittelbar erfahren.

René Descartes hatte beide Welten als unvereinbar anerkannt, und sein Urteilsspruch schien die Bereiche auf ewig zu scheiden: draußen die Sachwelt der ausgedehnten Erscheinungen, *res extensa*, deren jede einen Ort beansprucht, vermessen und gewogen werden kann, und innen *res cogitans*, die Welt der Gedanken und sinnlichen Wahrnehmungen, unwägbar und ohne Ausdehnung. Soweit wir sehen, fügen sich die Erscheinungen der ersten Welt einer naturgesetzlichen Beschreibung. Die Gesetze der zweiten hingegen kennen wir nur wenig. Was in ihr vorgeht, benennt unsere Sprache einstweilen in bildhaften Vergleichen. Es sind die Schatten in Platons Höhle. Man hätte sich mit dieser streng dualistischen Scheidung der Welt abzufinden, wären da nicht Hinweise, dass Tore von einer Seite zur anderen führen.

Vor einigen Jahren fand sich in einem Kellerdepot der Sorbonne ein Glasgefäß, in dem das Gehirn eines Menschen konserviert war. Es gehörte einem Mann, der «Tan» genannt wurde, weil diese Silbe alles war, was er zu Lebzeiten an Sprachlauten zu äußern vermocht hat. Tans linke Hirnhälfte war aufgrund eines ausgedehnten Infarktes der versorgenden Blutgefäße im Bereich des Schläfenlappens zerstört worden. Bereits 1863 untersuchte der Neurologe Paul Broca das Gehirn und erkannte als Erster, dass die linke Hirnhälfte den Menschen zur Sprache befähigt. Als man Tans Gehirn ein Jahrhundert später wiederfand, wurden mit Hilfe eines Computertomographen horizontale Schichtbilder angefertigt. Sie zeigen die ausgedehnte Zerstörung seiner linken Hälfte. Brocas frühe Schlussfolgerung funktionell ungleicher Hirnhälften, von denen die linke vor allem für die Sprache und das sprachlich geleitete Denken zuständig ist, wurde später vielfach bestätigt. Heute wissen wir, dass sich unser Gehirn in mehrere Bezirke unterteilen lässt, von denen jeder für bestimmte Aufgaben geschaffen ist. Diese Funktionsbezirke sind in den beiden Hirnhälften teilweise ungleich angelegt. Tan hatte die Wissenschaft auf einen neuen Weg gebracht. Mit seinem Namen verbindet sich ein erster großer Erfolg in der Erforschung des menschlichen Gehirns und seiner neuronalen Teilstrukturen, an deren Tätigkeit bestimmte geistige Fähigkeiten gebunden sind.

Die Computertomographie ermöglicht es heutzutage, unterschiedliche Bereiche des Gehirns am lebenden Menschen zu vermessen. Ein anderes Verfahren, die Positronemissionstomographie (PET), erstellt Karten, an denen zu sehen ist, wie sich Stoffwechselprozesse im Gehirn räumlich verteilen. Mit Hilfe einer weiterentwickelten Testdiagnostik können anatomische Befunde von Hirnverletzungen mit Einbußen an geistiger Leistung, zum Beispiel Wahrnehmungsstörungen, verglichen werden. Das Verhältnis von geistigen Vorgängen und zerebralen Funktionen, seit langem als Leib-Seele-Problem Gegenstand philosophischer Betrachtung, kann somit durch naturwissenschaftliche Experimente erforscht werden. Eine Wissenschaft, die dieses versucht, wird als *Neuropsychologie* bezeichnet. Ihre Erkenntnisse dienen der medizinischen, psychosozialen und beruflichen Rehabilitation von Personen, die eine Schädigung ihres Gehirns erlitten haben und daher in bestimmten geistigen Leistungen beeinträchtigt sind. Alle konstruktiven Lösungen von Teilproblemen aber, welche die raschen Fortschritte der Neurowissenschaft bisher erbracht haben, verweisen uns auf die bislang ungeklärte Grundfrage, woher das menschliche Gehirn sein Bewusstsein hat.

# Kapitel 1
## Schatten ferner Welten:
## Physikalische Grundbedingungen für
## Leben und Bewusstsein

Der Mensch kann die kleinsten Teilchen der Materie nicht sehen und die Tiefen des Weltalls nicht bereisen. Und oft widerspricht die Art, in der sich Naturgesetze auswirken, unserer Anschauung.

Die biologische Gattung Mensch entwickelte sich im Laufe von zwei Millionen Jahren. Durch die natürliche Selektion wurde das Gehirn unserer prähistorischen Ahnen dahin gehend optimiert, dass sie als Jäger und Sammler in den Savannen Afrikas überleben und neue Generationen zeugen konnten. Auf ausgedehnten Streifzügen durch Wald- und Buschlandschaften mussten sie sich weit über ihren aktuellen Gesichtskreis hinaus an verstreuten Landmarken orientieren, Gefahren voraussehen, ihr tägliches Auskommen in erlegten Tieren und gesammelten Früchten finden und eine Kommunikation mit ungefähr dreißig Individuen aufrechterhalten, die als Gruppe wechselseitig voneinander abhängig waren. Es war nicht notwendig, nach den eigenen Ursprüngen und den Grenzen des Erdkreises zu forschen. Doch trotz der harten Selektion kognitiver Eigenschaften wurde im menschlichen Gehirn eine Reserve angelegt, die es erlaubt, nicht nur Fragen nach der Herkunft aller Lebewesen und den Anfängen des Universums zu stellen, sondern diese auch mit Begriffen der naturwissenschaftlichen Experimentalforschung zu beantworten. Wie weit können solche Einsichten angesichts der notwendigen Begrenztheit unseres biologischen «Weltbildapparates» reichen?

In dem nunmehr zurückliegenden zwanzigsten Jahrhundert haben zwei Naturwissenschaften unser Weltbild grundlegend verändert: zunächst die Physik, dann die Biologie. Beide behandeln Fragen, die vor kurzem noch als unbeantwortbar galten: Wie entstand die Welt und woher kommen die Lebewesen einschließlich des Menschen? Dies herauszufinden war dem Menschen von jeher ein dringliches Anliegen. Immer wieder sind diese Fragen in Schöpfungsmythen gestellt und interpretiert worden. Es ist unserer Gegenwart vorbehalten, sie als Gegenstand naturwissenschaftlicher Theoriebildung zu sehen. Aber kann intelligentes Leben die naturgegebenen Voraussetzungen seiner Existenz erkennen?

### Die «Theorie von allem»

Wiederum sitzt der Mensch als Gefangener in Platons Höhle und schließt aus seinen Sinneseindrücken auf Welten, die er nicht unmittelbar erfahren kann. Er stellt die Gegenstände seiner Wahrnehmung in Zusammenhänge und formuliert schließlich eine Theorie von dem, was die Schatten auf seine Höhlenwand geworfen haben könnte. Je weiter ein Ding von Platons Höhle entfernt liegt, desto weniger gleicht es den anschaulichen Gegenständen des täglichen Gebrauchs. Nachprüfbare Aussagen über diese entfernten Bereiche leiten sich daher allein aus abstrakten Theorien ab, die vom unvorstellbar Kleinen und vom unvorstellbar Großen handeln, den kleinsten Einheiten und den letzten Grenzen der für uns erfahrbaren Welt. Anhand solch abstrakter Modelle lässt sich verstehen, was in nicht erfahrbarer Vergangenheit geschah, wie es die gegenwärtige Welt bedingt und in welch unerreichbare Zukunft sich diese noch fortentwickeln wird.

Die Vertreter der theoretischen Physik haben sich viel vorgenommen. Ihnen geht es mittlerweile um nichts Geringeres als das Ganze, um das Universum. Vier verschiedene Grundkräfte, so fanden sie heraus, sind darin wirksam. Seit langem bekannt sind die Gravitation und die elektromagnetische Kraft. Sie wirken über so große Entfernungen, dass jeder sie im alltäglichen Leben bemerkt. Die Kernphysiker fanden zwei weitere, die schwache und die starke Kraft. Sie wirken zwischen verschiedenen Elementarteilchen, und ihre Reichweite ist kleiner als der Durchmesser eines Atomkernes. Diese beiden Kräfte sind für uns nicht unmittelbar erfahrbar. Es gibt gesonderte Theorien, welche die vier Grundkräfte mathematisch beschreiben und Voraussagen darüber erlauben, wie sie sich unter experimentell gesetzten Bedingungen auswirken. Die mathematischen Formalismen dieser Teiltheorien ähneln sich in **17** bestimmten strukturellen Eigenschaften, die man *Symmetrien* nennt. Es scheint, als leiteten sie sich von einem allgemeineren Formalismus ab, der eine «Urkraft» beschreibt, aus welcher diese vier Grundkräfte entstanden sind. Der Physiker geht hier wie ein Biologe vor, der von gleichen Merkmalen verschiedener Tier- oder Pflanzenarten auf einen gemeinsamen Vorläufer schließt, der ausgestorben ist. Die Physiker nutzen diese strukturellen Gemeinsamkeiten ihrer Teiltheorien als Leitfaden, um das Gesetz einer vergangenen Urkraft aufzufinden. In diesem Gesetz sollen alle bisherigen Teiltheorien der Grundkräfte aufgehen.

Die große vereinheitlichte Theorie der Physik, soweit sie heute in Ansätzen vorliegt, sieht den Anfang der Welt in einem Zustand, in dem allein die fundamentale Urkraft bestand. Sie zerbrach und spaltete sich in die vier uns bekannten Grundkräfte auf, die seitdem als getrennte Ableger fortbestehen. Die Existenz des Universums und sein heutiger Zustand leiten sich aus diesem initialen Ereignis ab. Die Theoretiker der Physik vermögen in diesem Zusammenhang, das unvorstellbar Kleine, die Welt der Elementarteilchen und ihrer Kräfte, mit dem unvorstellbar Großen, der Struktur des interstellaren Raumes, zu vereinen. Gelingt ihnen eine vollständige vereinheitlichte Theorie der Grundkräfte, wird diese gleichermaßen eine Theorie der Entstehung des Weltalls und aller darin möglichen Erscheinungen sein; sie sei dann, so heißt es, eine «Theorie von allem».

Als weitgehende Annäherung an diese vereinheitlichte Theorie besteht heute ein Standardmodell, welches das Universum aus der mathematischen Singularität eines punktartigen Ortes mit unbestimmt hoher Energiedichte in verschiedenen Phasen expandieren sieht. In diesen Phasen bilden sich nach und nach die Elementarteilchen der Materie und deren Kräfte. Das Weltall wächst dieser Vorstellung gemäß nicht in den leeren Behälter eines bestehenden Raumes hinein. Raum und Zeit werden selbst erst mit der Singularität ihres Anfangs erschaffen und spannen sich mit dem expandierenden Weltall auf. Der Anfang heißt «Urknall». Befunde der Astrophysik sprechen dafür, dass mit ihm unsere Welt vor etwa 15 Milliarden Jahren begonnen hat. Warum ist das Universum so, wie es ist? Und wie können wir es aus der Begrenztheit der platonischen Höhle erkennen?

# Das anthropische Prinzip

Die bloße Tatsache unserer bewussten Existenz lässt Rückschlüsse über die Bedingungen zu, die die Geburt unseres Universums ermöglicht haben. Nach dem Standardmodell konnte das gegenwärtige Universum entstehen, weil dessen physikalische Grundkonstanten zu Anfang des Urknalls bestimmte, sehr fein aufeinander abgestimmte Werte hatten. Nach Aussagen der theoretischen Physik hängt von solchen Startbedingungen ab, welche Art von Universum geboren wird. Wäre beispielsweise die anfängliche Expansionsgeschwindigkeit unseres Universums ein wenig kleiner gewesen, die Stärke der Gravitation aber gleich geblieben, hätte sich das Weltall nicht zu seiner gegenwärtigen Größe ausgedehnt. Es wäre bald nach dem Urknall in sich zusammengestürzt und hätte somit zu kurze Zeit bestanden, um Materie mit Atomen und Molekülen entstehen zu lassen.

Hätte sich andererseits das Universum in seiner Geburtsphase etwas rascher ausgedehnt, könnten sich zwar Gaswolken aus Wasserstoff gebildet haben, aber keine Sterne, in deren Innerem höherwertige chemische Elemente erzeugt werden. Auch ein solches Universum hätte einer Evolution von Lebewesen weder Raum noch Zeit gelassen. Komplexe Organismen und gar solche, die ein Bewusstsein von sich und ihrer Welt tragen, kann es daher nicht in jedem beliebigen Universum geben. Dies ist, knapp gesagt, das *anthropische Prinzip* der Kosmologie. Demnach müssen die Dinge wohl so sein, wie sie sind, nämlich in genau den richtigen Konditionen, die es ermöglichen, dass sich intelligente Wesen entwickeln können, die das Universum erkennen und seine Existenz bezeugen.

Gemäß dem anthropischen Prinzip ist das Bewusstsein als ein Naturphänomen zu werten, welches sich neben anderen in einem dafür geeigneten Universum entfalten konnte. Welchen Platz wird es in einer «Theorie von allem» einnehmen? Wird sich die vereinheitlichte Theorie der Physik auf die Naturgesetzlichkeit herkömmlicher Erscheinungen der physikalischen Außenwelt beschränken, das Bewusstsein aber aussparen müssen? Bleibt unser «Weltbildapparat», dem wir alle Erkenntnisse über die physikalische Außenwelt verdanken, selbst ausgeschlossen, oder lässt er sich als eigenständiges Naturphänomen ebenfalls in den Rahmen einer «Theorie von allem» einbeziehen? Dann freilich wird die Stellung des beobachtenden Bewusstseins inmitten der physikalischen Außenwelt selbst ein zentrales Thema dieser Theorie sein.

Es mag befremden, menschliches Bewusstsein und intelligentes Leben im selben Atemzug mit physikalischen Grundstrukturen unseres Universums genannt zu hören. Und man kann ohne weiteres einräumen, dass bereits chemische Elemente einer atomistischen Materie Vorbedingung für Leben sind. Aber können uns physikalische Theorien auch erklären, was das Außerordentliche an der Entstehung intelligenten Lebens ist? Leben und Bewusstsein hängen zumindest mit einer physikalischen Grundstruktur in fundamentaler Weise zusammen: Es ist die Zeit und die *ausgezeichnete* Richtung, in welcher sie verstreicht.

### Die gebrochene Symmetrie der Zeit

Die elementaren Gesetze der Physik – dies gilt für Teiltheorien wie für den Versuch ihrer Vereinheitlichung – besitzen bemerkenswerte Symmetrien. Sie lassen beispielsweise keinen *ausgezeichneten* Ort und keine *ausgezeichnete* Richtung in Raum oder Zeit erkennen. Von derart symmetrischen Gesetzen beherrscht, sollte unsere Welt einem homogenen, unveränderlichen Nebel gleichen: Kein Ort ließe sich darin vom anderen unterscheiden, wohin man blickte, überall dieselbe Ansicht, und die Zeit würde in keiner bestimmten Richtung verstreichen. Nun finden sich aber in der Welt räumliche Strukturen, wir erkennen Vergangenheit und Zukunft. Folglich gibt es Mechanismen, welche die Symmetrien der elementaren Naturgesetze brechen. Die Zeit ist ein gutes Beispiel, um dies zu erörtern.

Beobachten wir die Schwingungen eines einfachen Pendels, den Zusammenprall mehrerer Billardkugeln oder die Bewegung eines Planeten um die Sonne. Abgesehen vom möglichen Energieverlust durch Reibungskräfte können wir diese mechanischen Systeme als einfach und abgeschlossen betrachten. Sie genügen den Grundgesetzen der klassischen Mechanik. Die bewegten Objekte lassen sich filmen oder auf andere Weise in ihren Bewegungen aufzeichnen. Betrachten wir dann den Film im Rückwärtslauf, stellt er die Ereignisse in zeitlicher Umkehr dar. Das Ende wird zum Anfang, der Anfang zum Ende. Solche zeitlich rückwärts gerichteten Ereignisfolgen aber sind gleichfalls mögliche Bewegungen der Objekte. Sie erfüllen dieselben Grundgesetzte der Mechanik. Diese Grundgesetze verhalten sich somit indifferent gegenüber einer Spiegelung des Zeitverlaufes. Ihre mathematische Formulierung bringt dies zum Ausdruck. Die Bewegungsgesetze bleiben in ihrer funktionalen Gestalt unverändert, wenn darin der Zeitparameter t durch einen Zeitparameter -t ersetzt wird. Man bezeichnet diese Bewegungsgesetze als symmetrisch oder invariant gegenüber Spiegelungen der Zeit. Diese Zeitsymmetrie haftet sowohl den Grundgesetzen der Newton'schen Mechanik als auch den Grundlagen der Maxwell'schen Elektrodynamik an. Sie gilt auch für die Bewegungsgesetze der Relativitätstheorie und der Quantenmechanik. Würden sich die Objekte ausschließlich nach diesen zeitsymmetrischen Grundgesetzen bewegen, könnten wir keine *ausgezeichnete* Richtung erkennen, in die die Zeit verstreicht. Es gäbe vor- und ebenso viele rückwärts gerichtete Zyklen, aber nirgends einen einmaligen Anfang und ein unwiderrufliches Ende, keine Entwicklung und keine Geschichte.

Es ist schwierig, sich das vorzustellen, da wir doch täglich das Gegenteil erfahren. Eine Porzellantasse fällt vom Tisch zu Boden und zerspringt. Ein rückwärts laufender Film dieser Szene ließe die verteilten Scherben wie von Geisterhand geführt zueinander finden. Die wiedererstandene Tasse erhöbe sich vom Boden und fände an ihren Platz, von dem sie gefallen war, zurück. Derlei «Geisterhaftes» aber wurde nie an wirklichen Porzellanscherben beobachtet. Also wird doch eine zeitliche Richtung vor der anderen *ausgezeichnet*. Welche Kräfte brechen die elementargesetzliche Symmetrie der Zeit?

Auf dem Tisch besaß die Tasse potenzielle Energie: Man hatte sie dorthin gestellt und eben Energie aufgewendet, während sie gegen die Schwerkraft getragen wurde. Potenzielle Energie bedeutet, dass die Tasse fallen kann. Tut sie dies, verwandelt sich ihre potenzielle Energie in kinetische, also Bewegungsenergie. Schließlich schlägt die Tasse unten auf und verteilt ihre gesamte Energie mit einem Stoß an unzählige Moleküle des Bodens und ihre eigene zersplitterte Substanz. Die Scherben und viele molekulare Partikel tragen dann die Bewegungsenergie eines einzigen Gegenstandes in kleinen, nach allen Seiten unregelmäßig ausgerichteten Bewegungen fort. Diese ungeordnete Bewegungsenergie vieler molekularer Teilchen ist Wärme. Zwischen den Molekülen wirken zwar Kräfte, doch sind diese nicht stark genug, um die unzähligen Moleküle zeitgleich in eine bestimmte Richtung zu stoßen und so wieder eine geordnete Massenbewegung herzustellen. Eine mathematische Formulierung aller zwischen den Teilchen wirkenden Kräfte führt in solchen Mehrkörperproblemen auf so genannte nichtlineare Anteile in den Bewegungsgleichungen. Es ist gerade diese Nichtlinearität des gesamten Gefüges aller Teilkräfte, welche die ursprüngliche Zeitsymmetrie bricht. Die Energie, einmal auf viele molekulare Elemente verteilt, kann sich nicht mehr rückwärts bündeln. Die vielfach verstreute Wärmeenergie kann sich ohne äußeres Zutun nicht zu arbeitsfähiger Energie zurückentwickeln. Alle Umwandlungen von Energie verlaufen daher in eine Richtung: von geordneten Zuständen der Materie, in denen noch arbeitsfähige Energie steckt, abwärts in einen Energiesee gleichmäßig verteilter Wärme.

Ähnlich einer fallenden Porzellantasse, die am Boden zu Bruch geht, fließt Wasser von der Höhe eines Berges und speist als Bach einen See. Die kinetische Energie des Baches verteilt sich schließlich auf zahllose Wassermoleküle im See. Ohne die gesamte Energiebilanz zu stören, könnte sich die Wärmeenergie von Wassermolekülen an einer Stelle bündeln, den Bach auf diese Weise wieder bergan treiben und einen entsprechend abgekühlten See hinterlassen. Da es in dieser Welt aber eine *ausgezeichnete* Richtung von geordneten Zuständen hin zur thermischen Unordnung unzähliger molekularer Einheiten gibt, wurde noch nie ein Bach entdeckt, der bergan fließt.

Wenn aber fortlaufend Unordnung entsteht, müssen die Dinge zuvor einmal geordnet gewesen sein. Nach Auffassung der modernen Kosmologie stellt der hoch symmetrische Zustand, aus dem unser Universum hervorgegangen ist, ein riesiges Reservoir an arbeitsfähiger Energie dar, welchem der fortwährende Strom zur Unordnung entsprungen ist. Jede Energie, die in geordneten Zustandsformen der Materie steckt, ist in dieser Welt unterwegs, sich unwiderruflich in Wärme umzuwandeln. Sie kann auf diesem Weg lange in metastabilen Zuständen festgehalten werden. Das vorliegende Buch zum Beispiel befindet sich in einem metastabilen Zustand. Es kann, von einem Streichholz entzündet, in Flammen aufgehen. In seinem Papier steckt chemische Energie, die sich, während das Buch verbrennt, in Wärme umwandelt.

## Uhrwerke

Wenn sich in dieser Welt alle Formen freier, arbeitsfähiger Energie unumkehrbar in Wärme verwandeln, legt dies *eine* Richtung fest, in der Ereignisse aufeinander folgen. Es gibt Anfang und Ende und eine unwiederholbare Entwicklung. Zeit verstreicht in einer Richtung. Dem entspricht auch die Art, in der wir Zeit messen. Jeder Uhr wird ein endlicher Betrag an arbeitsfähiger Energie eingegeben, die mechanische Spannung einer Metallfeder oder das Energiereservoir einer elektrischen Spannungsquelle. Diese Energie nimmt ihren Weg über eine Mechanik und wird dabei in Wärme umgesetzt. In dem Uhrwerk ist meist ein Pendel oder eine schwingende Unruh eingebaut. Mit jeder Periode öffnet und schließt sich der Zugang zu einem Räderwerk, und arbeitsfähige Energie fließt in kleinen und gleichen Einheiten ab.

Ein Uhrwerk zu bauen und damit Zeit zu messen setzt ein gedankliches Bild von Zeit voraus. Meist wird sie mit einem Strom verglichen, in dessen Fluten allerlei Strandgut vorbeitreibt. Der rieselnde Sand eines Stundenglases entspricht ebenfalls dieser Vorstellung. Ein anderes Bild ist die zyklische Wiederkehr ein und derselben Erscheinung, wie es die Pendeluhr vorführt. Zyklen aber können gezählt werden. Zeit als gedankliches Bild verbindet sich darin mit Zahl und Menge. Ein Stundenglas, in dem Wasser von einem Gefäß in ein anderes tropft, verwirklicht diesen digitalen Aspekt der Zeitmessung. Die meisten Uhren vereinen in ihrer Konstruktion die Vorstellung eines steten Stromes der Zeit mit deren digitaler Unterteilung.

Die Zeit und mit ihr bestimmte uhrwerkartige Mechanismen spielen eine entscheidende Rolle im funktionalen Gefüge eines lebenden Organismus. Alle Lebewesen sind mit «inneren Uhren» ausgestattet. Diese biologischen Uhrwerke sind selbst Bestandteil des komplexen Wirkungsgefüges, aus dem ein Organismus entsteht und das ihn erhält. Sie prägen der einzelnen Zelle wie dem vielzelligen Organismus unterschiedliche Rhythmen auf. Die rhythmische Organisation durchdringt alle Lebewesen. Sie wurde als grundlegende Eigenschaft des Lebens im Laufe der Evolution konserviert und findet sich bei der Amöbe ebenso wie beim Menschen. Leben ist ein Ensemble von Oszillationen. Vom Bereich molekularer Kinetik mit Zyklen von weniger als einer Millisekunde bis zu tagesperiodischen und saisonalen Rhythmen umspannt ihre Zeitskala, gemessen in Sekunden, mehr als 10 Dekaden. Ihre Funktion ist mannigfaltig. «Chemische Uhren» regeln die komplexe Musterbildung embryonalen Gewebes ebenso wie die hormonalen Signale zwischen Zellen des Immunsystems und die elektrischen Impulssignale neuraler Netzwerke des Gehirns. Technischen Uhren gleich, müssen sie mit arbeitsfähiger Energie gespeist werden, die sie antreibt und sich dabei allmählich in Wärme verwandelt. Nicht zuletzt scheint unser Bewusstsein an solche inneren Rhythmen gebunden zu sein. Bewusstsein ist vor allem ein Empfinden von Zeit als Dauer und Vergänglichkeit.

### Leben im Strom zur Unordnung

Ist einmal die letzte geordnete Struktur zerfallen und der Endzustand größtmöglicher Unordnung erreicht, kann daraus keine Ordnung mehr entstehen. Die Welt wird dem Wärmetod erliegen. Alle geordneten Vielteilchen-Systeme sind von diesem Abwärtsstrom betroffen und zerfallen über kurz oder lang in Unordnung.

Paradoxerweise, so scheint es, ermöglicht gerade dieser tödliche Abwärtsstrom Leben und treibt es an: Alle Organismen schöpfen aus ihm den Betrag an Energie, den sie benötigen, um ihre Strukturen gegen sein zerstörerisches Werk zu bauen und zu erhalten. Inmitten des Stromes zur thermischen Unordnung entstehen dabei komplexe Gebilde (Abb. 1.1a). Sie aufzurichten, bedarf es arbeitsfähiger Energie, die der Strom zur Unordnung selbst liefert. Für Lebewesen gilt dasselbe

Prinzip, mit dem ein wassergetriebenes Schaufelrad, dessen Achse beiderseits auf Ufermauern gelagert ist, gegen den talwärts schießenden Bach bergan rollt (Abb. 1.1b). Die große Menge abwärts fließenden Wassers dreht das Schaufelrad in die gegenläufige Richtung und hebt es an einen höher gelegenen Ort. Es erhält damit einen Betrag an potenzieller, also arbeitsfähiger Energie, die es vor seiner Fahrt bergan nicht hatte.

Lebewesen verfügen über vielerlei Mechanismen, aus der Umwelt Energie zu schöpfen und diese in andere, arbeitsfähige Energieformen umzusetzen. Wie kleine Schiffe in einem reißenden Fluss kämpfen sie

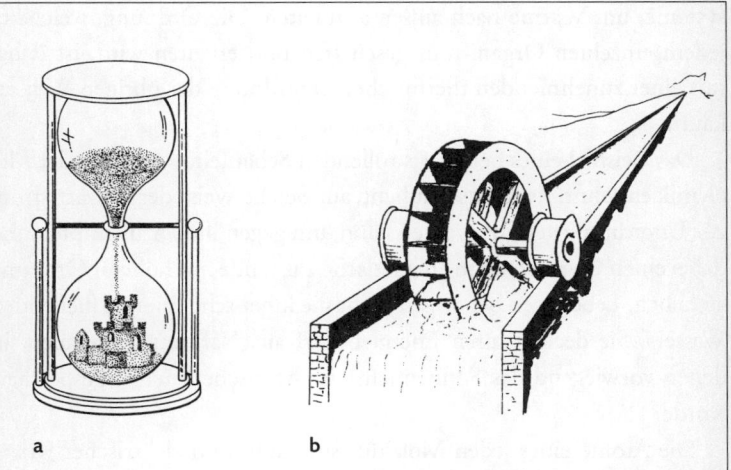

a          b

**Abb. 1.1 Selbstorganisation im Strom zur Unordnung** a) Der Strom zur Unordnung, dargestellt als rieselnder Sand eines Stundenglases, bringt keine außergewöhnlichen Formen hervor. Sandkörner beeinflussen sich nicht gegenseitig und fallen mit gleicher Wahrscheinlichkeit in alle Richtungen durch die Verengung des Gefäßes. Der Sand wird daher zu einem Hügel, doch niemals zu der unwahrscheinlichen Form einer Burg aufgeworfen.
b) Lebewesen dagegen können den Strom zur Unordnung für ihre Selbstorganisation nutzen. Ähnlich einem Wasserrad, das, entsprechend auf den Ufermauern eines Baches gelagert, bergan rollt, entziehen Lebewesen dem Strom zur Unordnung arbeitsfähige Energie, die sie dazu verwenden, ihre unwahrscheinlichen Formen selbsttätig zu bauen und zu erhalten.

gegen den globalen Strom zur Unordnung an. Mit Hilfe der abgeschöpf-
ten Energie wird Ordnung im Inneren geschaffen und der Schiffsrumpf
gegen die zerstörende Wirkung des Stromes wieder und wieder ausge-
bessert. Da sich ein Teil des abgezapften Energiebetrags letztlich aber
in Wärme umsetzen muss, könnte diese selbst erzeugte thermische
Energie die innere Ordnung eines Organismus zerstören. Deshalb muss
Wärme nach außen abgeführt werden. Alle Organismen haben sich
der überschüssigen thermischen Unordnung, die sie selbst erzeugen, zu
entledigen. Einzellige Organismen geben einen großen Teil ungeordneter Energie als Wärmestrahlung an eine kühlere Umgebung ab. Größere, vielzellige Lebewesen bedienen sich außerdem besonderer Kühl-
systeme, um Wärme nach außen abzuleiten. Die Ordnung, welche in
jedem einzelnen Organismus geschaffen und erhalten wird, ist daher
mit einer zunehmenden thermischen Unordnung der übrigen Welt erkauft.

Das Beispiel eines bergwärts rollenden Schaufelrades wurde der Mechanik entlehnt. Es veranschaulicht, auf welche Weise der Abwärtsstrom
zur Unordnung genutzt werden kann, um gegen ihn anzukämpfen und
dabei einen Gegenstand in energetische Zustände mit höherer Ordnung
zu heben. Lebewesen benötigen nicht die kinetische Energie fließenden
Wassers. Sie decken ihren Energiebedarf aus Nahrungsmolekülen, in
denen vorwiegend das Sonnenlicht als chemische Energie gespeichert
wurde.

Die Atome eines jeden Moleküls sind aufgrund elektrischer Kräfte
aneinander gebunden. Trifft ein Lichtquant ein Molekül, stößt es dessen Atome gegen ihre Bindungskräfte auseinander und ändert so die
Form des Moleküls. Es kann auf diese Weise gleichsam gedehnt und ver-
drillt werden. Kleine, auf diese Weise mit Energie beladene Moleküle
lassen sich zu größeren Molekülen vereinen. Diese Moleküle sind so beschaffen, dass sie in einer energetisch angeregten Form arretieren. Sie
speichern Energie ähnlich einer gespannten oder verdrillten Metallfeder.
Reagiert das energetisch angeregte Molekül mit anderen, kann die Ar-
retierung entriegelt werden. Das Molekül schnellt wie eine gespannte
Feder in die Grundstellung zurück oder zerplatzt in kleinere Bruchstü-
cke. Die gespeicherte Energie wird wieder freigesetzt und ist in der Lage,

chemische Reaktionen auszulösen. Energie speichernde Moleküle, das sind bevorzugt Kohlenhydrate und Fette, dienen Lebewesen als Nahrung. Um jedoch mittels chemischer Reaktionen einen Organismus aufzubauen, darf sich die Energie, die aus Nahrungsmolekülen freigesetzt wird, nicht über vereinzelte und unverbundene chemische Reaktionen zerstreuen. Die Energie muss sich stattdessen über eine Kaskade aneinander gefügter Reaktionen ergießen, bevor sie zu Wärme wird. Am Ende einer jeden Teilreaktion entzündet sich die nächste.

## Dissipative Strukturen

Die Teilreaktionen einer chemischen Kaskade erzeugen Produktmoleküle, die sich am Ort ihres Entstehens ansammeln und von dort, dem Konzentrationsgefälle folgend, auf den nahe gelegenen Raum verteilen. Da die Syntheseprozesse verschiedener Produktmoleküle im zeitlichen Nacheinander einer Reaktionskaskade erfolgen, werden unterschiedliche Substanzen zu unterschiedlichen Zeiten schichtartig oder in periodisch segmentierten Zonen aufeinander geschoben. So wird die zeitliche Ordnung einer chemischen Reaktionskaskade in eine komplexe, räumliche Struktur übersetzt. Die Kaskade chemischer Reaktionen gibt den Zeitrasterplan vor, nach dem die räumliche Grundform eines «Organismus» gebaut werden kann. Systeme, die der Umwelt Energie entziehen, diese über eine Kaskade chemischer Reaktionen leiten und damit funktionale Ordnungsmuster in Zeit und Raum schaffen, um schließlich Wärme an die Umgebung abzuleiten, heißen Energie verteilende oder *dissipative* Strukturen. Sie behaupten sich als Inseln der Ordnung in einem See thermischer Unordnung. Wird ihnen jedoch die energetische Nahrung vorenthalten, zerfallen diese dissipativen Strukturen und geben ihre molekularen Bestandteile dem allgemeinen Abwärtsstrom zur Unordnung preis.

Nicht nur lebende Organismen erschaffen auf diesem Wege in Zeit und Raum geordnete Strukturen. Entsprechende chemische Reaktionskaskaden lassen sich beispielsweise auch im Labor mit Hilfe anorganischer Moleküle herstellen. Dissipative Strukturen sind daher nicht notwendigerweise Lebewesen, wohl aber sind alle Lebewesen dissipative Strukturen.

Selbstverständlich kann nicht jedes beliebige Molekül in einer Reaktionskaskade eine ganz bestimmte Rolle spielen. Zunächst müssen die besonderen Eigenschaften der beteiligten Moleküle gesucht, deren Strukturformeln herausgefunden und die jeweilige Rezeptur dokumentiert werden. Beabsichtigt ein Chemiker heute, eine dissipative chemische Struktur im Reagenzglas herzustellen, kann er die Rezeptur einem einschlägigen Fachbuch entnehmen. Auch Lebewesen besitzen solche Rezepturtexte. Sie befinden sich in jeder einzelnen Zelle eines Organismus und sind im molekularen Buchstabencode des Erbguts, den Nucleotidsequenzen der Ribonucleinsäure (RNS) und der Desoxyribonucleinsäure (DNS), niedergeschrieben. Unbelebten dissipativen Strukturen fehlt eine solche Bauanleitung ihrer systemeigenen Moleküle. Sie können daher ihresgleichen nicht selbsttätig hervorbringen und sich nicht weitervermehren. In allen Lebewesen aber sind dissipative chemische Reaktionskaskaden eine enge funktionale Verbindung mit dem genetischen Code eingegangen. Ihre ersten Formen entstanden wahrscheinlich in einer präbiotischen Evolution 4,5 – 3,5 Milliarden Jahre vor unserer Gegenwart zusammen mit den ersten sich selbst reproduzierenden Nucleotidsequenzen.

### Entropie

Jede einzelne Zelle eines Lebewesens ist ein molekulares Vielteilchen-System, über das sich arbeitsfähige Energie ergießt und als Wärme an unzählige atomare und molekulare Einheiten zerstreut. Hierin gleichen lebende Zellen den Vielteilchen-Systemen unbelebter Materie: Gasen, Flüssigkeiten und Kristallen. In welcher Weise sich Energie auf die verschiedenen Einheiten eines solchen Systems verteilt, beschreibt eine Teiltheorie der Physik, die Thermodynamik.

Im vergangenen Jahrhundert hat der Physiker Rudolph Clausius die Grundgesetze der Thermodynamik in zwei Hauptsätzen formuliert: Die gesamte Energie eines abgeschlossenen, physikalischen Systems bleibt erhalten. Energie kann sich darin in verschiedene Formen umwandeln, doch bleibt ihr Anfangsbetrag bei allen Veränderungen des Systems derselbe. Energie geht nirgends verloren, doch kommt auch keine Energie aus dem Nichts hinzu. Dies ist der erste Hauptsatz der Thermodynamik. Damit ist gesagt, was trotz aller Verwandlungen, die ein solches System durchlaufen kann, erhalten bleibt. Was aber verändert seinen Zustand? In Analogie zur messbaren Größe der Energie führte Clausius eine ebenfalls mathematisch bestimmte und messbare «Verwandlungsgröße» ein, die *Entropie*. Diese entspricht dem Maß der Unordnung, das in einem Vielteilchen-System herrscht. Der zweite Hauptsatz der Thermodynamik beschreibt, wie sich ein derartiges System abgeschlossen von fremden Einwirkungen entwickeln kann: Ändert sich der Zustand eines abgeschlossenen Vielteilchen-Systems, nimmt die Entropie stets zu, bis das System in einem Zustand größtmöglicher Unordnung angekommen ist. In diesem Endzustand haben sich alle Formen von Energie in gleichmäßig verteilte Wärme umgesetzt.

Lebende Zellen sind gigantische Vielteilchen-Systeme, selbst die einfachsten unter ihnen enthalten eine unvorstellbar große Zahl an Atomen, Molekülen und Organellen. Im Gegensatz zu unbelebten Vielteilchen-Systemen vereinen sie diese Elemente über lange Zeit zu einem komplex geordneten und funktionalen Ganzen. Sie entwickeln sich, tauschen Stoffe und Energie mit ihrer Umgebung aus, ohne ihre Gestalt einzubüßen und die funktionale Ordnung ihrer Teile zu verlieren. Auf den ersten Blick mag es daher scheinen, als widerspräche ihre Existenz dem Entropiesatz der Thermodynamik. Aus dieser Anschauung könnte der Schluss gezogen werden, dass Lebewesen ihr Sein einem «geistigen Prinzip» verdanken, welches sie «belebt». Wo dieses Prinzip in Materie wirkt, entzieht es deren Atome und Moleküle dem tödlichen Entropiestrom. Folgerichtig könnte dadurch die im zweiten Hauptsatz der Thermodynamik formulierte Naturgesetzlichkeit des steten Zerfalls von Ordnung aufgehoben oder umgangen werden. Ein derartiger «Geist» wäre zwar an seiner ordnenden und gestaltenden Wirkung erkennbar, doch bliebe er selbst für jede naturgesetzliche Beschreibung unzugänglich. – Dies einmal angenommen, sollte sich immerhin an einer Verletzung thermodynamischer Grundgesetze beobachten lassen, in welcher Weise dieser «Geist» die molekulare Maschinerie eines durch ihn «belebten» Stückchens Materie außer Kraft setzt oder in seinem Sinne lenkt.

# Kapitel 2
## Ein Geist in Materie

Wenn jemand seinen Körper willentlich bewegt, etwa nach Besteck und Tellern greift, um einen Tisch zu decken, wenn ein Kind Bauklötzchen zu einer Burg auftürmt oder ein Mechaniker Werkteile montiert, heißt es, dass der menschliche Geist diese Handlungen plane und solche Anordnungen und Gebilde erschaffe. Dadurch, dass all diese Teile geordnet sind, geht man davon aus, dass es einen bewussten Urheber geben muss.

In der theoretischen Physik geht seit nunmehr über 100 Jahren eine Debatte über die Art, in der sich ein intelligenter, ordnender «Geist» in der Materie auswirken könnte. Er selbst müsste mit den molekularen Teilchen gar nicht in Kontakt kommen, um sie beispielsweise an einem Ort anzuhäufen, sondern lediglich deren thermische Bewegungen beobachten. Dann könnte er sie mit Hilfe einer einfachen Vorrichtung nach bestimmten Eigenschaften trennen. Statt sich gleichmäßig im Raum zu verteilen und überall mit derselben mittleren Energie die gleichen Molekularbewegungen auszuführen, könnten die Teilchen zu einem vorgeplanten räumlichen Muster angeordnet werden. In einem See gleichförmig verteilter Materie und Energie entstünde eine Insel geordneter Materie. Der «einsichtsvolle Geist» würde dabei gegen die immanente Tendenz von Materie wirken, stets in einen ungeordneten Haufen ihrer vielen Teile zu zerfallen. Kann man den Geist auch nicht erklären, lässt sich sein Wirken immerhin anhand der Gesetzesbrüche belegen, die er gegenüber dem zweiten Hauptsatz der Thermodynamik auslöst.

### Der kleine Dämon

Im Jahr 1867 wurde ein winziger Dämon geboren. Sein Vater war der schottische Physiker Clerk Maxwell, dem wir unter anderem die elegante mathematische Formulierung jener Grundgesetze verdanken, die

die Erscheinungen der Elektrizität beherrschen. In einem Brief beschrieb Maxwell einem befreundeten Kollegen ein Gedankenexperiment: Er stellte sich einen so kleinen Geist vor, dass dieser in die Mikrowelt der Atome und Moleküle passte. Ein Raum, luftgefüllt und ringsum dicht verschlossen, diente ihm als Behausung (Abb. 2.1). Eine Trennwand teilte das Häuschen in zwei Kammern, in einer wohnte der kleine Geist. Da die Luft zu beiden Seiten der Trennwand gleich dicht war, stießen zu jeder Zeit gleich viel thermisch bewegte Moleküle auf die rechte und linke Fläche der Wand. Die Luft übte demnach von beiden Seiten denselben Druck aus. Durch ein Fensterchen konnte der Dämon einzelne Luftmoleküle zu beiden Seiten der Trennwand sehen und die Richtung ihrer Bewegungen bestimmen. Das Fensterchen war so leichtgängig, dass es sich ohne nennenswerten Energieaufwand bewegen ließ. Hielt er es für eine längere Zeit geöffnet, wechselten durchschnittlich gleich viel Moleküle von der rechten zur linken wie von der linken zur rechten Kammer. Es änderte sich also nichts, die Luftmoleküle blieben gleichmäßig über beide Kammern verteilt.

Da sich die Moleküle von Gasen jedoch unregelmäßig und voneinander unabhängig bewegen, kommt es selten vor, dass exakt zur selben Zeit, da ein Molekül von rechts nach links durch das geöffnete Fensterchen schießt, ein zweites gerade die umgekehrte Richtung nimmt. Deshalb konnte das Fensterchen für eine so kurze Zeit geöffnet werden, dass nur ein einziges Molekül die Seiten wechselte. Der kleine Dämon sollte nun solche Momente abpassen, in denen sich ein Molekül von rechts auf sein Fenster zubewegte, aber gleichzeitig keines von links kam, und das Fenster kurz öffnen. Da er außerdem die Geschwindigkeit der Moleküle abschätzen konnte, war er in der Lage, selektiv nur die schnellen Moleküle von rechts nach links durch das Fenster zu lassen und umgekehrt nur die langsamen Moleküle von links nach rechts. Mit der Zeit wechselten so immer mehr Moleküle die Seite. Schnelle Moleküle mit viel kinetischer Energie reicherten sich in der linken, langsame Moleküle mit geringer kinetischer Energie in der rechten Hälfte an. Keine von außen einwirkende Kraft war dabei im Spiel. Der Dämon nutzte lediglich die statistischen Fluktuationen in der Bewegung einzelner Moleküle aus, um diese in seinem Sinne zu sortieren.

**Abb. 2.1 Maxwells Dämon** Ein «Geist», der die thermischen Bewegungen molekularer Teilchen beobachtet, könnte diese mit Hilfe einer reibungsfreien Lukenklappe in zwei Raumteile sortieren. Er würde damit in einem See gleich verteilter, doch ungeordneter Wärmeenergie eine geordnete Struktur schaffen, ohne nennenswert Arbeit leisten zu müssen. Ließe der Dämon beispielsweise schnelle, energiereiche Teilchen nur von rechts nach links und langsame, energiearme in umgekehrter Richtung durch die Luke passieren, entstünde anstelle des zunächst gleich temperierten Raumes eine warme und eine kühle Kammer.
Das Temperaturgefälle könnte etwa genutzt werden, um ein Windrad zu betreiben. Allein dank seiner Einsicht in die ungeordneten Bewegungen molekularer Teilchen könnte der Dämon einem Reservoir gleichmäßig verteilter Wärme arbeitsfähige Energie abringen, eine geordnete Struktur erschaffen und so den zweiten Hauptsatz der Thermodynamik außer Kraft setzen.

Dabei musste er sich nicht einmal anstrengen, da er mit einem einzigen schnellen Molekül mehr Energie einfing, als die Bewegung des Fensters verbrauchte. So brachte der Dämon das thermodynamische Vielteilchen-System aus seinem ursprünglichen Zustand gleichmäßig verteilter Wärme in einen nach seiner Vorstellung geordneten Zustand mit zwei Kammern unterschiedlicher Temperatur. Damit nicht genug: Er verfügte jetzt auch über ein System, das mechanische Arbeit leisten konnte. Während sich das Gas im linken Teil der Kammer aufheizte, kühlte es sich auf der rechten Seite ab. Da jedes Molekül kinetische Energie **33** mit sich führt, hatte der Dämon den ursprünglich homogenen Energiesee innerhalb seiner Behausung entmischt. Der Gasdruck zu beiden Seiten der Trennwand war nun nicht länger ausgeglichen, da in derselben Zeiteinheit mehr energiereiche Moleküle gegen die linke als gegen die rechte Seite der Trennwand prallten. Würde die Trennwand dadurch einbrechen, könnte ein Teil der Luft, dem Druckgefälle folgend, vom linken in den rechten Teil der Behausung zurückströmen und Wirbel erzeugen, mit denen sich ein kleines Windrad drehen ließe. Auch dann würde sich das Gas jedoch letztlich wieder mit gleichmäßiger Temperatur in der gesamten Behausung verteilen und sich somit abermals im Zustand größtmöglicher Unordnung befinden.

Maxwells Idee weitergesponnen, könnte der kleine Dämon das Verfahren sogar noch einfacher gestalten. Er könnte z. B. Moleküle, unabhängig von ihrer Energie, nur von der rechten zur linken Seite durch das Türchen lassen. Auf diese Weise verdichtet sich das Gas mit der Zeit in der linken und dünnt in der rechten Kammer aus. Schließlich ist auch hier der Druck zu beiden Seiten der Trennwand nicht mehr ausgeglichen, da in der Zeiteinheit mehr Moleküle gegen die linke als gegen die rechte Seite prallen. Ist die Trennwand beweglich, gleitet sie wie der Kolben im Zylinder eines Automotors. Dem Druckgefälle folgend, wird sich die Trennwand dann langsam nach rechts verschieben, je mehr energiereiche Moleküle der Dämon von rechts nach links passieren lässt. Die bewegliche Trennwand nimmt dabei kinetische Energie von den anprallenden Molekülen auf. Sie verschiebt sich langsam nach rechts und könnte so ihre eigene Masse oder die einer kleinen Last gegen die Trägheits- und Reibungskraft in Bewegung setzen. Entsprechend würden die Gasmoleküle der linken Kamer an Bewegungsenergie verlieren und langsamer werden, da die mittlere Bewegungsenergie unmittelbar der Temperatur des Gases entspricht. Während das Gas die Trennwand verschiebt und dabei Arbeit leistet, kühlt es sich zur linken Seite ab. Dieser Verlust an thermischer Energie kann jedoch ausgeglichen werden, wenn das Gas über die Wände des Häuschens von der Außenluft Wärme aufnimmt. Die Außenluft des umgebenden Raumes wirkt dann als Wärmebad, das thermische Energie über die Hauswände an die darin eingeschlossene Luft gleichmäßig abgibt. Wird die Trennwand sehr langsam verschoben, bleibt genügend Zeit, die abfallende Temperatur des Gases mit der Umgebung auszugleichen. Das expandierende Gas wird dann auf gleicher Temperatur gehalten, obwohl es stetig Energie an die bewegliche Trennwand verliert. Das eingeschlossene Gas leistet insofern Arbeit, indem es einem Bad gleichmäßig verteilter Wärme Energie abringt.

Ist die Trennwand ein gutes Stück nach rechts gewandert, könnte der kleine Dämon seine Luke auch nur noch öffnen, um Moleküle von links nach rechts passieren zu lassen. Nach einiger Zeit hätten sich die Druckverhältnisse umgekehrt, die Trennwand bewegte sich dann wieder zurück. Auf diese Weise könnte der Dämon das gesamte thermodynamische System aus Umwelt, Behausung und Trennwand derart beeinflussen, dass es in einem periodischen Prozess der Außenluft Wärme entzieht und dauerhaft mechanische Arbeit leistet. Dabei würde sich die thermische Unordnung des gesamten Systems mit jedem Arbeitsakt ein wenig verringern und dementsprechend die Temperatur des umgebenden Wärmebades langsam absinken.

Offensichtlich vermag Maxwells Dämon das Entropiegesetz zu brechen, indem er in einer Welt gleichmäßig verteilter Wärme kleine Fluktuationen in den Bewegungen der Moleküle beobachtet und diese nach einem vorgefassten Plan sortiert. Damit schafft er ein einfaches, lokales Ordnungsmuster und ringt dem See gleichmäßig verteilter Wärme obendrein arbeitsfähige Energie ab. Entspringt die komplexe Ordnung, die wir an lebenden Organismen beobachten, tatsächlich dem Werk eines innewohnenden Dämons? Sind Lebewesen von solch kleinen Dämonen «beseelt»?

### Das beseelte Bakterium

Führen wir die Geschichte von Maxwells Dämon noch weiter und nehmen an, er verkriecht sich in ein Bakterium, das von einer Membran umschlossen ist, in der sich Wasser befindet. Auch außen ist die Membran von Wasser umgeben. Der Druck, den die Wassermoleküle im Inneren der Bakterienzelle erzeugen, wenn sie gegen die Zellmembran prallen, gleicht den äußeren Druck des umgebenden Wassers aus. Anderenfalls würde die Zelle zusammengedrückt. Die Membran enthält mehrere Poren, die sich wie die leichtgängige Luke im Häuschen des Dämons öffnen und schließen lassen. Im Inneren des Bakteriums waltet der Dämon. Durch die Zellwand kann er die thermischen Bewegungen der Wassermoleküle im nahen Außenraum beobachten. Sooft eines auf eine der Membranporen zuschießt, öffnet er diese so kurzfristig, dass kein Molekül des Zellinneren nach außen entweichen kann, während das Wassermolekül eindringt. Wiederum sortiert der Dämon Moleküle in einem bestimmten Sinn und schafft damit ein wenig Ordnung entgegen dem Wärmebad gleich verteilter Moleküle.

Im Laufe der Zeit wird der Binnendruck im Inneren der Zelle anwachsen und schließlich den Außendruck merklich übersteigen. Öffnet der Dämon dann eine der Poren für längere Zeit, treibt der Überdruck einen Teil der Wassermoleküle hinaus: Die Pore wird zur Düse. Das Bakterium bewegt sich aufgrund des Rückstoßes ein Stück durch das umgebende Wasser. Da es dem Dämon freisteht, welche Pore er als Düse öffnet, kann er die von ihm bewohnte Bakterienzelle in jede beliebige Richtung lenken. Die Energie für diese Fortbewegung entnimmt er direkt dem Wärmereservoir des umgebenden Wassers. Das abgeschlossene Gesamtsystem von Zelle und umgebendem Wasser verliert dadurch seine thermische Unordnung und gewinnt Ordnung. Wenn der Dämon seine Handlungen wiederholt, kann er die Bakterienzelle beliebig lange durch das Wasser steuern. Nach hinreichend langer Zeit hätte er freilich zum mechanischen Betrieb seines kleinen Gefährtes dem Wasser so viel thermische Energie entzogen, dass sich darin als sichtbare Zeichen zunehmender Ordnung Eiskristalle bilden würden.

Maxwells Geschichte vom kleinen Dämon ist erfunden. Sie beschreibt ein Gedankenexperiment, mit dem geprüft werden soll, ob es einen Weg gibt, dem allgegenwärtigen Entropiestrom zu entfliehen. Tatsächlich wurde jedoch nie beobachtet, dass solch eine «dämonische» Macht oder «geistiges Prinzip» den zweiten Hauptsatz der Thermodynamik verletzt hätte. Nur ein Beispiel: Wären Bakterien wirklich von Maxwell'schen Dämonen «belebt», müsste sich die Suspension, in der sie sich aufhalten, im Laufe der Zeit abkühlen. Bakterien aber betreiben wie alle anderen Lebewesen ihren Metabolismus mit chemischer Energie, die sie bestimmten Nahrungsmolekülen entnehmen. Was sich davon in Wärme umsetzt, wird an die Umgebung abgeleitet. Bakterien und alle anderen Lebewesen erwärmen daher ihr Umfeld, statt es abzukühlen.

Kein lebender Organismus kann die ungeordnete Energie im Wärmespeicher seiner Umwelt derart zurückwandeln, dass sie arbeitsfähig wird und seinen Metabolismus antreibt. Ein warmes Bad macht keinen satt. Mit den Prozessen des Lebens verhält es sich daher so: Lebewesen können nicht als abgeschlossene Systeme gelten, da sie Energie mit ihrem Umfeld austauschen. Jeder Organismus entnimmt seiner Umwelt die Energie bestimmter Nahrungsmoleküle und gibt thermische Energie an die Umwelt ab. Er ist deshalb nur um den Preis am Leben zu halten, dass die thermische Unordnung seiner Umwelt zunimmt. Eine genaue Entropiebilanz des abgeschlossenen Gesamtsystems, das ein lebender Organismus mit seiner Umwelt bildet, kann die stete Zunahme seiner thermischen Unordnung insgesamt belegen. Die Existenz der Lebewesen widerspricht daher nicht dem Entropiesatz der Thermodynamik, sondern erfüllt dessen Forderung genauso wie die Vielteilchen-Systeme der unbelebten Materie. So existieren die lebenden Organismen nicht wider den zweiten Hauptsatz der Thermodynamik, sondern gerade wegen dieses Naturgesetztes.

Warum aber sollte nicht möglich sein, was Maxwells Dämon zu bewerkstelligen sucht? Kann man ihn einfach abtun, weil ihn noch niemand beobachtet hat? Sollte es diesen Gesetzesbrecher doch irgendwo geben? Solange kein stichhaltiges Argument gegen die Möglichkeit eines Prozesses angeführt werden konnte, der Maxwells Dämon nachahmte, blieb diese Frage virulent. Hartnäckig versuchte man deshalb, das intelligente Teufelchen auszutreiben, und es waren gerade die klügsten Exorzisten, die ihn stets von neuem beschworen. Schließlich wurde bewiesen, dass es ihn nicht geben kann. Doch Maxwells Dämon lebt. Aus einem Geächteten wurde ein großer Lehrmeister.

Viele haben die Geschichte von Maxwells Dämon in allerlei Abwandlungen erzählt. Mal sortiert er, wie hier beschrieben, die Moleküle eines Gases oder einer Flüssigkeit, wobei er sie zusätzlich nach hoher und niederer kinetischer Energie trennt. Mal macht er sich an ferromagnetischen Kristallen oder an Nucleotidsequenzen der Erbsubstanz zu schaffen. Der Kern einer jeden Variante aber blieb die Aussage, dass ein intelligentes Wesen Elemente eines physikalischen Vielteilchen-Systems entgegen dessen Tendenz, in Unordnung zu zerfallen, sortiert und damit ordnet. Nebenbei ringt es einem «See» gleichmäßig verteilter Wärme Energie ab, mit deren Hilfe wiederum etwas bewirkt werden kann. Der kleine Dämon verhält sich nach all diesen Aussagen einsichtsvoll: Er «beobachtet» physikalische Objekte, gewinnt so eine «Kenntnis» von deren Zustand und bewegt im Besitz dieser Kenntnis andere Objekte nach einem vorbestimmten Plan. Zweifelsohne hält der kleine Geist sehr engen Kontakt zu verschiedenen materiellen Objekten. Die Handhabung materieller Objekte hatte jedoch zur Folge, dass er sein Geistwesen abstreifen musste. Wer materielle Partikel beobachtet und auf diese einzuwirken versteht, wird selbst ein Teil der physikalischen Welt. Daher gleicht Maxwells Dämon heute mehr einem Apparat denn einem körperlosen Geist. Wie aber wäre ein Apparat beschaffen, der diese Eigenschaften besäße?

Zweifellos hätte dieser Apparat ein «Sinnesorgan». Stellen wir uns darunter beispielsweise einen Mechanismus vor, der ein Molekül vor dem kleinen Fenster mit Hilfe von Lichtstrahlen ortet. Dieser Mechanismus funktioniert wie ein Bewegungssensor für Moleküle: Solange der Sensor kein Lichtsignal von einem Molekül empfängt, weilt der Apparat im Ruhezustand. Ein Signal seines Sensors hingegen lässt ihn tätig werden. In diesem neuen Zustand kann er das physikalische System derart beeinflussen, dass sich dessen thermodynamische Unordnung vermindert. In unserer Geschichte würde der Apparat für einen kurzen Moment die kleine Luke öffnen und das geortete Molekül passieren lassen. Man darf es auch anders ausdrücken: Maxwells Dämon oder der ihm entsprechende Apparat kann physikalische Objekte und deren Verhalten abbilden, indem er verschiedene Zustände annimmt. Sein Zustand verändert sich, sobald er mit einem Objekt in Wechselwirkung tritt. Die Änderung seines inneren Zustandes kann als *In-Formation* bezeichnet werden. Wenn dieser veränderte Zustand für einige Zeit erhalten bleibt, wird die In-Formation gespeichert. In einem solchen Zustand löst der Apparat einen bestimmten Mechanismus aus.

Derlei Vorgänge beobachten wir sowohl in besonders geformten Zellen als auch in größeren Zellverbänden, mit denen die meisten vielzelligen Organismen ausgestattet sind. Es sind elementare Funktionen von Sinneszellen und Nervensystemen. Und so findet Maxwells Geschichte vom kleinen Dämon eine ungewöhnliche Fortsetzung. Sie handelt vom kleinsten und allereinfachsten Organ, das Funktionen ausfüllt, die wir herkömmlicherweise einem Nervensystem zuschreiben: die Wahrnehmung einzelner Gegenstände, die Speicherung von Information und ein angemessenes Verhalten. Sind Nervensysteme oder gar einzelne Nervenzellen von Maxwell'schen Dämonen besetzt?

An dieser Stelle stoßen die Erörterungen wahrscheinlich auf Widerstand. Der Leser könnte bezweifeln, dass Maxwells Geschichte und ähnliche Gedankenexperimente noch die Wirklichkeit erfassen, da sie von so vielen Aspekten absehen und wichtige Eigenschaften der Dinge, von denen sie handeln, außer Acht lassen. Ist es vernünftig zu denken, der Dämon verfüge über ein Sinnesorgan, das einzelne Moleküle orten kann? Wie steht es mit einem fast masselosen Fensterchen, durch das einzelne Moleküle geschleust werden, ohne viel Energie zu verbrauchen?

Glücklicherweise ist solchen Einwänden leicht zu entgegnen, da es sowohl das eine als auch das andere gibt: Unser Geruchssinn zum Beispiel spricht auf einzelne Moleküle an, und auch die Stäbchenzellen unserer Augen besitzen einen empfindlichen chemischen Mechanismus. Trifft ein einzelnes Molekül auf die Schleimhaut unserer Nase, löst es dort eine Kaskade chemischer Reaktionen aus, wie dies auch ein einzelnes Lichtquant in einer Stäbchenzelle unseres Auges tut. Die Energie, die die chemische Reaktionskaskade freisetzt, erzeugt schließlich ein elektrisches Signal, welches an das Gehirn weitergeleitet wird. Wir nehmen dann eine Geruchs- oder Lichtempfindung wahr. Auf diese Weise werfen bereits einzelne Ereignisse einer molekularen und gequantelten Mikrowelt Reflexe in den Höhlenraum unseres Bewusstseins.

Was die Vorstellung des winzigen Fensterchens betrifft, haben wir bereits in einem früheren Gedankenexperiment von Poren gesprochen, die die Membran einer Bakterienzelle durchsetzen. Biologische Zellmembranen enthalten in der Tat eine Vielzahl solcher Poren, durch die einzelne Atome und Moleküle vom Außenmilieu in das Innere der Zelle gelangen oder in der umgekehrten Richtung sortiert werden. Es sind die bekannten Ionenkanäle und Ionenpumpen, deren Durchmesser so gering ist, dass ihn gerade einzelne Atome oder Moleküle ausfüllen. Maxwells kleines Türchen mag daher für solche Membranporen oder Ionenkanäle stehen, da sie sich mit sehr geringem Aufwand an Energie öffnen und schließen lassen.

Zwischen dem Sensor, der einzelne Moleküle orten kann, und den Membranporen könnte ein dritter Mechanismus vermitteln, ein Organ mit Speicherfunktion, gleichsam ein winziges «Gedächtnis» des kleinen Dämons.

### Vergiss es

Maxwells Dämon war bereits mehr als 60 Jahre alt und hatte seinen geistigen Vater längst überlebt, als sich ein anderer Physiker, Leo Szilard, erstmals Gedanken machte, was in diesem «Miniaturgehirn» vorgehen mochte. Da der kleine Geist mit den einzelnen Molekülen stets gleich verfuhr, vereinfachte Szilard (1929) das Gedankenexperiment auf das Allerwesentlichste: Maxwells Dämon bewohnte wieder sein altes Häuschen, doch war er jetzt allein mit einem einzigen Molekül (Abb. 2.2 a). Wenn es an die Begrenzungen der Kammer stieß, wurde es von dort zurückgeworfen und beschrieb zickzackartige Bahnen. Diese Bewegungsenergie des vereinzelten Teilchens dürfen wir ebenfalls als Wärme ansehen, eben als Wärme eines «einmolekularen Gases», wobei die mittlere kinetische Energie des Moleküls dessen Temperatur entspricht. Sie ist gleich der mittleren Energie eines Moleküls der umgebenden Außenluft, da sich alle Teile in der Welt des kleinen Dämons auf gleicher Temperatur befinden. Die Wände zur rechten und linken Stirnseite der Kammer sollten sich ohne nennenswerte Reibung von leichten Federn nach innen bewegen lassen, sobald der Dämon eine Wandhalterung entriegelt.

Zunächst blieb unbekannt, wo sich das Molekül innerhalb des Häuschens befand, ob auf der linken oder rechten Seite. Das Gehirn des Dämons sollte winzig und sehr einfach sein, doch es war darauf vorbereitet, die beiden möglichen Positionen des Moleküls abzubilden. Solange der Ort des Moleküls noch nicht bestimmt war, befand sich das «Miniaturgehirn» in einem Ruhe- oder Standardzustand (S), in dem es nichts bewirken konnte. Dann öffnete der Dämon sein Sinnesorgan und ortete das Molekül in der rechten oder linken Hälfte. Mit dieser Beobachtung hatte er jetzt zwischen zwei gleich wahrscheinlichen Möglichkeiten entschieden und seine anfängliche Unkenntnis um die kleinste Einheit an Wissen vermindert. Diese kleinste Einheit an gewinnbarem Wissen erhielt erst viele Jahre nach Szilards Arbeit einen Namen, der heute zu den geläufigsten Begriffen unserer technischen Welt gehört. Nachdem der Mathematiker Alan Shannon (1950) die Informationstheorie begründet und nach einem Maß für Information gesucht hatte, bekam diese Einheit den Namen Bit (binary digit). Wird das Molekül in der rechten Hälfte geortet, wechselt das Gehirn des Dämons in einen Zustand (R), befindet sich das Molekül in der linken Hälfte, nimmt das Gehirn einen anderen Zustand (L) an. Der Wechsel aus dem indifferenten Ruhezustand zu je einem dieser beiden Indikatorzustände entspricht der Speicherung eines einzigen Bits.

Hat das Signal des Sensors das «Miniaturgehirn» aktiviert, betätigt dieses einen Mechanismus, welcher die verschiebbare Wand am Ende der leeren Hälfte rasch zur Mitte der Kammer gleiten lässt. Da die Wand auf diesem Weg zur Mitte durch die leere Hälfte der Kammer geführt wird, muss keine Arbeit gegen den Druck des «einmolekularen Gases» geleistet werden. Das Molekül wird dann in derjenigen Hälfte eingeschlossen, in der es der Sensor geortet hat. Während es in thermischen Zickzack-Bewegungen an die bewegliche Wand stößt, schiebt es diese gegen die Kraft der Feder ein wenig in Richtung der leeren Hälfte zurück und gibt dabei einen Teil seiner Bewegungsenergie ab. Diesen Ver-

**a** Thermische Bewegungen des eingeschlossenen Moleküls

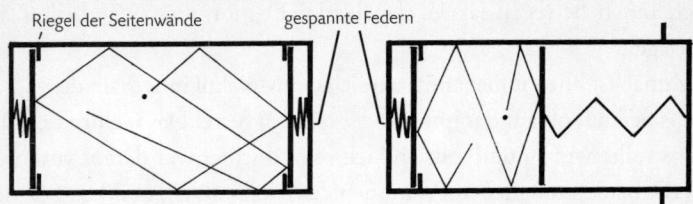

Größte Unkenntnis des Dämons über die
Position des Moleküls
(Zustand S)

Der Dämon sichtet das Molekül in der linken Raumhälfte und entriegelt die rechte
Seitenwand. Er speichert 1 Bit. (Zustand L)

**b** Gedächtnisspeicher mit atomaren magnetischen Momenten

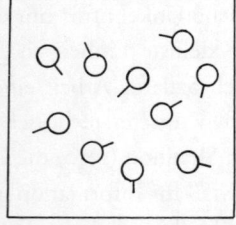
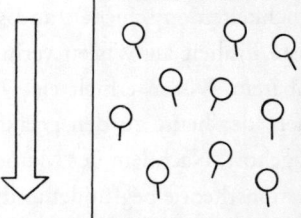

Ungeordnete magnetische Momente thermisch bewegter Atome
(Zustand S)

Magnetische Momente gegen die thermische Unordnung ausgerichtet
(Zustand L, andere Ausrichtung: Zustand R)

**Abb. 2.2 Ein Gedächtnis für Maxwells Dämon** a) Der Dämon beobachtet in
Szilards Gedankenexperiment ein einziges Molekül, das entsprechend seiner thermischen Energie auf Zickzack-Bahnen durch einen abgeschlossenen Raum fliegt.
Der Raum besitzt die Temperatur der übrigen Umwelt. Wenn der Dämon das Molekül in einer Raumhälfte sichtet, entriegelt er eine bewegliche Seitenwand und
schließt damit das Molekül in dieser Raumhälfte ein. Das Wissen des Dämons um
die Position des Moleküls vermehrt sich damit um 1 Bit. Das eingeschlossene Molekül kann Arbeit leisten, indem es die Trennwand entgegen der Federspannung wieder in ihre Ausgangslage zurückschiebt und die dafür benötigte Energie von den
Gefäßwänden und deren Umgebung aufnimmt. Die Umwelt kühlt sich dabei geringfügig ab.
b) Um handlungsfähig zu sein, muss der Dämon die Position des Moleküls in Form
geeigneter Zustandsänderungen eines Gedächtnisapparates abbilden. Der einfachste Gedächtnisapparat könnte selbst nur aus einem einzigen oder wenigen molekularen Teilen bestehen. Um Informationen zu speichern, müsste mindestens ein

molekulares Teilchen entgegen seinen ungeordneten Wärmebewegungen so ausgerichtet werden, dass es sich häufiger in eine bevorzugte Richtung orientiert, in die
es durch die ungeordnete Wärmeenergie immer wieder gestoßen wird. Diese Ausrichtung kostet nach einem allgemeinen Gesetz der Thermodynamik bei einer
Raumtemperatur T den Energiebetrag $kT\log 2$ (k= Boltzmann'sche Konstante). Es
ist derselbe Energiebetrag, den der Dämon gewinnt, wenn das von ihm beobachtete und in einer Raumhälfte eingeschlossene Molekül Arbeit leistet, indem es die
Trennwand in ihre Ausgangslage zurückschiebt.

Wenn er seinen Gedächtnisinhalt löscht, muss er genau diesen Energiebetrag in ungeordnete Wärmeenergie verwandeln. Maxwells Dämon verbraucht also für die
Beobachtung eines einzigen Moleküls zumindest so viel Energie, wie er dem Molekül abringen kann. Wenn er seinen Gedächtnisspeicher löscht, erhöht er den Betrag an ungeordneter Wärmeenergie und damit die Entropie der Umwelt. Er
schafft es nicht, den zweiten Hauptsatz der Thermodynamik außer Kraft zu setzen.
Wissen zu erwerben und zu speichern heißt, entgegen den thermisch ungeordneten Zuständen eines Systems Ordnung zu schaffen. Dies aber hat seinen Preis. Es
verbraucht Energie und erhöht die thermische Unordnung der übrigen Umwelt.

lust an kinetischer Energie kann das Molekül wiederum ausgleichen, da
es sich fortwährend mit thermischer Energie belädt, sooft es an die
Wand der Kammer stößt. Das Molekül entzieht dem Wärmebad der
umgebenden Luft denselben Betrag an Energie, den es darauf verwendet, die Wand nach außen zu schieben und so die Feder zu spannen.
Nach einiger Zeit ist die Wand an das Ende gerückt. Das «einmolekulare Gas» füllt wieder die ganze Kammer.

Nun ist erneut unbestimmt, in welcher der beiden Hälften sich das
Molekül künftig aufhalten wird. Daher trifft auch nicht länger zu, was
im Gehirn des Dämons noch gespeichert war. Sollte dieser dem Wärmebad ein weiteres Mal Energie abringen, muss er erneut bestimmen, in
welcher Hälfte sich das Molekül gerade aufhält, und daraufhin eine der
beiden Trennwände zur Mitte der Kammer führen. Da sein Gehirn nur
zwei aktive Zustände besitzt und somit in seiner Speicherkapazität begrenzt ist, muss die alte Information vor einer erneuten Ortsbestimmung gelöscht und das Gehirn wieder in seinen Ruhezustand (S) versetzt werden. Die zweite Beobachtung bringt das Gehirn dann abermals
in einen der beiden aktiven Zustände (R) und (L). Und so kann der
Dämon einen Zyklus fortsetzen, in dem er das Molekül zunächst

beobachtet, dann ein Bit speichert, das Molekül auf eine Hälfte seiner Kammer eingrenzt, den Arbeitshub des Moleküls abwartet und schließlich das gespeicherte Bit Information wieder löscht. Mit jedem Zyklus leistet das Molekül einen bestimmten Betrag an mechanischer Arbeit auf Kosten eines große Speichers gleichmäßig verteilter Wärme.

Ordnung und Unordnung spiegeln wider, welche Kenntnis sich von einem System gewinnen lässt. Ein Gegenstand kann an verschiedenen Orten oder in unterschiedlichen Zuständen angetroffen werden. Irgendwo innerhalb der Wohnkammer des Dämons befindet sich das Molekül, wobei die Kammer sich in viele kleine Raumzellen unterteilen lässt, von denen jede gerade groß genug ist, um das Molekül aufzunehmen. Die Position des Moleküls ist somit sehr genau zu bestimmen. Alle Raumzellen könnten allerdings mit gleicher Wahrscheinlichkeit besetzt sein. Man müsste sie der Reihe nach absuchen, um das Molekül zu finden. Es ist sehr unwahrscheinlich, bereits mit dem ersten Griff die richtige Raumzelle zu finden, und man muss in der Regel viele absuchen, bis das Molekül angetroffen ist.

Am schnellsten lässt sich die Unkenntnis in einer Serie von Entscheidungen zwischen gleich wahrscheinlichen Alternativen beseitigen. Dabei wird zunächst nur bestimmt, ob sich das Teilchen in der rechten oder linken Hälfte befindet. Dies könnte beispielsweise eine entsprechend feine Wägung der beiden Raumhälften entscheiden. Die Waage neigt sich zu jener Seite, in der das Molekül gerade weilt, doch bleibt der genaue Ort weiterhin unbestimmt. Die Raumhälfte, in der sich das Molekül befindet, wird ebenfalls in zwei gleiche Teile abgegrenzt. Eine weitere Wägung bestimmt dann, in welchem dieser Viertelsräume sich das Molekül aufhält. Dieses Verfahren wird so lange fortgesetzt, bis der Ort des Moleküls mit der Genauigkeit einer Raumzelle feststeht. Jede dieser Ja-Nein-Entscheidungen vermindert die anfängliche Unkenntnis um eine binäre Informationseinheit. Unordnung hat somit ein Maß. Es ist die geringste Anzahl von Ja-Nein-Entscheidungen, die benötigt wird, um das Molekül auf einen Raumteil seiner Größe einzugrenzen und aus einer Vielzahl von möglichen Bewegungsrichtungen und Energiestufen die richtigen herauszufinden. Sowohl das Gehirn eines Menschen als auch ein System der technischen Informationsverarbeitung muss eine solche Anzahl von Entscheidungen speichern können. Für jede binäre Entscheidung bedarf es eines Speicherplatzes. Information ist in diesem Zusammenhang eine simple Zahl.

Als zentraler Begriff der Informationstheorie unterscheidet sich «Information» von der Bedeutung, die dieses Wort im gängigen Sprachgebrauch hat. Die Informationstheorie bezeichnet damit lediglich die Anzahl binärer Signale, welche beispielsweise nötig sind, in einer vorgegebenen Zeiteinheit Entscheidungen durch ein Telefonkabel zu übermitteln. Sie bestimmt außerdem die Anzahl der Speicherplätze, die nötig sind, um eine solche Nachricht aufzunehmen. Die Informationstheorie sieht dabei gänzlich von den möglichen Inhalten ab, die hinter einer solchen Folge binärer Entscheidungen stehen. Die Bedeutung einer Signalfolge erschließt sich allein aus der Wirkung, die sie in einem informationsverarbeitenden System, einem Nervensystem oder einem Computer entfaltet.

Um einen verlegten Gegenstand zu finden, sind umso mehr binäre Informationsschritte nötig, je mehr Möglichkeiten es gibt, wo er sich befinden kann. Ordnung hingegen begrenzt die Anzahl der Optionen. In welchem Maß ein System geordnet oder ungeordnet ist, kann folglich anhand einer Zahl binärer Einheiten bestimmt werden. Da Entropie als physikalische Größe das Ausmaß an Zustandsoptionen eines molekularen Vielteilchen-Systems beschreibt, kann sie ebenfalls anhand von Bits gemessen werden. Es bedarf einer Anzahl binärer Entscheidungen, um Kenntnis über den Zustand eines Systems mit vielen Optionen zu erlangen. Umgekehrt kann Information als eine mit negativem Vorzeichen versehene Entropie aufgefasst werden.

Maxwells Dämon – wir bleiben hier bei Szilards Gedankenexperiment – benutzt die aufgenommene Informationseinheit, um das Molekül in einer Hälfte seines Häuschens einzugrenzen. Die ursprünglich größtmögliche Entropie des Systems wird damit um ein Bit vermindert. Eingegrenzt auf eine Hälfte des Häuschens, ist das Molekül bereits in der Lage, ein wenig Arbeit zu leisten und die bewegliche Wand an die Stirnseite zurückzudrängen. Die hierbei verbrauchte Energie entnimmt es dem Wärmebad der umgebenden Luft, indem es sich jedes Mal mit Energie belädt, wenn es an die warmen Wände stößt. Aufnahme und

Speicherung einer Informationseinheit im Miniaturgehirn des Dämons ermöglichen dann, das thermodynamische System in einen Zustand einfachster Ordnung zu überführen und daraus einen Betrag an nutzbarer Energie zu ziehen. Der Kenntnis dieses einmolekularen, thermodynamischen Systems entspricht offensichtlich ein bestimmter nutzbarer Energiebetrag.

Wie einfach ist ein Gedächtnis zu erschaffen, welches das leistet, was dem Dämon in Szilards Gedankenexperiment abverlangt wird? Es müsste alternativ abbilden können, ob sich das Molekül rechts oder links befindet, und könnte beispielsweise ein Stückchen Eisen enthalten, das sich in der einen oder anderen Richtung magnetisieren lässt. Solche magnetisierbaren Elemente finden sich bekanntlich in allen EDV-Anlagen: Jede der beiden Magnetisierungen entspricht einem der alternativen Zustände, in dem das Molekül angetroffen werden kann. Ist das Eisen weder in der einen noch der anderen Richtung magnetisiert, bleibt unentschieden, welcher Zustand des Moleküls angezeigt werden soll. Dies kann als Referenzzustand gelten.

### Das allerkleinste und einfachste Gedächtnis

Am Beispiel eines Stück Eisens lässt sich nun darlegen, was es mit der Speicherung eines Bits auf sich hat. Die Atome des Eisens sind selbst kleine Magnete, die einen Nord- und einen Südpol und somit eine magnetische Achse besitzen. Die magnetischen Achsen einer Vielzahl von Atomen weisen normalerweise in unterschiedliche Richtungen und werden obendrein durch die thermische Bewegung ständig durcheinander geschüttelt. Im Mittel weisen daher gleich viel magnetische Momente in jede Richtung des Raumes, wobei sich ihre Wirkung insgesamt aufhebt. Das Stückchen Eisen ist nicht magnetisch (Abb. 2.2b), wird aber eine äußere magnetische Kraft angelegt, orientieren sich einige magnetische Momente in diese Richtung. Dies geschieht gegen den störenden Einfluss ungeordneter thermischer Bewegungen. Immer wieder wird daher das magnetische Moment jedes einzelnen Atoms aus der bevorzugten Richtung gestoßen, und zwar umso häufiger, je höher die

Temperatur des Eisenstückes ist. Soll die äußere Kraft eine Magnetisierung bewirken, muss die magnetische Achse jedes einzelnen Atoms häufiger in der bevorzugten als in irgendeiner anderen Richtung orientiert sein. Es muss mehr als die Hälfte einer gegebenen Anzahl von Atomen in die Richtung des äußeren Magnetfeldes weisen. Dies ist erst der Fall, wenn für das einzelne Atom ein bestimmter Mindestbetrag an Energie aufgewendet wird. Wie Szilard gezeigt hat, lässt sich dieser Betrag anhand allgemeiner Gesetze der Thermodynamik angeben und beträgt kTlog2. Hier bezeichnet k die universelle Boltzmann-Konstante und T die Temperatur. Bei einer Temperatur von 36 Grad Celsius, wie sie in unserem Körper herrscht, entspricht dies ungefähr einem Vierzigstel eines Elektronenvolts. Messen wir eine Temperatur T, muss dort zumindest die Energie kTlog2 aufgewendet werden, um ein Atom oder ein Molekül eindeutig gegen die thermische Unordnung in einer bestimmten Richtung zu orientieren. Dies reicht als Minimum aus, um ein Bit zu speichern. Sollen viele Atome ausgerichtet werden, kostet es mehr. Die Kalkulation dieser Mindestkosten ist jedoch nicht an die speziellen Gegebenheiten unseres Beispiels gebunden, sondern gilt ganz allgemein. Wesentlich ist, dass eine molekulare Funktionseinheit gegen die thermische Wärmebewegung mit einer Wahrscheinlichkeit von mehr als 50 Prozent in einem bestimmten Zustand gehalten werden kann.

Zuletzt können wir so das «Miniaturgehirn» des Maxwell'schen Dämons abermals radikal vereinfachen: Als wesentliches Funktionselement setzen wir ihm ein einziges molekulares Teilchen ein, das lediglich zwischen Zuständen verschiedener Energie wechseln kann. Ein solches Gehirn wäre so einfach wie das beobachtete Objekt selbst, das zwischen den Raumhälften wechselnde Molekül. Solange der einmolekulare Gedächtnisapparat zwischen beiden möglichen Zuständen hin- und herwechselt, befindet er sich im Referenzmodus, in dem noch nichts entschieden ist. Erst eine Wechselwirkung mit dem Objektmolekül kann diesen unbestimmten Zustand auflösen und das molekulare Funktionsteil in einem der Zustände für eine längere Zeitspanne festhalten. Innerhalb des «Miniaturgehirns» erfolgt somit dieselbe Einordnung in binäre Zustände, wie sie das einmolekulare Gas vorübergehend zeigt. Diese allereinfachste Form, Ordnung zu schaffen und ein Bit zu speichern, kostet bei gegebener Temperatur einen bestimmten Betrag an Energie. Der aber entspricht genau jenem Betrag an Energie, der sich aus dem binär geordneten System gewinnen lässt.

Betrachten wir den Arbeitszyklus des Maxwell'schen Dämons ein letztes Mal: Wenn sich das einmolekulare Gas ausdehnt und dabei die Trennwand zum Ende des Kämmerchens verschiebt, erreicht es wieder den ursprünglichen Zustand maximaler Entropie. Das Gehirn des Dämons muss dann diesen Zustand und die damit verbundene Unkenntnis der Position des Moleküls abbilden. Es darf nicht länger in einem der Indikatorzustände verweilen, sondern muss seine Information der ersten Ortsbestimmung wieder tilgen, indem es seinen unbestimmten Referenzzustand annimmt. Damit löscht es gerade ein Bit aus seinen begrenzten Speicher. Löschen bedeutet, den geordneten Zustand, der zur Speicherung des Bits gedient hat, vollständig aufzulösen. Die Energie, welche das Miniaturgehirn in seinem zuletzt angenommenen Indikatorzustand besessen hat, muss gänzlich als Wärme zerstreut werden. Damit erhält das System als Ganzes nicht nur denselben Energiebetrag zurück, den der Arbeitshub dem Wärmespeicher kurzfristig entzogen hatte. Die Informationstilgung lässt auch die Entropie der gesamten Welt des Dämons wieder um dasselbe Maß ansteigen, um das die Einordnung des Moleküls sie vorübergehend vermindert hatte. Kein Apparat kann also die Fluktuationen eines Sees gleichmäßig verteilter Wärmeenergie nutzen, um damit dauerhaft einen Unterschied von nur einem Bit zu schaffen und dem homogenen Wärmespeicher nur etwas arbeitsfähige Energie abzuringen.

Bei all unseren Gedankenexperimenten blieben vielerlei Nebeneffekte unberücksichtigt. Selbst die sanfteste Betätigung einer winzigen Luke oder Pore kostet Energie. Fenster und Trennwand der Kammer erzeugen, wenn sie bewegt werden, Reibungswärme. Somit tragen auch diese Teile dazu bei, die Entropie der gesamten Welt des Dämons zu erhöhen. Auch darf nicht unerwähnt bleiben, dass es zumindest eines Lichtquants aus einer Lichtquelle bedarf, um ein Molekül zu orten, bevor es durch das Türchen eingelassen werden kann. Sowohl die Wärmedissipation einer Lichtquelle als auch das Lichtquant selbst tragen dazu bei, die Entropie des gesamten Systems zu erhöhen. Nimmt man all diese Nebeneffekte hinzu, von denen unsere idealisierte Kalkulation absah, verschlechtert sich die Entropie- und Energiebilanz um ein Vielfaches. Maxwells Dämon bleibt im Hintertreffen, da er allein im Moment des Vergessens schon wieder alles zurückgibt, was er mit einem ersten Akt des Sortierens an Entropie gemindert und an Energie gewonnen hat.

Man könnte die Fähigkeit des Dämons deshalb für begrenzt halten, weil sein Gehirn nur ein einziges Bit speichern kann. Dagegen kann ein Computer mit ausreichend Speicherplatz die thermischen Fluktuationen des einmolekularen Gases beobachten und in seinem Arbeitsspeicher abbilden. Da aber auch der Speicher des größten Rechners endlich ist, wäre er nach einer endlichen Zahl von Arbeitszyklen voll. Die gesamte gespeicherte Information oder größere Teile davon müssten dann gelöscht werden, will man dem globalen Wärmespeicher weiterhin Energie abringen. Wir wären somit beim gleichen Resultat. Was in mehreren Arbeitszyklen an Energie gewonnen wurde, muss beim Löschvorgang als Wärme zurückgegeben werden. Die kurzfristig geschaffene Ordnung zerfällt und lässt die Entropie der Welt noch weiter ansteigen. Gleichermaßen ist dies das Schicksal aller technischen Anlagen der Datenverarbeitung wie auch aller Nervensysteme. Keinem von beiden wohnt ein Dämon inne, der die fundamentalen Gesetze der Physik verletzen kann. Wie alle Lebewesen nicht gegen, sondern gerade aufgrund des Gesetzes der allgemeinen Entropievermehrung bestehen, entwirft auch unser Gehirn seine innere Zustandswelt im Einklang mit diesem Grundgesetz. Jeder Schatten in Platons Höhle vermehrt die Entropie vor ihrem Eingang.

Wenn das Gehirn etwas wahrnehmen und davon eine Erinnerungsspur anlegen soll, muss es Ordnung schaffen, denn thermische Unordnung kann keine Struktur abbilden. Das Gehirn muss daher von einem weniger geordneten Zustand in einen geordneten übergehen und dabei eine bestimmte Energiemenge einsetzen. Es entnimmt diese Energie Zuckermolekülen (Glukose), die wir mit der täglichen Nahrung aufnehmen. Wenn diese Energie für den Metabolismus des Gehirns genutzt wird, verwandelt sie sich teilweise in Wärme. Da Wärme als ungeordnete Energieform Ordnungsmuster stören würde, muss sie dem

Gehirn entzogen und in die Umwelt abgeleitet werden. Jede sinnliche Wahrnehmung, jeder Gedanke, jeder Traum erwärmt unsere physikalische Welt. Unser subjektives Empfinden von Zeit als einem Strom, der unumkehrbar in einer bestimmten Richtung fließt, entspricht dem thermodynamischen Zeitpfeil.

# Kapitel 3
## Wenn Materie sich selbst organisiert

Die vielfältigen Erscheinungsformen und das oftmals bizarre Verhalten, mit denen sich Lebewesen an unterschiedlichste Lebensräume anpassen, haben zu dem Glauben geführt, dass das Leben das Werk einer gestaltenden und zweckbestimmenden Schöpferkraft sei. Einer Kraft, die als geistiges Prinzip auch die Nervensysteme höher entwickelter Tiere beherrscht, sodass sich diese ziel- und zweckgerichtet verhalten. Die lebensspendende Kraft muss hier ohne Zweifel von anderer Art sein als jene Kräfte, die physikalisch-chemischen Gesetzen folgen. Man folgert daraus, dass das Leben letztlich übernatürlich ist. Zwar waltet es im Rahmen dessen, was die Gesetze der Physik und Chemie vorbestimmt haben, und greift in Materie ein, ohne grundlegende physikalische Gesetze zu verletzen. Dennoch lässt sich Leben, so das Fazit, nicht in das Kontinuum naturwissenschaftlich erforschbarer Erscheinungen einreihen oder anhand bekannter Naturgesetze erklären.

Diese Auffassung wurde noch zu Beginn des zurückliegenden Jahrhunderts in einer Schule der Naturphilosophie vertreten, die sich Vitalismus nannte. Die ordnende Lebenskraft erhielt dort klingende Namen: *Elan vital*, *Vis vitalis* oder *Entelechie*. Die Theorie geht auf Aristoteles zurück, der sich erstmals eine formende, zielgerichtete Kraft, eben eine Entelechie, vorgestellt hatte, von der er glaubte, sie bringe aus Schlamm Frösche und ähnliches Getier hervor. Nach den Vorstellungen der Vitalisten sollte diese Kraft materielle Teilchen in organismischen Formen binden und diese Formen erhalten. Entelechie ist hier der Gegenspieler zur Entropie. Schwindet sie mit dem Tod eines Lebewesens, wird dessen Körper dem thermodynamischen Zerfall preisgegeben.

Wer hinter den Erscheinungen der Natur geheimnisvolle Kräfte vermutet und diese per se für unerforschbar hält, mag für große Fragen eine Antwort gefunden haben, die ihn persönlich befriedigen kann. Die Wissenschaft aber darf nicht durch Glaubensakte vorab Grenzen des Erforschbaren ziehen. Sie muss diese Grenzen, so sie denn bestehen, mit ihren Methoden ausloten. Begriffe wie Entelechie oder Vis vitalis mögen vorübergehend dazu dienen, eine Klasse unverstandener Naturphänomene zu bezeichnen, sie können aber nicht als deren Erklärung gelten. Zu prüfen bleibt, ob Materie die Fähigkeit besitzt, nach erforschbaren Gesetzen die unwahrscheinlichen und ungezählten Formen des Lebens hervorzubringen. Was aber tritt dann an die Stelle eines ordnenden Dämons oder einer geheimnisvollen Entelechie? Und was gestaltet die Zustände eines Nervensystems, sodass diese als inneres Modell Gegenstände und Ereignisse der Außenwelt abbilden können?

Verschiedene naturwissenschaftliche Disziplinen haben inzwischen Möglichkeiten aufgezeigt, um das Rätsel sich selbst organisierender Materie zu lösen. Mechanismen, welche die Gestaltung embryonalen Gewebes leiten, erweisen sich mit jenen Kräften der Selbstorganisation verwandt, die in vernetzten Nervenzellen Erregungsmuster hervorrufen. Beiden Erscheinungsformen der Selbstorganisation liegen Mechanismen zugrunde, welche Rhythmen erzeugen, die in komplexe, räumliche Muster übersetzt werden. In embryonalen Geweben bestimmen chemische Zyklen, in Netzwerken der Nervensysteme periodische oder chaotische Erregungswellen Formen und Stadien der Selbstorganisation.

## Von Hasen und Luchsen

Mitte des vergangenen Jahrhunderts wurde eine neuartige Klasse chemischer Reaktionen bekannt, die im Gegensatz zu herkömmlichen Einweg-Reaktionen zyklisch verlaufen. Solche chemischen Zyklen beginnen, wenn bestimmte Stoffe in einem Reagenzglas angesetzt werden. Mit ihrer Periodizität schlägt die Farbe des Reaktionsgemisches um, und die Zyklen werden so für das bloße Auge sichtbar. Chemische Zyklen aber laufen auch in jeder lebenden Zelle ab. Als innere Uhrwerke bestimmen sie insbesondere den Zeitplan, nach dem sich aus einer befruchteten Eizelle ein komplexer Organismus einschließlich eines Nervensystems entwickelt. Welcher Art sind Moleküle, dass sie derart miteinander reagieren? Ein Vergleich soll dies veranschaulichen: In einem Gebirgstal bietet eine üppige Vegetation ausreichend Nahrung für eine

Tierart, die sich ausschließlich von Pflanzen ernährt. Nehmen wir an, es seien Hasen. Sie vermehren sich mit einer bestimmten Fortpflanzungsrate, sodass innerhalb eines Zeitabschnitts eine bestimmte Anzahl von Tieren Nachwuchs erhält. Die Anzahl der Jungtiere wird der bestehenden Population zugeschlagen. Folglich erhöhen sich die Zuwachsraten von Zeitintervall zu Zeitintervall, sodass die Anzahl der Hasen nicht linear, sondern exponentiell zunimmt. Die Hasen verteilen sich ungehindert über das gesamte Tal, können es aber nicht verlassen. Geschieht nichts weiter, würden die Tiere ihre pflanzliche Nahrung in kürzester Zeit aufbrauchen und die Hasen massenweise verhungern. Wir lassen es jedoch so weit nicht kommen und siedeln im selben Gebirgstal einige Exemplare einer zweiten Art an, die sich als reine Fleischfresser von Hasen ernähren, zum Beispiel Luchse. Gäbe es keine Hasen, verhungerten die ausgesetzten Luchse nach und nach. Im Laufe gleicher Zeitabschnitte würde ein gewisser Anteil ihres Bestandes verenden und ihre Zahl exponentiell schwinden. Luchse aber erlegen Hasen und verhindern damit ihr Aussterben. Die Überlebenden bekommen dann Jungtiere. Bezahlen muss diesen Zuwachs an Luchsen die Population der Hasen, deren Zuwachs um einen Betrag vermindert wird, der sich aus dem Jagddruck der Luchse ergibt.

Zwischen beiden Populationen kann sich ein unveränderliches Gleichgewicht einstellen, wenn die natürliche Vermehrungsrate der Hasen die Verluste durch die Luchse ausgleicht. Weder die Anzahl der Hasen noch die der Luchse ändert sich. Anstelle dieses stationären Gleichgewichts aber kann sich auch ein dynamisches einstellen und beide Populationen periodische Schwingungen um die Niveaus aufweisen, die sie im stationären Zustand annehmen.

Das gesamte System beginnt zu schwingen, wenn das Tal anfänglich von wenigen Hasen und dementsprechend auch nur von sehr wenigen Luchsen besiedelt ist. Die Fänge der Luchse sind anfangs so gering, dass man sie zunächst vernachlässigen darf. Die Hasen können sich noch bewegen, als bewohnten sie das Tal alleine. Sie vermehren sich daher ohne merklichen Jagddruck, und ihre Zahl wächst rasch an. Damit aber erhöht sich für die Luchse die Wahrscheinlichkeit, auf Hasen zu treffen. So wird nicht nur ihrem Verhungern Einhalt geboten, auch die Zahl der

Luchse steigt merklich an. Ihre Wachstumskurve eilt mit einer gewissen Verzögerung derjenigen der Hasen hinterher. Der rasch verstärkte Jagddruck auf die Hasen bremst zunächst deren Wachstumsrate ab und lässt sie im Weiteren durch immer mehr Luchse fast gänzlich verschwinden. Die Luchse finden sich in dieser Phase plötzlich ihrer Nahrungsquelle beraubt, da die drastisch ausgedünnte Population der Hasen zu wenig Nahrung bietet. Viele Luchse verhungern, ihr Bestand nimmt rasch ab. Diese Situation gleicht dem Beginn: Da jetzt ein merklicher Jagddruck fehlt, kann sich die Population der Hasen wieder erholen und eine weitere Wachstumsphase mit exponentiell steigender Anfangsflanke starten. Die Entwicklung beginnt von vorne. Die Bestände der Beutetiere und ihrer Jäger schwingen periodisch. Solche Schwingungen sind somit keine funktionale Eigenschaft der einen oder anderen Teilpopulation, sondern ergeben sich aus der Wechselwirkung beider Populationen.

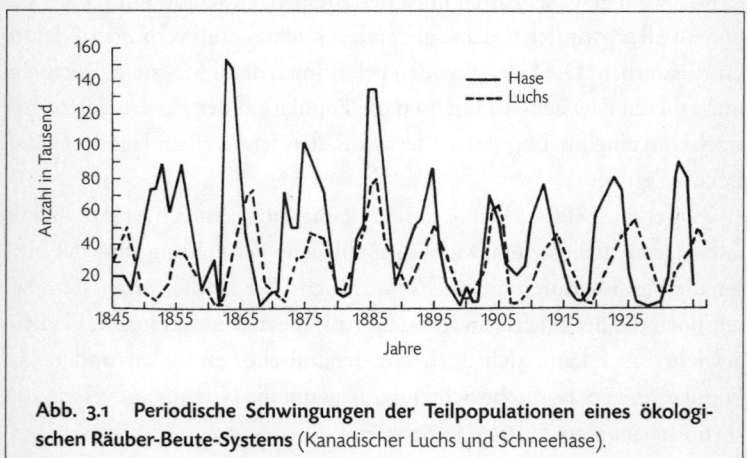

**Abb. 3.1  Periodische Schwingungen der Teilpopulationen eines ökologischen Räuber-Beute-Systems** (Kanadischer Luchs und Schneehase).

Periodische Schwankungen, wie sie unser Szenario veranschaulicht, wurden in verschiedenen Jäger-Beute-Populationen beobachtet. Der Kanadische Luchs zum Beispiel ernährt sich von Schneehasen. Beide Tiere tragen ein begehrtes Fell und werden daher von Menschen gejagt. Die Wahrscheinlichkeit, Tiere der einen wie der anderen Art zu erlegen, hängt unmittelbar von der Größe ihrer Bestände ab. In den seit 1835 geführten Geschäftsbüchern der kanadischen Hudson Bay Company, die unter anderem Handel mit Tierfellen treibt, finden sich die Stückzahlen vermarkteter Tierfelle verzeichnet. Eine Graphik dieser Stückzahlen spiegelt die Oszillationen der Bestände beider Arten für einen Zeitraum von mehr als hundert Jahren wider (Abb. 3.1). Die Schwankungsperioden betragen ungefähr zehn Jahre. Die Gesetze solcher Schwingungen von Räuber-Beute-Populationen wurden erstmals von den Mathematikern Vito Volterra (1931) und Alfred Lotka (1956) formuliert.

## Moleküle als Hasen und Luchse

Was am Beispiel periodischer Schwankungen der Bestände zweier Tierarten veranschaulicht wurde, lässt sich unmittelbar auf bestimmte chemische Systeme übertragen. Manche Moleküle können ihresgleichen aus einfacheren Molekülen eines Ausgangsstoffes herstellen. Ihre chemische Struktur dient dabei als Bauanleitung für Tochtermoleküle. Jeder Abschnitt der Desoxyribonucleinsäure (DNS) enthält kürzere oder längere Folgen von Strukturelementen, die man Nucleotide nennt. Solche Sequenzen aneinander gehefteter Nucleotide veranlassen andere, freie Nucleotide, sich so anzuordnen, dass sie eine identische Kopie bilden. Solange der Vorrat an freien Nucleotiden reicht, kann sich also eine Sequenz aus Nucleotiden vervielfältigen. Sequenzen der DNS oder andere Moleküle mit vergleichbaren Eigenschaften erzeugen auf ähnliche Weise Nachkommen, wie es die Hasen in unserem ökologischen Szenario getan haben. Gerät ein einziges dieser besonderen Moleküle in ein Gefäß, in dem sich ausreichend viele Substratmoleküle in wässriger Lösung befinden, beginnt es Tochtermoleküle nach seinem Vorbild auszubilden, die ihrerseits als Kopie für weitere Generationen gleicher Moleküle dienen. Folglich steigt die Zahl dieser Moleküle zunächst gemäß einer exponentiellen Wachstumskurve. Dieses Wachstum wird erst gebremst, wenn bereits große Teile des Vorrats an Substratmolekülen aufgebraucht sind.

Eine zweite Art von Molekülen stellt ebenfalls Tochtermoleküle nach ihrem eigenen Bauplan her, benutzt dazu als Ausgangsstoff jedoch Moleküle der ersten Art. Jedes Molekül dieser zweiten Sorte «gebiert» also einen Nachkommen, nachdem es ein oder mehrere Moleküle der ersten Art «verzehrt» hat. Trifft ein solches Molekül nicht mit einem Molekül der ersten Art zusammen, kann es sich nicht fortpflanzen. Nach einer gewissen Zeit zerfällt es in kleinere, chemisch nicht mehr reagierende Teile. Dieser Zerfall entspricht dem natürlichen Absterben. Ein Molekül der zweiten Art verhält sich demnach wie der Luchs gegenüber dem Hasen. In einer mit beiden Arten von Molekülen angesetzten Reaktionslösung schwingen deren Konzentrationen, wie es die Bestände von Beutetieren und Jägern in manchen Ökosystemen tun. Die Periode chemischer Schwingungen kann wenige Sekunden, aber auch mehrere Minuten und Stunden dauern.

## Chemische Zyklen formen räumliche Muster

Sind beide Molekülarten und ihre Ausgangsstoffe innerhalb des Gefäßes gut durchmischt und gleichmäßig verteilt, zeigt die Reaktionslösung als Ganzes eine einheitliche Periodizität. Träufeln wir jedoch einige Tropfen dieser Reaktionslösung in ein wassergefülltes Schälchen, bildet jeder Tropfen einen Fleck. Von diesen Orten kann die Reaktionslösung in die Umgebung abfließen wie ein Tropfen Tinte in ein Löschblatt. Während die Stoffe seitlich diffundieren, ändern sich ihre Konzentrationen, da die Moleküle in der beschriebenen Weise miteinander reagieren. Die zeitliche Periodizität in den Schwankungen ihrer Konzentrationen überträgt sich so in periodische Wellenfronten, die konzentrisch von den Stellen fortwandern, auf welche die Tropfen der Reaktionslösung gefallen sind. Eine Indikatorlösung, deren Farbe sich mit den schwankenden Konzentrationen ändert, kann dies sichtbar machen. Die Muster gleichen den Ringwellen, die ein geworfener Stein auf der Oberfläche eines stehenden Gewässers auslöst.

Im Gegensatz zu den mechanischen Ringwellen auf der Oberfläche eines Sees aber können sich chemische Wanderwellen nicht durchdringen oder überlagern, sondern gleichen vielmehr einem Steppenbrand. Da hinter einer Brandzone nichts an Brennbarem zurückbleibt, können sich Brandzonen verschiedener Herde nicht durchdringen. Auch hinter den chemischen Wanderwellen bleiben Zonen zurück, in denen die Reaktionsbereitschaft vorübergehend erschöpft ist. Daher durchdringen sich diese Wellen nicht. Nähern sich konzentrische Wellenringe zweier Zentren, formen sie Muster, die in gewisser Weise Augenpaaren ähneln und daher oft als «Ochsenaugenmuster» beschrieben werden (Abb. 3.2 a).

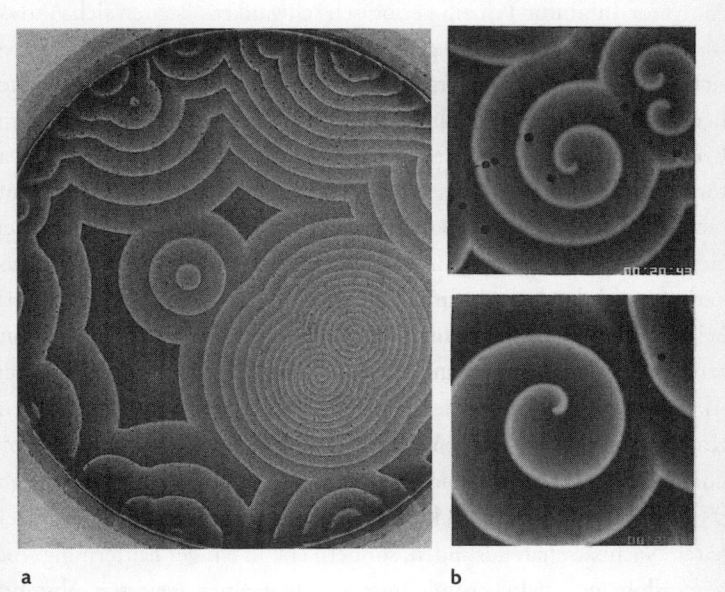

a                                    b

**Abb. 3.2 Räumliche Strukturgebung durch chemische, dissipative Reaktionen**
Chemische Zyklen einer Belousov-Zhabotinsky-Reaktion schaffen durch Diffusion der Moleküle in einer Petrischale konzentrische Ringwellen (a) und rotierende Spiralen (b).

Wenn die Tropfen der Reaktionslösung keine runden Zentren gebildet haben, entwickeln sich aus ihnen anstelle konzentrischer Ringwellen rotierende Spiralen. Eine solche Spiralstruktur geht aus einem Ringmuster hervor, wenn deren Ausbreitung vom Zentrum in einer Rich-

tung gestört ist. Der Ring reißt an dieser Stelle auf. Eine filmische Auflösung solcher Vorgänge zeigt, dass der Kopf einer Spirale selbst auf
einem kleinen Kreis um einen Zentralpunkt läuft. Die Spirale dreht sich
um sich selbst und setzt sich aus diesem rotierenden Zentrum in der Fläche fort (Abb. 3.2 b).

Wenn sich Moleküle selbsttätig vermehren und schließlich eine
zweite Art von Molekülen heranfüttern, die das Wachstum der ersten
hemmen, können die Mengen beider Reaktionspartner nach diesem
Aktivator-Inhibitor-Prinzip periodisch schwanken. Breiten sich Aktiva-
tor- und Inhibitormoleküle gleich schnell von einem Ort aus, überträgt
sich die Schwingung zeitversetzt auf benachbarte Raumteile. Es entstehen die beschriebenen Wanderwellen. Anders verhält es sich, wenn
beide Reaktionspartner unterschiedlich rasch diffundieren. Der Aktivator kann beispielsweise aus vergleichsweise großen, der Inhibitor aus
recht kleinen Molekülen bestehen. Dann kommen beide Substanzen
auf ihrem Diffusionsweg unterschiedlich rasch voran. Der Aktivator
kann sogar so langsam diffundieren, dass er als unbeweglich gelten darf.
Seine selbsttätige Vermehrung bildet dann lokale Domänen hoher Konzentration. Wenn demgegenüber die Inhibitormoleküle, welche in den
Aktivatordomänen entstehen, leicht diffundieren, wandern sie dem
Konzentrationsgefälle folgend rasch von dort ab. Eine lokale Aktivatordomäne gibt dann hemmende Moleküle an ihre nächste Umgebung ab.
Weitere Aktivatordomänen können sich daher nicht in dieser unmittelbaren Nachbarschaft ausbilden, sondern erst in einiger Entfernung. Aktivatordomänen halten somit untereinander einen gewissen Abstand,
der davon abhängt, in welcher Menge und mit welcher Geschwindigkeit hemmende Moleküle von den Aktivatordomänen abströmen. Es
entsteht ein Raummuster periodisch angeordneter Aktivatordomänen
mit zwischengelagerten Hemmungszonen. In einem länglichen Gefäß
mit vergleichsweise kleinem Durchmesser bilden diffusionsgekoppelte
Aktivator-Inhibitor-Reaktionen ein lineares, periodisches Streifenmuster (Abb. 3.3).

Erstmals wurde eine Reaktion, die in Zyklen verläuft und sich in
Form konzentrischer und spiralartiger Wanderwellen ausbreitet, 1958
von dem russischen Chemiker B. P. Belousov beobachtet und wenige

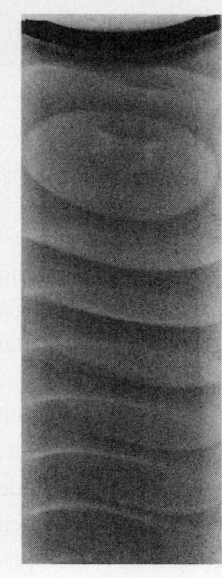

**Abb. 3.3 Räumliche Periodisierung (Turing-Prozess)** Chemische Wanderwellen einer Belousov-Zhabotinsky-Reaktion fügen sich in die Begrenzung eines Reagenzglases und werfen periodische Streifenmuster hoher und niedriger Konzentration der reagierenden Moleküle auf (Welsh et al., 1983).

Jahre später von seinem Kollegen A. M. Zhabotinsky eingehend untersucht. Die Reaktionspartner dieser chemischen Schwingung waren ausschließlich anorganische Moleküle. Mittlerweile kennen die Chemiker eine Vielzahl ähnlicher Reaktionen, die sich mit Hilfe anorganischer Stoffe im Reagenzglas darstellen lassen. Aber auch im Inneren lebender Zellen verlaufen viele chemische Reaktionen zyklisch. Ihre Reaktionspartner sind Proteinmoleküle, die die Zelle selbst synthetisiert. An all diesen zyklischen Reaktionen sind natürlich viel mehr unterschiedliche Reaktionspartner beteiligt, als in unserem einfachen Aktivator-Inhibitor-Modell angenommen wurden. Dennoch ist dieses vereinfachende Modell eine gute theoretische Annäherung an die Mechanismen wirklicher chemischer Zyklen. Die autokatalytische Vermehrung zumindest eines Reaktionspartners und deren rückläufige Hemmung durch einen zweiten stellt das allen zyklischen Reaktionen gemeinsame Grundprinzip dar. Neben Aktivatoren und Inhibitoren kann eine Vielzahl weiterer Reaktionspartner in den Gesamtablauf der chemischen Oszillation einbezogen werden. Allein die Belousov-Zhabotinsky-Reaktion verläuft in mehr als sechzig verschiedenen Teilreaktionen.

Dieser funktionalen Komplexität Muster bildender, chemischer Reaktionen liegt auch deren seltsamste Eigenschaft zugrunde. Niemand wird erwarten, dass sich ein Quantum Milch gleichmäßig in einer Tasse schwarzen Kaffees verteilt, nach einigen Augenblicken von selbst entmischt und helle, konzentrische Ringe oder Spiralen auf der schwarzen Oberfläche formt. Gerade das aber geschieht, wenn man beispielsweise das Muster einer Belousov-Zhabotinsky-Reaktion verrührt und homogenisiert: Nach wenigen Sekunden ersteht aus der gleichförmigen Suppe abermals ein Muster komplexer raumzeitlicher Periodizität. Auch die periodischen Segmente, die uns Abbildung 3.3 zeigt, entstehen immer wieder neu, nachdem das Reagenzglas kräftig geschüttelt und damit die periodische Struktur zerstört wurde. Offensichtlich meiden solche Reaktionen eine homogene Verteilung, die für die meisten anderen Stoffe der thermodynamisch wahrscheinlichste Zustand ist. Wem dies einmal vorgeführt wird, kann seine Verblüffung kaum verbergen. So scheint auf den ersten Blick, als habe Maxwells Dämon oder ein noch raffinierterer Geist seine Hände im Spiel.

Maxwells Geschichte hatte uns einen Dämon vorgestellt, der als souveräner Akteur antritt, um eine homogene Welt im Zustand vollständiger thermodynamischer Vermischung von Materie und Energie zu ordnen. Dazu nutzt er statistische Fluktuationen, die er an den Bewegungen der Moleküle beobachtet. Während er die Moleküle nach seinen Kriterien sortiert, schafft er ein einfaches räumliches Muster in einer sonst homogenen Welt. Er scheitert jedoch, weil er keine Hilfe von außen annimmt und die benötigte Energie ausschließlich dem thermodynamischen Energiesee gleichmäßig verteilter Wärme abzuringen versucht. Er ortet und sortiert Moleküle mit Hilfe Energie verteilender Wirkungen und verschleißt Energie, sobald er sein Wissen über den beobachteten Zustand eines Moleküls speichert. Dies alles kostet mehr Energie, als sich aus dem thermodynamischen See gewinnen lässt. Wenn der Dämon schließlich die früher gespeicherten Resultate vergessen muss, erhöht er die thermodynamische Unordnung seiner Welt. Maxwells Dämon scheitert. Seine Geschichte muss umgeschrieben werden.

Tatsächlich gibt es keinen Geist und kein körperloses Wesen, das außerhalb aller Naturgesetze wirkt. An die Stelle des Dämons tritt ein Mechanismus bzw. ein Wirkungsgefüge, das ausgewählte Moleküle untereinander ausüben. Wenn es diesem Mechanismus gelingen soll, einen homogenen See von Materie und Energie lokal zu entmischen, bedarf es jedoch arbeitsfähiger Energie, die nicht aus dem thermodynamischen See, sondern von einer anderen Quelle stammt. Die Akteure unserer neuen Geschichte sind besondere Moleküle, die den sortierenden Mechanismus selbst betätigen. Dieser dient als Vorrichtung, um statistische Fluktuationen im Energiegehalt der Moleküle und in der Dichte ihres Auftretens nach einer Richtung zu begünstigen. So können thermische Fluktuationen in den lokalen Konzentrationen der Moleküle durch einen geeigneten Mechanismus auf eine Weise rückgekoppelt werden, dass sie sich in einer bestimmten Richtung verstärken. Kleine Fluktuationen im thermodynamischen See schaukeln sich dann zu solcher Größe auf, dass sie sichtbare Muster in Zeit und Raum bilden. Sie werden energetisch verstärkt. Die Energie hierfür muss arbeitsfähig sein, sie kann bestimmten Energie speichernden Molekülen entnommen und dem System zugeführt werden. Genau das geschieht im Verlauf der neuartigen zyklischen Reaktionen: Kleine Fluktuationen an Energie und Dichte, von denen es unzählige in einem homogenen Gemisch im thermodynamischen Gleichgewicht gibt, verstärken sich zu chemischen Zyklen, die für das bloße Auge erkennbar sind.

Im Allgemeinen aber ebnen die thermischen Bewegungen der molekularen Einheiten über kurz oder lang alle örtlichen und zeitlichen Unterschiede in Dichte und Energiegehalt ein. Alle Teilchen streben dann einer homogenen Verteilung zu, in der sie zu allen Zeiten mit gleicher Wahrscheinlichkeit hier wie dort angetroffen werden. Auch abweichende Zustände gehen ohne äußere Einwirkung allmählich in diesen ausgeglichenen Endzustand über. Sie werden wie in einen Sog dorthinein gerissen. Allgemein wird ein Zustand, auf den sich andere Zustände hinentwickeln und in dem sie aufgehen, als *Attraktor* bezeichnet, da es aussieht, als ziehe er alle anderen Zustände in sich hinein. Die thermische Bewegung der Moleküle lässt diese kurzfristig in einem Volumenteil zusammen- oder auseinander schießen. So entstehen Schwankungen in Dichte und Energiegehalt eines Raumteiles, die jedoch in der Umgebung des thermodynamischen Gleichgewichts festgehalten werden. Sie schaukeln sich also im Allgemeinen nicht selbst auf. Woher aber nehmen dissipative Strukturen die Kraft, überhaupt der Anziehung des thermodynamischen Gleichgewichtes zu entfliehen?

Die Häufigkeit, mit der sich Aktivator- und Inhibitormoleküle innerhalb eines kurzen Zeitschrittes vervielfältigen oder vernichten, hängt jeweils von der gegenwärtigen Konzentration beider Moleküle in den einzelnen Raumteilen ab. Die geringfügige Änderung dieser Konzentration lässt sich anhand mathematisch formulierter Reaktionsgesetze berechnen. Man erhält dabei einen Satz aufeinander bezogener und verschränkter Differenzialgleichungen, welche die zu erwartende Dynamik der chemischen Reaktionen beschreiben.

Anhand solcher Differenzialgleichungen lässt sich bestimmen, unter welchen Bedingungen das chemische Reaktionssystem eine zeitlich konstante und räumlich gleichförmige Verteilung der Aktivator- und Inhibitormoleküle verlässt und selbsttätig komplexe, raumzeitliche Strukturen herstellt. Wie eine entsprechende Beweisführung zeigt, müssen zumindest drei Moleküle miteinander reagieren. Ein Inhibitormolekül kann sich beispielsweise nicht «fortpflanzen», wenn es nur ein einziges Aktivatormolekül «aufgezehrt» hat. Zwischen den Aktivator- und Inhibitormolekülen müssen Reaktionen ablaufen, die zumindest zwei Aktivatormoleküle verbrauchen, bevor ein Inhibitormolekül ein Tochtermolekül hervorbringt. Sind in einem Raumteil der Reaktionslösung Aktivator- (X) und Inhibitormoleküle (Y) vorhanden, steigt die Möglichkeit des Zusammentreffens je eines Moleküls der ersten und zweiten Art mit dem Produkt X Y. Die Häufigkeit für eine gemeinsame Reaktion von zwei Aktivator- und einem Inhibitormolekül aber wächst mit dem Produkt X X Y. Erst Reaktionsformen, deren mathematische Beschreibung Anteile der Form X X Y, X X X, Y Y Y oder X Y Y enthält, entwickeln die Kraft, dem thermodynamischen Attraktor zu entfliehen und fernab mit Hilfe einer aus Nahrungsmolekülen geschöpften Energie eine andere stabile Struktur zu errichten. Der Vorgang lässt sich mit Hilfe eines Computers aus entsprechenden Differenzialgleichungen berechnen und graphisch darstellen. Das einfachste System zur Untersuchung der Selbstorganisation von Materie wurde erstmals von dem Nobelpreisträger für Chemie, Ilya Prigogine, vorgeschlagen. Prigogines theoretisches Demonstrationsbeispiel beruht auf einer trimolekularen Reaktionskinetik, es wurde unter dem Namen «Brüsselator» bekannt.

Thermische Molekularbewegungen stoßen Aktivator- und Inhibitormoleküle aufeinander. Es kommt zu ersten Reaktionen, und bald beginnen die Konzentrationen beider mit kleinen, allmählich anwachsenden Ausschlägen um konstante Grundniveaus zu schwingen. Schließlich schaukeln sie sich zu festen Amplituden auf (Abb. 3.4). Ausgehend von den Konzentrationen des thermodynamischen Gleichgewichts, aber auch von allen anderen Konzentrationswerten findet das chemische System selbsttätig in einen Zyklus, den man *Grenzzyklus (Limit Cycle)* nennt. Er ist der stabile Zustand dieses selbst organisierenden Systems. Da er alle anderen Zustände dieses chemischen Systems gleichsam ansaugt, sodass sie schließlich in ihm aufgehen, ist auch dieser Grenzzyklus ein Attraktor.

Wenn sich lokale Schwingungen mit den diffundierenden Molekülen von einem Volumenelement in benachbarte ausbreiten, überträgt sich die Periodizität des zeitlichen Ablaufes in eine räumliche. Wir dürfen dann das gesamte Raum-Zeit-Muster, das die Konzentrationen der Aktivator- und Inhibitormoleküle anstreben, als neuen Attraktor auffassen. Es erhält sich selbst mit Hilfe einer Energie, die Nahrungs- und Substratmolekülen entzogen wird. So bedarf es also keiner geheimnisvollen Kraft, um entgegen dem allgemeinen Sog zur nivellierenden Unordnung höchst unwahrscheinliche Formen zu schaffen und zu erhalten. Materie vermag sich selbst aufgrund physikalischer und chemischer Gesetze zu ordnen.

## Verzweigungen

Wir haben bereits bestimmte funktionale Eigenschaften für die chemische Reaktionskinetik der Aktivator- und Inhibitormoleküle formuliert.

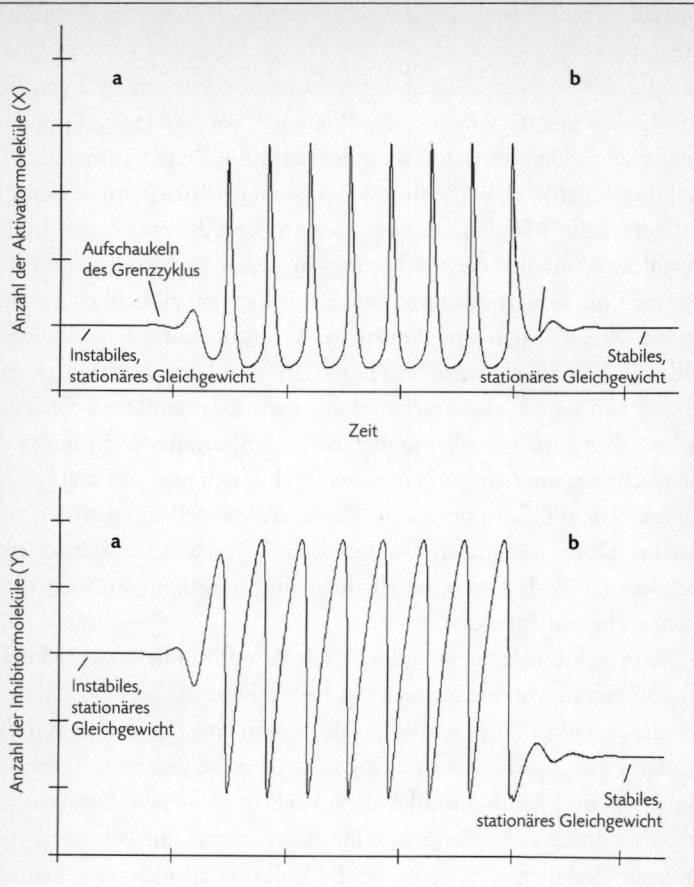

**Abb. 3.4 Computersimulation des «Brüsselators»** Je zwei Moleküle einer Art (X) müssen mit dem Molekül einer zweiten Art (Y) reagieren, um je ein Tochtermolekül der Art X hervorzubringen. Gleichzeitig verschwindet ein Y-Molekül.

a) Die Konzentrationen der Reaktionspartner X und Y schaukeln sich aus einem instabilen stationären Gleichgewicht zu einem Grenzzyklus auf, sofern zwei Ausgangsstoffe A und B in einem kritischen Mengenverhältnis vorliegen.

b) Nachdem sich der Grenzzyklus eingeschwungen hat, wird die Menge des Ausgangsstoffes B halbiert. Das chemische System «hungert aus», und der Grenzzyklus bricht zusammen (Computersimulation des Autors).

Darüber hinaus muss ein ganz bestimmter Grenzpunkt überschritten werden, damit das Reaktionsgemisch aus Aktivator- und Inhibitormolekülen dem globalen Sog zum thermodynamischen Gleichgewicht selbsttätig entfliehen kann. Wenn ein Aktivatormolekül aus Molekülen eines Ausgangsstoffes ein Tochtermolekül nach seinem Vorbild formt, ist dies eine spontane, aber seltene Reaktion. Die Vermehrung der Aktivatormoleküle könnte dadurch nur sehr langsam ablaufen. In Wirklichkeit sind andere Moleküle zur Stelle, die sich an der Umsetzung von Substratstoffen nicht direkt beteiligen, aber die Synthese eines Aktivatormoleküls nach dem Vorbild eines Muttermoleküls begünstigen. Die selbsttätige Vermehrung von Aktivatormolekülen wird somit von «Geburtshelfern» begünstigt, ohne dass diese sich selbst dabei verändern. Man nennt solche chemischen Helfer *Katalysatoren* oder *Enzyme*. Sind in der Reaktionslösung bestimmte Enzyme vorhanden, beschleunigen sie die Selbstvermehrung der Aktivatormoleküle. Der Schub, den das Aktivator-Inhibitor-Gemisch entwickeln muss, um dem Sog zur thermodynamischen Nivellierung zu entgehen, hängt davon ab, in welchem Maße Enzyme und Nahrungsstoffe zur Verfügung stehen. Gibt es zu wenig Ausgangsstoffe, aber genügend Enzyme, entfacht sich ein kurzes Wachstum der Aktivatormoleküle, das rasch den geringen Vorrat an Ausgangsstoffen aufbraucht und dann erlischt. Sind dagegen hinreichend Nahrungsstoffe, aber nur wenig Enzyme vorhanden, vermehren sich die Aktivatormoleküle zu langsam, um dem gesamten chemischen System jenen Schub zu verleihen, der es vom Zustand einer thermodynamischen Gleichverteilung forttreibt. Zwischen den Konzentrationen von Ausgangsstoffen und Enzymen muss ein kritisches Verhältnis bestehen, das in einem bestimmten Zahlenwert ausgedrückt werden kann. Unterhalb dieses Zahlenwertes bricht das chemische System stets in sich zusammen und folgt dem Sog zum thermodynamischen Gleichgewicht. Oberhalb des kritischen Zahlenwertes aber erhält das Reaktionsgemisch die Kraft, dem Sog zu entkommen und selbst einen Grenzzyklus als eigenen stabilen Zustand hervorzubringen. Der kritische Zahlenwert des Verhältnisses von Ausgangsstoffen und Enzymen trennt somit zwei Entwicklungslinien, denen das System folgen kann. Wie ein Wanderer, der vor einer Weggabelung steht und von zwei Wegen einen wählen muss, entscheidet jener kritische Zahlenwert darüber, welche Entwicklung das chemische System nehmen wird. Daher nennt man diesen kritischen Wert einen Verzweigungs- oder *Bifurkationspunkt.*

Wird ein begrenzter Vorrat an Substratstoffen im Verlauf vieler Zyklen aufgebraucht, verlangsamen sich die chemischen Schwingungen zunächst und enden schließlich ganz. Das oszillatorische System, anfangs noch ausreichend von Substratstoffen ernährt, hungert allmählich aus und stirbt. Sein funktionales Gebilde zerfällt und gibt seine Elemente dem Sog zum thermodynamischen Gleichgewicht preis. Dieser Übergang vollzieht sich rasch, wenn der Nahrungsstrom einmal abgestellt wird. Eine entsprechende Simulation zeigt dieses «Aushungern» mit Hilfe des Brüsselators (Abb. 3.4).

### Lebende Attraktoren

Soll eine dissipative Struktur erhalten bleiben, bedarf es einer steten Fütterung mit neuen Nahrungsmolekülen. Die Spaltung energiehaltiger Nahrungsmoleküle etwa setzt Energie frei, die genutzt wird, um verschiedene Einzelschritte der zyklischen Reaktionskette zu betreiben. Hierbei kann sich die Energie aus den Nahrungsmolekülen nicht unmittelbar in Wärme umsetzen. Ginge diese Energie zu einem großen Teil in Wärme über, könnte das System aufgrund der thermodynamischen Unordnung, die diese Wärme erzeugen würde, weder eine zeitliche noch eine räumliche Ordnungsstruktur hervorbringen. Chemische Oszillationen müssen daher so beschaffen sein, dass sich der Energiebetrag aus Nahrungsmolekülen kaskadenartig von einer Teilreaktion unmittelbar auf die nächste ergießt, ohne sich in zu großem Anteil in Wärme zu verwandeln. Systeme, die der Umwelt arbeitsfähige Energie entnehmen und eine funktionale Ordnung schaffen, indem sie diese Energie zunächst auf Teilprozesse lenken, dann aber den Rest als Wärme an die Umwelt abgeben, sind *dissipativ.* Wenn sie Wärme an die Umwelt abgeben, erhöht sich dort die thermodynamische Unordnung. Diese vermehrte Entropie ist der Preis, den dissipative Systeme und die mit ihnen verbundenen raumzeitlich geordneten Strukturen kosten. Die lokale Ordnung innerhalb materieller Formen ist mit einer globalen Erhöhung der Entropie in der restlichen Welt erkauft.

Dissipative Strukturen teilen mit Lebewesen wesentliche Eigenschaften: Sie können, obgleich eingebettet in thermodynamische Unordnung, zeitlich sowie räumlich geordnete Strukturen hervorbringen und benötigen dazu Energie, die sie energiehaltigen Substanzen der Umwelt entnehmen. Sie müssen also ernährt werden. Was gilt sonst noch für dissipative Strukturen? Die Energie aus den Nahrungsmolekülen wird über den gesamten Organismus verteilt und schließlich als Wärme wieder an die Umwelt abgegeben. Wird ihnen die Nahrung vorenthalten, zerfallen sie in ihre molekularen Bestandteile, die fortan der thermodynamischen Unordnung anheim gegeben sind. Darüber hinaus fallen in den zahlreichen Reaktionsschritten untaugliche Endprodukte an, die, wenn sie sich anreichern, die Reaktionskaskade stören können. Soll eine dissipative Struktur über längere Zeit erhalten werden, müssen diese Abfälle entfernt werden. Das System nimmt Stoffe auf und scheidet andere aus. Solange es besteht, hält es dieses Fließgleichgewicht aufrecht.

All dies trifft auch auf Lebewesen zu, die daher ebenfalls als dissipative Strukturen gelten dürfen. Reaktionen nach Art einer Belousov-Zhabotinsky-Reaktion, theoretisch vereinfacht und nachgeahmt in der trimolekularen Reaktionskinetik des Brüsselators, empfehlen sich daher als Modelle für chemische Mechanismen, die der Selbstorganisation von Leben zugrunde liegen. In allen Lebewesen sind ähnliche dissipative Reaktionen sehr eng mit molekularen Mechanismen des genetischen Codes verbunden. Lebewesen verfügen über eigene Rezepturen, um die notwendigen Moleküle, welche diese dissipativen, ordnenden Mechanismen betreiben, selbst herzustellen, da die Zellkerne das gesamte Archiv an Bauanleitungen für die Synthese solcher Moleküle beherbergen.

# Kapitel 4
## Frühe Gestaltbildung

Trotz der funktionalen Verwandtschaft dissipativer chemischer Reaktionen mit gestaltenden Kräften, die wir in der Entwicklung von Lebewesen am Werk sehen, mag noch ein Zweifel bleiben, ob sich die vielgestaltigen Erscheinungsformen höherer Organismen auf solche physikalisch-chemischen Mechanismen zurückführen lassen. Es sind ja vergleichsweise einfache Muster, die sich unter Laborbedingungen zeigen lassen: periodische Schwankungen in der Konzentration bestimmter Reaktanden, Ringwellen und manchmal spiralartige Gebilde. Dagegen ist bereits jede Insektenlarve ein weitaus komplexer geformter Organismus. Erschwerend kommt hinzu, dass sich die komplexen Formen des Lebens über längere Zeitspannen aus einer einzigen Zelle, dem befruchteten Ei, entwickeln. Manchen Forschern vergangener Jahrhunderte galt die Embryologie als bevorzugtes Feld, um den planenden Willen eines göttlichen Schöpfers zu beobachten und zu verstehen. Auch der bekannteste Embryologe seiner Zeit, Karl Ernst von Baer, der neben anderen bedeutenden Funden die Eizelle sowohl der Säuger als auch des Menschen entdeckt hat, war von solch religiösen Vorstellungen geleitet. In einer Notiz aus dem Jahr 1828 hielt er folgende, für unsere Erörterung bedeutsame Erfahrung fest: «Ich habe zwei kleine Embryonen in Alkohol konserviert, die ich zu bezeichnen vergaß. Jetzt bin ich außerstande, das Genus, dem sie angehören, zu bestimmen. Es könnten Eidechsen, kleine Vögel, ja sogar Säuger sein.»

### Wenn alle gleich aussehen

So verschieden die Gruppen der Wirbeltiere sind, auf den ersten Stufen ihrer Entwicklung gleicht ein Embryo dem anderen. Vom Fisch bis zum Menschen sehen wir dasselbe: ein Würmchen mit Kopf, Brust und gekrümmtem Hinterleib. Der gesamte Körper ist von vorne bis hinten

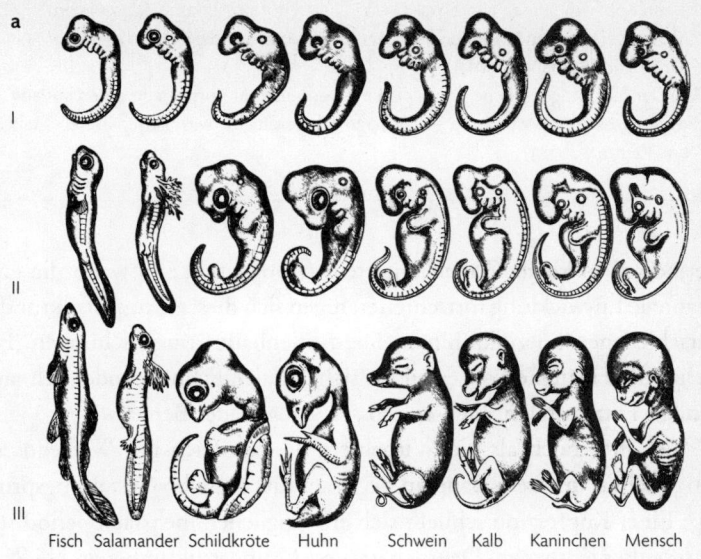

**a**

I

II

III

Fisch Salamander Schildkröte Huhn Schwein Kalb Kaninchen Mensch

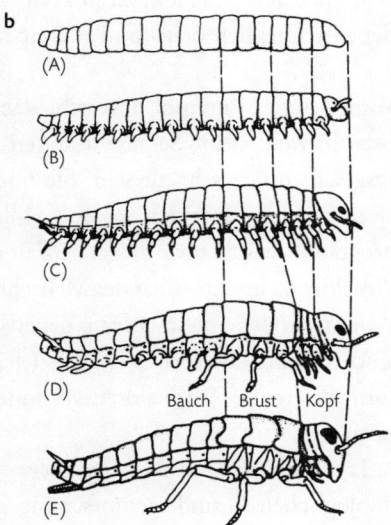

**b**

(A)

(B)

(C)

(D)

Bauch | Brust | Kopf

(E)

**Abb. 4.1 Grundplan der Morphogenese** a) Frühe Embryonen aller Wirbeltiere gleichen sich zum Verwechseln. Erst mit fortgeschrittener Entwicklung zeigen sie artspezifische Merkmale. Allen gemeinsam ist die anfängliche Differenzierung in einen Kopf- und einen Hinterpol. Dieser anterioren-posterioren Achse lagern sich Muster verschiedener periodischer Segmentationen auf, die jedoch bei allen Arten gleich sind (Romanes, 1901).

b) Der morphogenetische Grundplan mit periodischen Körpersegmenten entlang einer anterioren-posterioren Achse zeigt sich bereits bei wirbellosen Tieren (Raff und Kaufman, 1983).

periodisch in kleine Zonen unterteilt (Abb. 4.1a). Erst wenn die embryonale Entwicklung fortschreitet, fügen sich dieser Grundstruktur die verschiedenen Spezifika hinzu: Die Außenhaut bringt Schuppen, Federn oder Haare hervor; es bilden sich Mäuler, Schnäbel oder Schnauzen, als Extremitäten wachsen Flossen, Flügel oder Beine.

Viel älter noch als die Wirbeltiere ist das Reich der Wirbellosen. Doch schon in ihrem Bauplan begegnet uns dasselbe Gestaltungsprinzip: Einer Kopfregion schließt sich ein länglicher, mehrfach periodisch unterteilter Körper an. Deutlich ist diese Grundstruktur bereits bei Ringelwürmern (Anneliden) angelegt. Bei den Insekten vergrößern sich später die Brustsegmente, aus denen schließlich Bein- und Flügelpaare wachsen (Abb. 4.1b).

Die Grundgestalt eines in Vorder- und Hinterpol unterschiedenen länglichen Körpers, der periodisch in viele kleine Segmente unterteilt ist, muss demnach entwicklungsgeschichtlich sehr alt sein. Sie findet sich bereits bei den ersten Gliederfüßern und Insekten vor 400 Millionen Jahren. Ihr genetisches Urprogramm wurde über die lange Zeit erhalten und schließlich an die Wirbeltiere, einschließlich des Menschen, weitergegeben. Wir müssen also verstehen, wie diese Urform genetisch verankert ist und welche gestaltenden Kräfte dissipativer Reaktionen sie hervorbringen. Da wir die Urform bereits bei Wirbellosen vorfinden, müssen wir unsere Suche dort beginnen.

Insekten und unter ihnen die Fruchtfliege (*Drosophila melanogaster*) haben schon seit langem der biologischen Grundlagenforschung gedient, da sie sich leicht züchten und halten lassen. Ihre rasche Generationsfolge erlaubt überdies, Veränderungen am Erbgut und deren Einfluss auf das Erscheinungsbild des Organismus in überschaubarer Zeit zu beobachten. Der Vererbungsgang genetisch bedingter Merkmale kann so von Generation zu Generation gleichsam in geraffter Zeit verfolgt werden. Die Entwicklung vom befruchteten Ei zur Larve zeigt die ersten Schritte auf dem Weg zur späteren Gestalt. Am Beispiel der Fruchtfliege sollen nur die grundlegenden Mechanismen der genetisch gesteuerten *Morphogenese* untersucht werden. Die Entwicklungsbiologie unserer Tage vereint damit ursprünglich getrennte Disziplinen: die Embryologie, die den Vorgang der Gestaltbildung in seinen Entwicklungsstadien beschreibt, die Genetik, welche die Regulatorgene und deren Mutationen untersucht, und die Evolutionsbiologie, die sich den Kräften der natürlichen Auslese dieses Erbgutes zuwendet.

Diesen traditionellen Disziplinen gesellt sich nunmehr die Chemie dissipativer Strukturen und die numerische Mathematik zu. Letztere gibt uns Werkzeuge an die Hand, um vermutete Reaktionen und Wechselwirkungen von Molekülen mathematisch zu beschreiben und Wirkungsmodelle zu entwerfen, die die zugrunde liegenden biologischen Vorgänge abbilden. Solche Computersimulationen ahmen Prozesse unter angenommenen Bedingungen nach, die dann mit Beobachtungen an wirklichen Prozessen der Morphogenese verglichen werden. Stimmt die mathematische Modellierung nicht oder nur wenig mit den Beobachtungen überein, werden ihr in einem neuen Modell andere Annahmen unterlegt, mit denen sich der simulierte Vorgang besser an die Beobachtungen angleicht. Zeigt schließlich die Computersimulation eine hinreichende Übereinstimmung mit den tatsächlich beobachteten biologischen Vorgängen, ist dies ein Hinweis darauf, dass das mathematische Modell den realen Grundprozessen bereits ähnlich ist.

## Die Homöobox

Bestimmte Abschnitte der DNS enthalten Bauanleitungen für die Synthese von Eiweißmolekülen, die als Regulatoren die Morphogenese des Organismus steuern. Jedes Gen ist ein Abschnitt des langen, doppelsträngigen DNS-Moleküls, in dem die vier Nucleotide Adenin, Guanin, Cytosin und Thymin wie eine Perlenkette aufgereihte Codesequenzen für die Synthese eines Produktproteins bilden. Diese Proteine wirken innerhalb der Zelle als Regulatormoleküle auf die DNS zurück, indem sie die Überschreibung der genetischen Baulanleitung für weitere Proteine in Gang setzen, die beispielsweise bestimmen, wo innerhalb des befruchteten Eis Kopf, Brust und Hinterleib des Embryos angelegt sind oder an welchen Körpersegmenten Bein- und Flügelpaare wachsen werden. Im Gegensatz zu diesen nachfolgenden Proteinen verlassen die Regulatorgene den Zellkern nicht, da sie ausschließlich dazu dienen, die

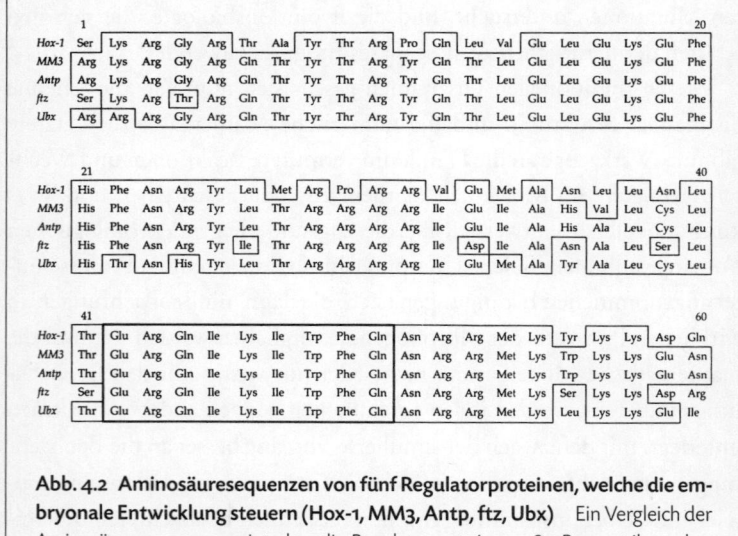

Positionen 1–20

| | 1 | | | | | | | | | | | | | | | | | | | 20 |
|---|---|---|---|---|---|---|---|---|---|---|---|---|---|---|---|---|---|---|---|---|
| Hox-1 | Ser | Lys | Arg | Gly | Arg | Thr | Ala | Tyr | Thr | Arg | Pro | Gln | Leu | Val | Glu | Leu | Glu | Lys | Glu | Phe |
| MM3 | Arg | Lys | Arg | Gly | Arg | Gln | Thr | Tyr | Thr | Arg | Tyr | Gln | Thr | Leu | Glu | Leu | Glu | Lys | Glu | Phe |
| Antp | Arg | Lys | Arg | Gly | Arg | Gln | Thr | Tyr | Thr | Arg | Tyr | Gln | Thr | Leu | Glu | Leu | Glu | Lys | Glu | Phe |
| ftz | Ser | Lys | Arg | Thr | Arg | Gln | Thr | Tyr | Thr | Arg | Tyr | Gln | Thr | Leu | Glu | Leu | Glu | Lys | Glu | Phe |
| Ubx | Arg | Arg | Arg | Gly | Arg | Gln | Thr | Tyr | Thr | Arg | Tyr | Gln | Thr | Leu | Glu | Leu | Glu | Lys | Glu | Phe |

Positionen 21–40

| | 21 | | | | | | | | | | | | | | | | | | | 40 |
|---|---|---|---|---|---|---|---|---|---|---|---|---|---|---|---|---|---|---|---|---|
| Hox-1 | His | Phe | Asn | Arg | Tyr | Leu | Met | Arg | Pro | Arg | Arg | Val | Glu | Met | Ala | Asn | Leu | Leu | Asn | Leu |
| MM3 | His | Phe | Asn | Arg | Tyr | Leu | Thr | Arg | Arg | Arg | Arg | Ile | Glu | Ile | Ala | His | Val | Leu | Cys | Leu |
| Antp | His | Phe | Asn | Arg | Tyr | Leu | Thr | Arg | Arg | Arg | Arg | Ile | Glu | Ile | Ala | His | Ala | Leu | Cys | Leu |
| ftz | His | Phe | Asn | Arg | Tyr | Ile | Thr | Arg | Arg | Arg | Arg | Asp | Ile | Ala | Asn | Ala | Leu | Ser | Cys | Leu |
| Ubx | His | Thr | Asn | His | Tyr | Leu | Thr | Arg | Arg | Arg | Arg | Ile | Glu | Met | Ala | Tyr | Ala | Leu | Cys | Leu |

Positionen 41–60

| | 41 | | | | | | | | | | | | | | | | | | | 60 |
|---|---|---|---|---|---|---|---|---|---|---|---|---|---|---|---|---|---|---|---|---|
| Hox-1 | Thr | Glu | Arg | Gln | Ile | Lys | Ile | Trp | Phe | Gln | Asn | Arg | Arg | Met | Lys | Tyr | Lys | Lys | Asp | Gln |
| MM3 | Thr | Glu | Arg | Gln | Ile | Lys | Ile | Trp | Phe | Gln | Asn | Arg | Arg | Met | Lys | Trp | Lys | Lys | Glu | Asn |
| Antp | Thr | Glu | Arg | Gln | Ile | Lys | Ile | Trp | Phe | Gln | Asn | Arg | Arg | Met | Lys | Trp | Lys | Lys | Glu | Asn |
| ftz | Ser | Glu | Arg | Gln | Ile | Lys | Ile | Trp | Phe | Gln | Asn | Arg | Arg | Met | Lys | Ser | Lys | Lys | Asp | Arg |
| Ubx | Thr | Glu | Arg | Gln | Ile | Lys | Ile | Trp | Phe | Gln | Asn | Arg | Arg | Met | Lys | Lys | Lys | Lys | Glu | Ile |

**Abb. 4.2  Aminosäuresequenzen von fünf Regulatorproteinen, welche die embryonale Entwicklung steuern (Hox-1, MM3, Antp, ftz, Ubx)**  Ein Vergleich der Aminosäuresequenzen zeigt, dass die Regulatorproteine zu 80 Prozent ihrer chemischen Primärstruktur übereinstimmen. Es handelt sich um Gene, die wahrscheinlich durch Mutationen eines gemeinsamen Urgens entstanden sind, das die embryonale Entwicklung früher wirbelloser Tiere steuerte (Gehring, 1985).

Übertragung von Genen in Eiweiße zu steuern. Wie jedes Eiweiß ist auch ein Regulatorprotein ein langes Kettenmolekül (Polypeptid). Seine Bausteine sind verschiedene Aminosäuren, die entsprechend der Codesequenz eines bestimmten Abschnittes der DNS aneinander gefügt werden.

Von verschiedenen Regulatorgenen konnte die Sequenz ihrer Aminosäuren und damit ihre primäre molekulare Struktur bestimmt werden. Aminosäuresequenzen von fünf der bekanntesten Regulatorproteine sind in Abbildung 4.2 zusammengestellt. Jedes dieser fünf Regulatorproteine besteht aus 60 Aminosäuren, die jeweils durch drei Anfangsbuchstaben wiedergegeben werden. *Ser* steht für die Aminosäure Serin, *Lys* für Lysin, *Arg* für Argenin und so fort. Die Regulatorproteine Antennapedia (Antp), fushi tarazu (ftz) und Ultrabithorax (Ubx) stammen von der Fruchtfliege, das Regulatorprotein Hox-1 von einer Maus und das Regulatorprotein MM3 von einem Frosch. Fehlt eines dieser Regulatorproteine, entwickelt sich das befruchtete Ei zu einem Embryo, der auf bestimmte Weise missgebildet ist.

Wird zum Beispiel die Synthese des Proteins Antennapedia gestört, wächst der geschlüpften Taufliege das erste Beinpaar nicht aus dem Brustsegment, sondern aus dem Kopf. Das missgebildete Insekt trägt anstelle seiner Fühler «Antennenfüße» an seinem Kopf. Ist das Regulatorgen fushi tarazu ausgefallen, wird der Hinterleib des Insekts nicht oder nur unvollständig segmentiert. Die japanischen Entdecker gaben diesem Protein den Namen *fushi tarazu,* «zu wenig Segmente». Die Fruchtfliege, normalerweise nur mit einem Flügelpaar ausgestattet, erhält zwei, wenn das Regulatorgen Ultrabithorax fehlt.

Ungeachtet ihrer unterschiedlichen Funktionen und Herkunft stimmen die Aminosäuresequenzen dieser Regulatorgene zu 80 bis 90 Prozent überein. Diese gemeinsamen Anteile sind in Abbildung 4.2 durch eine Umrahmung hervorgehoben (Homeodomäne). Sie entstammen gleichsam einer Schachtel gemeinsamer Nucleotidsequenzen entsprechender DNS-Abschnitte, die man *Homöobox* nennt. Die auffallende Übereinstimmung weist auf einen gemeinsamen Vorläufer dieser Regulatorproteine hin, dessen Bauanleitung in einem archaischen Genabschnitt der DNS enthalten war. Dieses Gen konnte im Laufe der Jahrmillionen mutieren und Varianten des ursprünglichen Regulatorgenes hervorbringen; dennoch wurden nur 10 bis 20 Prozent der Aminosäuresequenz geändert. Wenn also 80 bis 90 Prozent der molekularen Struktur dieser Regulatorgene und -proteine über einen so langen Zeitraum konserviert wurden, muss die Homöobox eine wichtige Funktion für die embryonale Entwicklung der unterschiedlichen Tierarten innehaben.

Von Organismen, die sich geschlechtlich fortpflanzen, enthält die weibliche und männliche Keimzelle genau die Hälfte der Bauanleitungen aller Eiweißmoleküle, die der Organismus selbst erzeugen kann. Mit der Befruchtung eines Eis werden beide genetischen Bauanleitungen zusammengelegt und damit das gesamte Archiv an Rezepturtexten bereitgestellt. Danach setzt die Proteinsynthese ein, wobei manche Proteine eine wichtige, andere zumindest eine günstige Wirkung haben. Träfe dies nicht zu, würden sie die befruchtete Eizelle schädigen, die in der Folge keinen fortpflanzungsfähigen Organismus mehr hervorbringen könnte. Zellen und Organismen, die bis heute überlebt haben, müssen daher Bauanleitungen und Rezepturtexte für Proteine mit günstiger chemischer Wirkung enthalten.

## Ein Reagenzglas en miniature

Unter den zahlreichen Proteinmolekülen der befruchteten Eizelle finden sich wahrscheinlich auch solche, die untereinander als chemische Aktivatoren oder Inhibitoren wirken. Damit wird eine größere Zahl verschiedener Aktivator-Inhibitor-Mechanismen in Gang gesetzt. Sie können chemische Zyklen verschiedener Perioden und räumlich periodische Verteilungsmuster unterschiedlicher Wellenlänge erzeugen. All diese verschiedenen dissipativen Reaktionen bleiben in einem winzigen Volumen eingeschlossen, das wenige Kubikmillimeter misst. Die befruchtete Eizelle ist ein Reagenzglas en miniature. Unterschiedliche Aktivator-Inhibitor-Prozesse können darin nebeneinander herlaufen, ohne sich durch gemeinsame Proteine und Zwischenprodukte wechselseitig zu beeinflussen. Ein Prozess kann nach einiger Zeit seines Wirkens Reaktionspartner für einen anderen Prozess freisetzen. Der erste Zyklus stößt dann einen zweiten an und dieser weitere. Auf den Gedanken, die embryonale Morphogenese aus solchen chemischen Reaktionskaskaden abzuleiten, kam erstmals der englische Mathematiker Alain M. Turing in seinem Aufsatz «The Chemical Basis of Morphogenesis» (1952).

Wenn sich in der Eizelle punktuell Aktivatormoleküle zu vermehren beginnen, wächst deren lokale Konzentration rasch an. Zeitlich verzögert formen sich an diesen Stellen auch Inhibitormoleküle. Die Moleküle beider Sorten wandern dem Konzentrationsgefälle folgend mit unterschiedlicher Geschwindigkeit in das übrige Zellvolumen ab. Die kleineren Inhibitormoleküle diffundieren dabei schneller als die trägeren Aktivatormoleküle. Einzelne Aktivatordomänen können so, wie oben beschrieben, «Hemmungsgräben» auswerfen, die sie voneinander trennen. Entlang einer Achse können sich periodische Muster von Aktivatordomänen bilden, die den periodischen Streifen einer Belousov-Zhabotinsky-Reaktion ähneln (vergleiche Abb. 3.3).

Unter den engen Randbedingungen, die die Zelle wie ein winziges Reagenzglas vorgibt, kommt es darauf an, in welchem Verhältnis die Wellenlänge eines periodischen Musters zu den Abmessungen der Zelle steht. Ist die Wellenlänge im Vergleich zur Längsachse des Eies klein, können sich mehrere kleine Segmente bilden, bis das periodische Muster schließlich an die Zellgrenze stößt. Da von den marginalen Teilen des Musters Moleküle beider Arten in das Volumen zurückwandern, wirkt das Muster von den Rändern aus auf sich selbst zurück. Fällt das Konzentrationsmaximum einer Aktivatordomäne oder das Konzentrations-

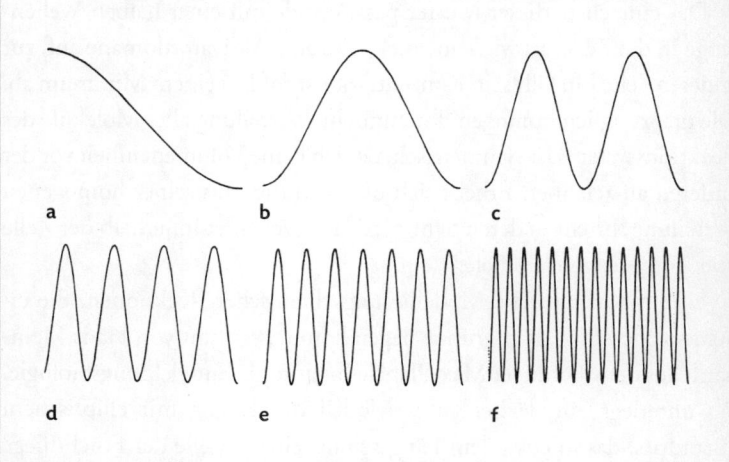

**Abb. 4.3    Sequenz stehender Wellenmuster, wie sie in vielen Segmentationsmustern früher Embryonen beobachtet wird** (Goodwin und Kaufman, 1989).

minimum einer Hemmungszone gerade auf den Rand der Zelle, verstärkt sich dank dieser Rückwirkung das periodische Muster als Ganzes.

Unter diesen Randbedingungen werden solche Muster begünstigt, deren halbe Wellenlänge in ganzen Vielfachen gerade in den Durchmesser oder die Längsachse der Zelle passt. Es liegt dann beispielsweise eine Aktivatorzone an einer Seite, während ein Konzentrationsminimum an die gegenüberliegende Seite stößt. Auch kann zu beiden Seiten je eine Aktivatorzone liegen. Ein weiteres Muster könnte sich stabilisieren, wenn eine Aktivatorzone gerade im Mittelpunkt der Zelle liegt und die Konzentration der Aktivatormoleküle zu entgegengesetzten Randpunkten hin auf Minimalwerte abfällt (Abb. 4.3).

Andere Muster, die nicht mit ganzen Vielfachen ihrer halben Wellenlänge den Durchmesser der Zelle ausfüllen, behindern ihre Ausprägung selbst. So wird deutlich, dass in einer Zelle nicht beliebig periodische Muster entstehen. Vielmehr wird durch die Randbedingungen, welche die Begrenzung der Zelle setzt, eine ganz bestimmte räumliche Periodizität für die verschiedenen Aktivator-Inhibitor-Reaktionen vorgegeben. In jedem Fall muss entweder ein Maximum oder ein Minimum der Aktivatorkonzentration an die Ränder stoßen.

Das einfachste dieser Muster passt gerade mit einer halben Wellenlänge in die Zelle. Es wirft an einer Seite eine Aktivatordomäne auf, zur anderen Seite hin fällt sein Konzentrationsprofil zu einem Minimum ab. Die ursprünglich homogen durchmischte Verteilung aller Moleküle des Reaktionssystems ist symmetrisch, da sich keine Volumeneinheit vor der anderen auszeichnet. Erhebt sich dieses Muster aus seiner homogenen Verteilung, bricht es deren Symmetrie und zeichnet innerhalb der Zelle zwei entgegengesetzte Pole.

Eine mathematische Modellierung chemischer Reaktionen, die einem solchen Prozess zugrunde liegen könnte, stammt von Hans Meinhardt aus dem Tübinger Max-Planck-Institut für Entwicklungsbiologie. Sie unterlegt ein flächenhaftes Modell der Eizelle mit elliptischem Grundriss, das in etwa dem Längsschnitt einer Eizelle der Fruchtfliege entspricht. Die Grundfläche ist mit Hilfe des Computerprogramms in kleine Raumeinheiten unterteilt. Die ursprüngliche Konzentration von Aktivator- und Inhibitormolekülen wird als gleichförmig angenommen.

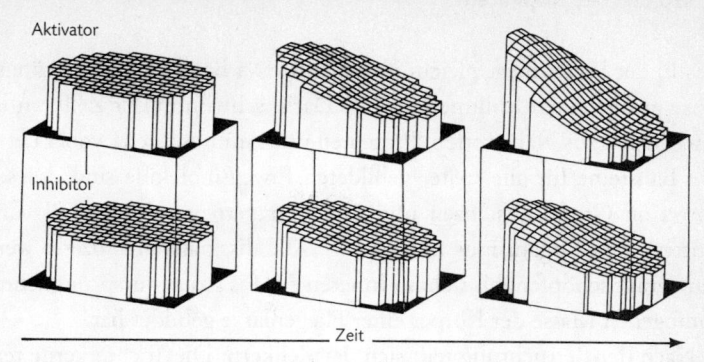

**Abb. 4.4  Computersimulation der Bildung einer ersten stehenden Welle aus einer gleichförmigen Verteilung von Aktivator- und Inhibitormolekülen innerhalb einer Scheibe, deren Begrenzung dem elliptischen Längsschnitt eines Drosophila-Eies entspricht.** Aus der ursprünglich gleichförmigen oder zufällig durchmischten Verteilung entwickelt sich nach der Dynamik des zugrunde liegenden Turing-Prozesses im Laufe der Zeit ein sinusartiger Gradient der Konzentrationen von Aktivator- und Inhibitormolekülen. Dieser Symmetriebruch entspricht der Differenzierung zweier Körperpole in einem sehr frühen Embryonalstadium (Meinhardt, 1984).

Der Computer berechnet, wie sich die Konzentrationen mit der Zeit und innerhalb der einzelnen Raumteile verändern. Die ursprünglich homogene Lösung erweist sich unter den angenommenen nichtlinearen Reaktionen als instabil und wird zugunsten eines asymmetrischen Verteilungsmusters aufgegeben (Abb. 4.4). Da die Entwicklung von kleinen Fluktuationen ausgelöst wird, die das instabile Gleichgewicht stören, bleibt es dem Zufall überlassen, auf welcher Seite der dichte Pol entsteht. Mit einem solchen Symmetriebruch setzt die Entwicklung der Embryonen aller Wirbeltiere und aller Wirbelloser ein. Dieser erste Schritt einer dissipativen Strukturbildung der embryonalen Entwicklung lässt sich an Insektenembryonen anschaulich verfolgen.

## Wo uns der Kopf steht

Das Ei der Fruchtfliege gleicht einem winzigen Baseball, dessen Längsachse gerade einen Millimeter misst. Darin schwimmt der Zellkern in einer Suppe aus Nährstoffen, Proteinen und Aminosäuren, wobei Letztere Bausteine für alle später gebildeten Eiweißmoleküle sind. Dieser Vorrat an Grundsubstanzen und Energieträgern wurde dem Ei vom mütterlichen Organismus mitgegeben. Alle dissipativen Prozesse werden daraus schöpfen, bis sich im Inneren des Eis aus der ursprünglichen homogenen Masse der Körper einer Fliegenlarve gebildet hat.

Nach der Befruchtung teilt sich der Zellkern. Die Tochterkerne teilen sich ebenfalls, und auch diese Kerne führen die Teilungen fort. Das

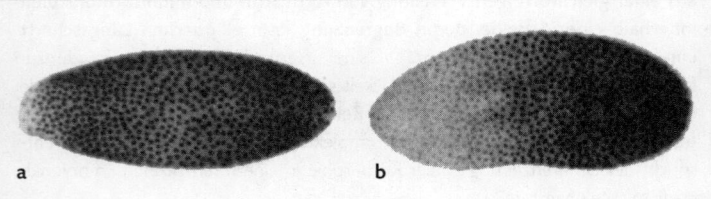

a                                    b

**Abb. 4.5 Entwicklung der anterioren-posterioren Körperachse am Beispiel des Eies einer Drosophila melanogaster**  Nach der Befruchtung des Eies erfolgen die Kernteilungen so rasch, dass mehrere hundert Zellkerne (dunkle Punkte) im Plasma der Eizelle umherschwimmen. Bereits vor der Befruchtung wurden im Ei morphogenetische Proteine gespeichert, die wahrscheinlich im Sinne eines Turing-Prozesses reagieren und festlegen, wo der vordere und der hintere Körperpol sein werden. Eine anfangs gleichmäßige Verteilung der Zellkerne (a) wird dadurch im anterioren Teil ausgedünnt und im posterioren verdichtet (b). Eine Störung entsprechender Gene (mütterliche Effektgene) verhindert diese erste Differenzierung. Die Kerne bleiben gleichmäßig über das Volumen des Eies verteilt (Macdonald und Struhl, 1986).

geht so rasch, dass vorerst keine Zeit bleibt, um die Kerne mit eigenen Zellmembranen zu umgeben. Schließlich schwimmen viele Hunderte einzelner Kerne im Plasma der Eizelle (Abb. 4.5a). Da sich vor jeder Kernteilung die DNS verdoppelt, erhält jeder Tochterkern das gesamte Archiv der Erbinformation und kann somit eine Quelle für die Synthese verschiedener Aktivatormoleküle und verschiedener Vorstufen der Inhibitormoleküle werden.

Wenn ein erster dissipativer Prozess ähnlich jenem, den Meinhardts Computersimulation darstellt, innerhalb der Zelle in Gang gekommen ist, bilden sich unterschiedliche Pole. Das asymmetrische chemische Reaktionsgefälle wird schließlich daran sichtbar, dass sich die zahlreichen Zellkerne unterschiedlich dicht in beiden Hälften der Eizelle verteilen (Abb. 4.5b). Einer der Pole wird der vordere Teil des Körpers, der andere Pol das Hinterende. Dieser Symmetriebruch legt fest, wo der Kopf sein wird.

### Zebrastreifen

Aktivator-Inhibitor-Prozesse kürzerer Wellenlänge können die polare Asymmetrie, mit hochfrequenten periodischen Segmentierungen überlagern. Diese Muster sind jedoch ebenfalls durch den Zellrand vorgegeben: Wenn ein Vielfaches ihrer halben Wellenlänge der Längsachse von Pol zu Pol entspricht, werden sie begünstigt. Darüber hinaus können sich unterschiedliche Aktivator-Inhibitor-Prozesse ähnlicher Wellenlängen wechselseitig beeinflussen, wie in einer weiteren Computersimulation von Meinhardt gezeigt wurde (Abb. 4.6).

Zwei Graphiken stellen die Entwicklung solcher komplexen Muster in Zeit und Raum dar. Die Aktivatoren zweier Prozesse, so wurde angenommen, beeinflussen sich wechselseitig, wobei beide Prozesse Muster mit vier Aktivitätsdomänen bilden. Die obere Graphik zeigt die Entwicklung des räumlichen Musters der Konzentration des ersten Aktivators, die untere das entsprechende Muster für den zweiten Aktivator. Anhand der Konzentrationsprofile lässt sich die Verteilung eines Aktivators entlang der Mittelachse einer Eizelle zu unterschiedlichen Zeitpunkten ablesen. Die horizontalen Achsen der Diagramme entsprechen der Mittelachse einer Zelle, senkrecht dazu sind die Konzentrationen aufgeführt, die der Computer für aufeinander folgende Zeitabschnitte berechnet hat. Die Konzentrationsprofile verschiedener Zeitpunkte sind, gemäß einer dritten Dimension, von vorne nach hinten gestapelt.

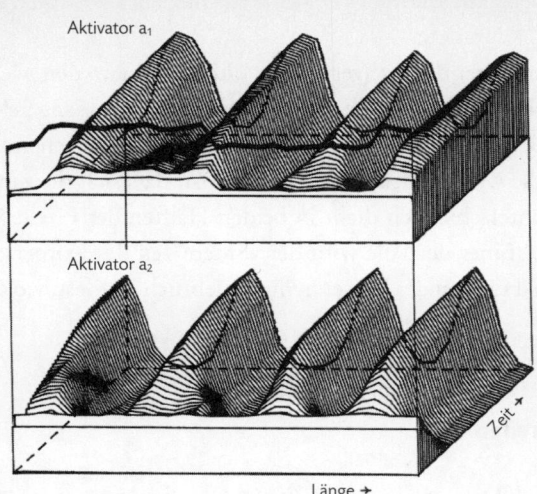

**Abb. 4.6 Computersimulation der Bildung komplementärer, periodischer Muster aus einer homogenen Verteilung zweier Aktivator- und Inhibitorsubstanzen** Diese Muster werden bei der Segmentation des frühen Drosophila-Embryos beobachtet und können durch Genmanipulation separat gestört werden (Meinhardt, 1989).

Wiederum beginnt die Simulation mit einer gleichmäßigen Verteilung aller Reaktanden entlang der Mittelachse. Diesem Anfangszustand entsprechen die beiden horizontalen Linien im Vordergrund beider Graphiken. Die homogenen Verteilungen werden durch die nichtlinearen Reaktionen destabilisiert, im Laufe der Zeit wachsen zwei stabile, räumlich periodische Muster heran. Da die Synthese von Inhibitormolekülen davon abhängt, wie viel Aktivatormoleküle bereits vorhanden sind, bilden die Inhibitormoleküle periodische Verteilungsprofile, die denen der Aktivatoren entsprechen. Ihre Konzentrationsprofile sind daher in den beiden Graphiken nicht dargestellt.

Derlei kurzweilige, periodische Muster können die vorausgegangenen polaren Differenzierung überlagern. Allerdings hat diese erste Musterbildung mit ihrem asymmetrischen Dichteprofil Rahmenbedingungen vorbestimmt, welche ihrerseits die kurzwelligen Muster einschränken. Die kurzwelligen Muster können sich beispielsweise nicht im vorderen Pol fortsetzen, sondern bleiben auf den hinteren Körperabschnitt beschränkt.

Von den zwei gekoppelten Aktivator-Inhibitor-Prozessen, die die Computeranimation vorführt, kann jeder in der Längsachse einer Eizelle vier Aktivatordomänen ausprägen. Beide periodischen Profile aber sind so gegeneinander versetzt, dass sie zusammen ein komplementäres Muster mit insgesamt acht Aktivatordomänen formen. Die Aktivatordomänen des einen Profils liegen an den Stellen, an denen das andere eine minimale Konzentration aufweist (Abb. 4.6). Nehmen wir nun den ersten Prozess der anterior-posterioren Längsdifferenzierung mit den beiden gekoppelten kurzwelligen Prozessen zusammen, entsteht ein Muster, das einen Pol ausspart, im restlichen Körper aber eine achtfache periodische Segmentierung bedingt. Von den beiden gekoppelten Prozessen steuert der eine die Aktivatordomänen mit ungerader, der andere die mit gerader Nummerierung bei.

Dieselbe achtfache Segmentierung könnte auch von einem einzigen Aktivator-Inhibitor-Prozess hervorgebracht werden, der über eine entsprechend kurze Wellenlänge verfügt. Die Einbindung zweier Teilprozesse, deren periodische Muster komplementär ineinander gestellt sind, scheint dagegen unsere Darlegung unnötig zu erschweren. Wir müssen jedoch diese kompliziertere Darstellung wählen, weil sie den biologischen Verhältnissen entspricht.

Auch in der Wirklichkeit wird die ursprüngliche Asymmetrie von anteriorer und posteriorer Hälfte des Eies von einem achtfachen periodischen Segmentierungsmuster überlagert. Dieses Muster lässt sich mit Hilfe besonderer Farbstoffe, die sich an die beteiligten Proteine heften, sichtbar machen. Die Larve der Fruchtfliege trägt in frühen Stadien ihrer Entwicklung acht dieser so genannten «Zebrastreifen» (Abb. 4.7a). An ihrem Beispiel konnte belegt werden, dass die Zebrastreifen in der Tat aus zwei unterschiedlichen, miteinander gekoppelten Teilprozessen entstehen, wie bei der Computersimulation angenommen.

Einem lange geübten Verfahren der Genetiker folgend, wurden unbefruchtete Eizellen der Fruchtfliege einer Röntgenstrahlung ausgesetzt, die das Erbgut in den einzelnen Genabschnitten schädigt. Wie die beiden Nobel-Laureaten Christiane Nüsslein-Volhard und Eric Wieschaus (1980) gezeigt haben, entwickeln sich aus solchermaßen geschädigten Eiern Larven mit spezifischen Fehlbildungen:

Werden Gene getroffen, die gerade jenen dissipativen Prozess steuern, der den anterioren und posterioren Pol festlegt, entwachsen den Eizellen missgebildete Chimären. Sie besitzen keinen anterioren Pol. Anstelle einer Kopfregion bildet sich ein zweiter Hinterleib, dem eigentlichen Hinterleib diametral entgegengesetzt (Abb. 4.7 b). Dabei stellt sich heraus, dass Gene, welche die anteriore und posteriore Polung bestimmen, vom mütterlichen Organismus stammen. Sie werden daher als *mütterliche Effektgene* (maternal effect genes) bezeichnet.

Wenn eines der Röntgenquanten einen Genabschnitt auf der DNS trifft, der wichtige Molekülrezepturen für einen der gekoppelten, periodischen Prozesse enthält, fehlen dem Larvenkörper entweder die geraden oder die ungeraden Segmente des Zebramusters (Abb. 4.7 c und d). Die Aufeinanderfolge der acht Zebrastreifen wird von zwei Mustern unterschiedlicher genetischer Herkunft zusammengefügt. Die Gene, die dieses Streifenmuster bestimmen, werden deshalb *Paar-Regelgene* (pair rule genes) genannt.

Außer den mütterlichen Effekt- und den Paar-Regelgenen gibt es eine dritte Gruppe, die *Segment-Polaritätsgene*, die für die feine Segmentunterteilung des achtfachen Zebramusters zuständig sind.

Unter den Kräften der natürlichen Selektion haben sich diese drei Sätze von Bauanleitungen erhalten, welche das Urprogramm der embryonalen Entwicklung vom Anneliden bis zum Menschen steuern. Nacheinander bauen sie die Proteine, die als Reaktionspartner in den verschiedenen dissipativen Teilprozessen wirken. Die entsprechenden Proteine konzentrieren sich dann in periodischen Zonen eines diskreten Musters. Nachdem die mütterlichen Effektgene innerhalb des Zellplasmas den anterioren und posterioren Pol festgelegt haben, setzen synthe-

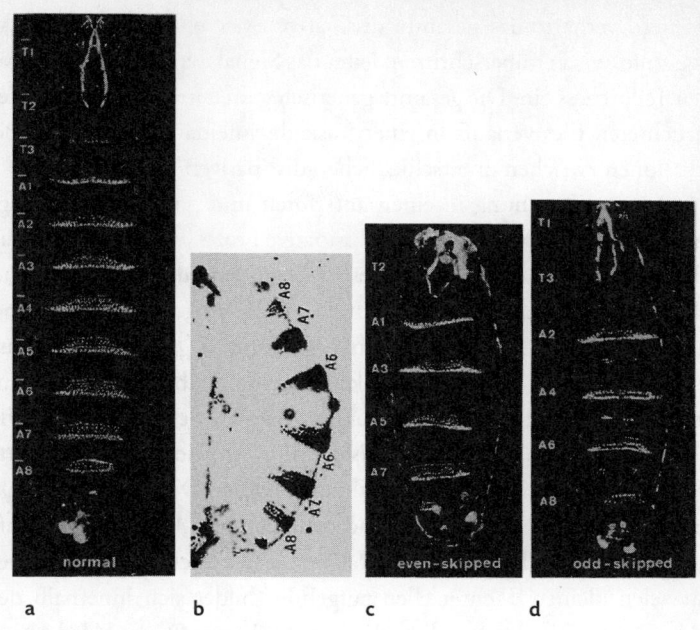

**Abb. 4.7 Periodische Segmentationsmuster im frühen Drosophila-Embryo**
a) Normales Muster der Drosophila-Larve mit drei Thorakalstreifen (T1, T2, T3) und acht Abdominalsegmenten (A1–A8).
b) Zweischwänzige (bicaudale) Missbildung des Drosophila-Embryos aufgrund einer experimentellen Schädigung mütterlicher Effektgene.
c) und d) Periodische Segmentationsmuster mit nur vier statt acht Körpersegmenten aufgrund experimenteller Schädigung des Segmentationsgens fushi tarazu (ftz, japanisch «zu wenig Segmente»). Es steuert komplementäre, periodische Vierstreifenmuster, die sich zu dem normalen achtstreifigen Muster ergänzen. Eine Schädigung des entsprechenden Gens durch Röntgenstrahlen kann alle geradzahligen oder alle ungeradzahligen Streifen verschwinden lassen (Nüsslein-Volhard und Wieschaus, 1980).

tisierte und freigesetzte Proteine ein chemisches Signal, das den nächsten dissipativen Teilprozess auslöst. Dazu bedürfen diese chemischen Signale jeweils einer bestimmten Stärke. Unterhalb dieser kritischen Schwelle bleiben sie unwirksam. Mit anderen Worten: Die Stärke eines chemischen Signals erreicht einen Bifurkationspunkt. Wird er unterschritten, verharrt das gesamte dissipative System in einer Entwicklungsstufe, wird er überschritten, leitet das Signal den nächsten dissipativen Teilprozess ein. Die gesamte genetisch gesteuerte Entwicklung des befruchteten Eies verläuft in einer Kaskade aufeinander folgender Bifurkationen zwischen unterschiedlichen dissipativen Teilprozessen.

Der ersten Trennung in einen anterioren und posterioren Pol fügt diese Bifurkationskaskade weitere dissipative Prozesse hinzu, welche die polare Grundform mit verschiedenen Segmentierungen zunehmend höherfrequenter Periodik überlagern. Jeder Teilprozess schafft Vor- und Randbedingungen für den nächsten. Noch sind die periodischen Muster flüchtige, leicht störbare «Planskizzen» einer embryonalen Urform. Ihre Gradienten bezeichnen vorläufige Bezugsebenen, an deren Stelle feste Zellwände gesetzt werden, sobald die zahlreichen Kerne kleine Tochterzellen mit eigenen Zellmembranen bilden. Die Konzentrationsgradienten spezifischer Proteine sind demnach *Prä-Muster* der zukünftigen Körperform. Haben sich die Segmente der flüchtigen Prä-Muster mit vielen kleinen Tochterzellen aufgefüllt, bildet sich innerhalb des Volumens der Eizelle ein solider Körper der Larve. Dieser behält seine Grundform auch bei, wenn die Larve weiter wächst.

Neben zweidimensionalen Computermodellen dieser fundamentalen Prozesse der Embryonalentwicklung wurden inzwischen auch Simulationen unter drei Dimensionen vorgenommen. Entsprechende Differenzialgleichungen wurden dabei für die Randbedingungen eines baseballartigen Gefäßes gelöst, dessen Form der Eizelle einer Fruchtfliege ähnelt (Abb. 4.8 a). Man sieht, dass der anteriore Pol auch in seiner Breite feiner unterteilt werden kann als der posteriore, sofern sich dort zusätzliche Prä-Muster mit entsprechend kurzer Wellenlänge einpassen. Auf diese Weise können sich in der Kopfregion mehrere Aktivatordomänen abgrenzen.

Eine Bifurkationskaskade periodisierender Teilprozesse innerhalb der winzigen Eizelle wirft schließlich eine Landschaft mit zahlreichen Hügeln und Tälern der Konzentrationsmuster auf. Diesen Konzentrationsgradienten folgend, siedeln sich unzählige kleine Tochterzellen an, die sich in kissen- und polsterartigen Zellmassen verdichten. In diesem Sta-

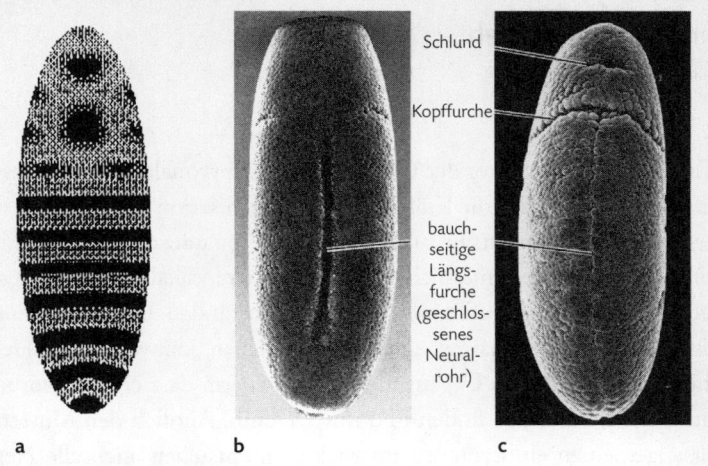

**Abb. 4.8**  a) Im Inneren des Drosophila-Eies bilden Turing-Prozesse neben drei Thorakalstreifen ein periodisches Muster aus acht Abdominalsegmenten. Diese Entwicklung lässt sich anhand von Computermodellen gut nachvollziehen (Hunding, Kaufman und Goodwin 1990).
b) Äußerlich faltet sich die ektodermale Zellschicht ein und bildet eine von Kopf bis Rumpfende verlaufende Furche.
c) Die Ränder dieser Furche wachsen zusammen, sodass sich unter der ektodermalen Zellschicht eine von Kopf bis Rumpfende verlaufende Röhre bildet. Sie ist die Uranlage des Nervensystems. In ähnlicher Weise, wie es hier am Beispiel eines Insektes gezeigt wird, entsteht auch das Nervensystem aller Wirbeltiere aus einer Neuralrinne, die sich zu einem Neuralrohr schließt. Die Bildung von Nervensystemen unterliegt demnach einem sehr alten, genetisch vorgegebenen Bauplan.

dium erhält die Eizelle ihre Funktion als Wiege des Nervensystems. Das ektodermale Epithel, die Außenhaut, vertieft sich in einer länglichen Furche, deren Ränder zusammenwachsen, sodass die Furche zu einem Rohr geschlossen wird und nur eine schmale Naht übrig bleibt (Abb. 4.8 b und c).

# Kapitel 5
## Ein Gehirn entsteht

Wenn durch Prä-Muster der Grundriss des embryonalen Körpers festgelegt ist, machen sich die Kräfte der Selbstorganisation daran, ihr Meisterstück zu vollbringen. Es bildet sich jener Apparat, der dazu da sein wird, aus einem unermesslichen Kontinuum physikalischer Einflüsse bedeutsame Reize auszufiltern, mit inneren Zuständen und deren Transformationen Eigenschaften einer veränderlichen Umwelt abzubilden und das Verhalten des Organismus so zu steuern, dass er seine vorbestimmte Lebensnische finden und nutzen kann. Ähnlich den Mustern der allgemeinen embryonalen Entwicklung, entstehen auch alle Nervensysteme nach einem althergebrachten Plan. Frühe Entwürfe dieses genetisch festgeschriebenen Bauplanes finden sich im Reich der wirbellosen Tiere. Um die Grundzüge des Nervensystems zu verstehen, richten wir daher unser Augenmerk weiterhin auf die Vorgänge innerhalb des Fruchtfliegen-Eies.

### Fliegenhirne und die Kräfte des Zellskeletts

Zunächst schwimmen die zahlreichen Zellkerne frei innerhalb des Plasmas der Eizelle, bis sich die Kerne, die unmittelbar an der Eimembran liegen, als erste mit eigenen Zellmembranen abgrenzen. Schließlich bilden diese kleinen Tochterzellen entlang der Eimembran eine Schicht (Epithel), die das gesamte Volumen des Eis als Außenhaut (Ektoderm) umschließt. Dieses Stadium der Eizelle nennt sich *Blastula*. Ein Querschnitt durch die Blastula zeigt einen Ring von Epithelzellen, dessen radialer Geometrie zufolge dort jede Zelle eine konische Form besitzt, die sich nach innen verjüngt (Abb. 5.1a).

In den Zellen des Epithels werden zahlreiche Eiweiße hergestellt, darunter auch solche, die sich zu langen, faserartigen Makroproteinen aneinander heften. Kleinere *Tubulin*-Moleküle formen eins ans andere

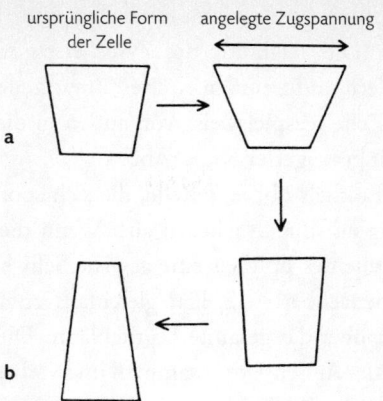

ursprüngliche Form
der Zelle    angelegte Zugspannung

a

b

**Abb. 5.1 Formänderungen einer Zelle des ektodermalen Epithels infolge von Zugkräften benachbarter Zellen** a) Zellen, welche die Außenhaut eines Embryos als zusammenhängende Zellschicht (Epithel) bilden, besitzen wegen der Krümmung dieser Außenhaut eine konisch nach innen verjüngte Gestalt (siehe Abb. 5.2). Eine äußere Zugspannung, die eine gewisse Schwellenstärke überschreitet, regt Eiweißfasern des Zytoskeletts der Zelle an, sich wie Zugseile zusammenzuziehen. b) Die Zelle «springt» dann in eine sich nach außen konisch verjüngende Form. Dadurch übt sie Zugkräfte auf ihre unmittelbaren Nachbarzellen aus. Schließlich greift eine Kontraktionswelle zu beiden Seiten aus und rollt einen Teil der Zellschicht in Form eines Rohres nach innen (Odell, et al., 1981).

gereiht die *Mikrotubuli*, und Moleküle des *Actins* finden sich zu langen Filamenten zusammen. Die Enden dieser Proteinfasern verankern sich in der Membran einer jeden Epithelzelle. So spannen die Proteinfasern von einer Seite der Zelle zur anderen ein strukturelles Netzwerk aus molekularen «Zugseilen». Die Kräfte dieses Netzwerkes halten die Zelle gegen den Binnendruck ihres Plasmas zusammen und verleihen ihr mechanische Festigkeit. Es wirkt sozusagen als Skelett der Zelle. Unter der nach außen weisenden Membran der Epithelzellen dient dieses *Zytoskelett* in besonderer Weise als Verstärkung.

Das Zytoskelett kann die Zellmembran unter veränderliche Spannung setzen, indem es chemische Energie direkt in mechanische Arbeit **87** umsetzt. Obwohl wir die molekularen Mechanismen dieser Kräfte noch nicht bis ins Detail verstehen, kann doch ihre integrale Wirkung beschrieben werden. Die Zugkräfte des Zytoskeletts können die Form einer Zelle verändern und fremden Kräften ihre eigene Kraft entgegensetzen. Wird die Zelle beispielsweise von außen in die Breite gezogen, kontrahiert sie mit gesteigerter Kraft (Abb. 5.1b).

Innerhalb des Epithels übt jede Zelle, die sich spontan kontrahiert, eine Zugspannung auf ihre Nachbarn aus. Wenn dieses mechanische Signal an einer Stelle des Epithels eine gewisse Schwelle überschreitet, ziehen sich die benachbarten Zellen gleichfalls zusammen, bis eine Kontraktionswelle über das gesamte Epithel läuft. Die beteiligten Zellen ziehen sich an der Außenseite zusammen und verbreitern sich, da ihr Plasmavolumen erhalten bleibt, zum Ausgleich an der Basis. Sie nehmen erneut eine konische Form an, doch wendet die Kontraktionswelle jetzt die verjüngte Seite der Zellen nach außen (Abb. 5.1b).

Anhand von Computermodellen, die diese Zug- und Kontraktionsmechanik nachahmen, lässt sich zeigen, wie die Kontraktionswelle, von einer beliebigen Stelle aus, das konvexe Epithel in eine neue, stabile Form bringt: Die Kontraktionswelle ebnet zwischen vorderem und hinterem Eipol einen Teil der konvexen Oberfläche ein, vertieft ihn zu einem Graben und rollt die ursprüngliche Außenfläche so nach innen, dass sie eine Röhre formt. Die Kräfte der Kontraktionswelle pressen die Wandzellen dabei in längliche, schmale Formen (Abb. 5.2a, b).

Das so geformte Neuralrohr ist die Grundform aller Nervensysteme. Bei wirbellosen Tieren verläuft es an der Bauchseite, bei Wirbeltieren unter dem Rücken.

Allen Eiern muss grundsätzlich ein ausreichender Vorrat an Grundsubstanz und Nahrungsstoffen beigegeben sein, damit sich aus ihnen vollständige und autonome Nachkommen entwickeln. Die Eier aller wirbellosen Tiere, aber auch von Fischen, Amphibien, Reptilien, Vögeln und einigen Eier legenden Säugern sind aus diesem Grund verhältnismäßig groß. Hingegen sind Eier, die über eine lange Gestationszeit im Schutz des Uterus heranreifen und von dort durch Blutgefäße des plazentaren Kreislaufes ernährt werden, vergleichsweise klein. Das Ei der Fruchtfliege hat immerhin eine Länge von einem Millimeter. Die Eizelle

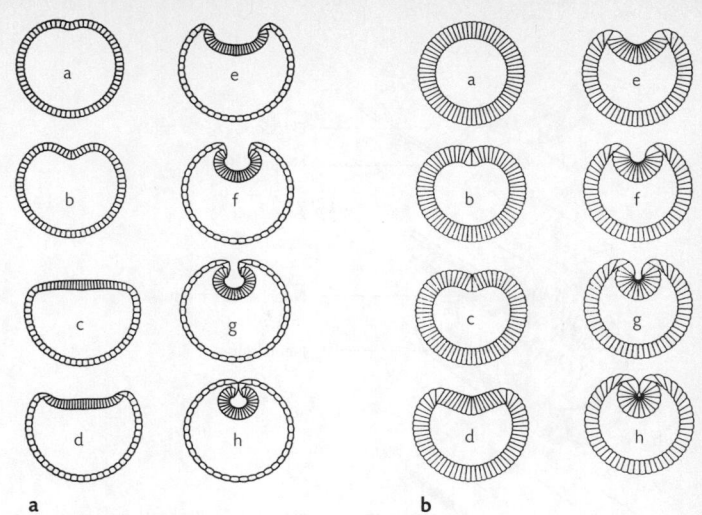

a                                                                    b

**Abb. 5.2** Computersimulation einer Kontraktionswelle ektodermaler Zellen, die das Neuralrohr eines Wirbeltieres (a) und eines Insekts (b) formt. Die Simulationen unterscheiden sich anhand der gewählten Systemparameter. Aufeinander folgende Phasen der Entwicklung zeigen den jeweiligen Querschnitt durch den Embryo und sind mit a-h bezeichnet. Bei Wirbeltieren bildet sich das Neuralrohr auf der Rücken-, bei Wirbellosen auf der Bauchseite (Odell et al., 1981).

des Menschen misst nur den zehnten Teil davon, das bloße Auge kann sie gerade noch erkennen. Dementsprechend weicht die Entwicklung des menschlichen Embryos, wie diejenige aller Plazentalia, in einigen Zügen von dem Grundmuster ab, das wir am Ei eines wirbellosen Tieres verfolgen können.

### Hirnbläschen

Eine befruchtete menschliche Eizelle teilt sich im Laufe von fünf Tagen in viele kleine Tochterzellen. So entsteht die *Morula*, eine runde, beerenartige Ansammlung von Zellen, die von der Schleimhaut des Uterus **89**

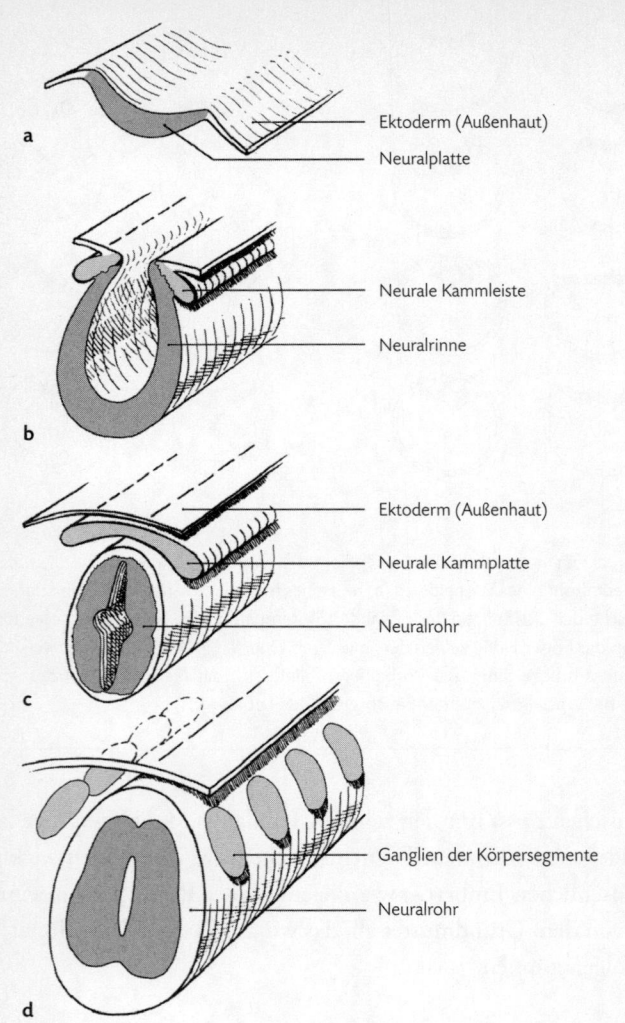

a — Ektoderm (Außenhaut)
— Neuralplatte

b — Neurale Kammleiste
— Neuralrinne

c — Ektoderm (Außenhaut)
— Neurale Kammplatte
— Neuralrohr

d — Ganglien der Körpersegmente
— Neuralrohr

**Abb. 5.3 Die Entwicklung eines Neuralrohres als Uranlage des Nervensystems** Die Zellschicht der Außenhaut (Ektoderm) eines Wirbeltierembryos plattet sich zunächst entlang des Rückens ab (a) und vertieft sich dann zu einer Rinne (b). Die Ränder dieser Rinne wachsen zusammen (c), und die Außenhaut schließt sich über dem geschlossenen Neuralrohr (d). Zellen der Deckschicht zwischen

Außenhaut und Neuralrohr verdichten sich entsprechend den periodischen Körpersegmenten zu beiden Seiten des Neuralrohres in periodisch angeordnete Zellhaufen. Aus diesen Ganglien sprossen schließlich die peripheren Nervenstränge, die die Körpersegmente durchdringen (Tuchmann-Duplessis, Aroux und Haegel, 1982).

aufgenommen wird. Sie misst zu diesem frühen Zeitpunkt nicht mehr als die noch ungeteilte Eizelle, etwa ein Zehntel eines Millimeters. Während sich der winzige Zellhaufen in die Uteruswand einnistet, hat sich in seinem Inneren ein Hohlraum aufgetan. So gleicht das Gebilde einer Hohlkugel, deren Wandzellen ein Epithel bilden und die in ihrem Hohlraum keine losen Zellkerne, sondern eine dichte Masse vieler kleiner Tochterzellen birgt. Dies ist der Keimling, den das umgebende Epithel schützt und im metabolischen Austausch mit dem Uterusgewebe ernährt.

Seine Form gleicht einem etwas in die Länge gezogenen Diskus. Insofern gewinnt das Aussehen des menschlichen Keimlings eine gewisse Ähnlichkeit zur baseballartigen Geometrie des Insekteneis. Prä-Muster, die wir im vorangegangenen Kapitel am Beispiel der Taufliege dargestellt haben, durchdringen auch die Zellmasse dieser Keimscheibe. Der menschliche Embryo besitzt einen vorderen und einen hinteren Körperpol und zahlreiche Körpersegmente. Am 18. Tag der Embryonalentwicklung schließlich plattet sich das Epithel auf der konvexen Rückenseite der Keimscheibe ab (Abb. 5.3 a). Zwei Tage später wird in der gesamten Länge des Rückenschildes eine Neuralrinne sichtbar (Abb. 5.3 b). Nach weiteren Tagen wachsen diese Randleisten zusammen und formen ein Rohr, über dem sich die Außenhaut des Rückenschildes schließt (Abb. 5.3 c). Dieser Vorgang lässt sich, wie bereits dargelegt, als Kontraktionswelle verstehen, die über das Epithel des Rückenschildes hinwegläuft und dort einen Teil des Ektoderms nach innen rollt. Den periodischen Segmenten des Körpers entsprechend, bildet eine ursprünglich homogene Schicht von Zellen der Kammleisten außerhalb des Neuralrohres ein periodisches Arrangement von Ganglien. Von dort werden Nervenfasern sowohl in das umliegende Muskelgewebe als auch in das Innere des Neuralrohres entsendet, woraus sich später die Stränge der sensorischen Hinterwurzeln des Rückenmarkes formen (siehe dazu Abb. 5.3 d).

Das Neuralrohr ist die primäre Anlage des zentralen Nervensystems. Die Skizze eines Längsschnittes gibt seine Lage und die Größenverhält-

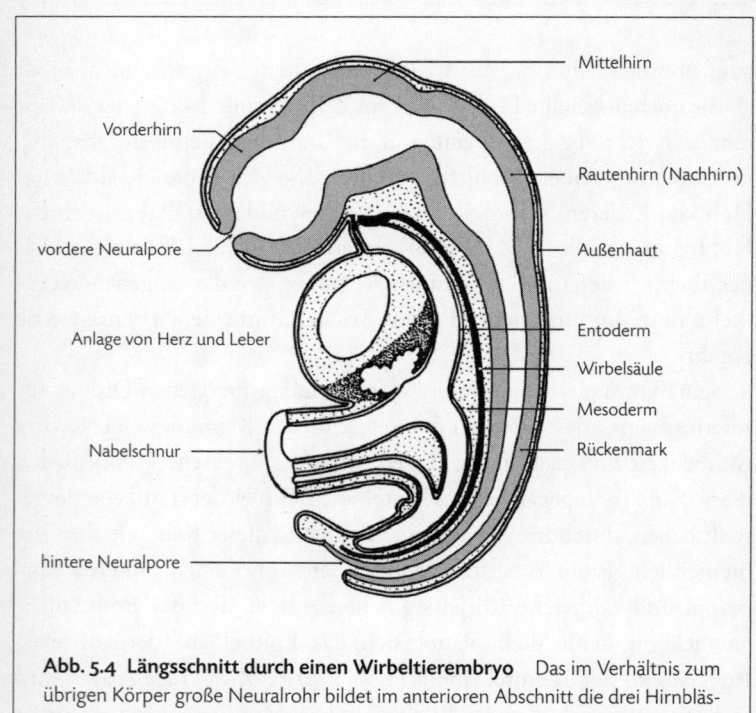

Mittelhirn

Vorderhirn

Rautenhirn (Nachhirn)

vordere Neuralpore

Außenhaut

Anlage von Herz und Leber

Entoderm

Wirbelsäule

Mesoderm

Nabelschnur

Rückenmark

hintere Neuralpore

**Abb. 5.4 Längsschnitt durch einen Wirbeltierembryo**   Das im Verhältnis zum übrigen Körper große Neuralrohr bildet im anterioren Abschnitt die drei Hirnbläschen des Vorder-, Mittel- und Rautenhirnes (Tuchmann-Duplessis, Aroux und Haegel).

nisse zu anderen Organen für einen 25 Tage alten menschlichen Embryo wieder (Abb. 5.4). Noch ist das Neuralrohr an beiden Enden offen, sodass Fruchtwasser durch sein Lumen fließen kann. Die vordere Pore des Neuralrohres schließt sich vor der hinteren, wenig später verengt sich das Neuralrohr in dem Abschnitt, der das zukünftige Gehirn vom Rückenmark trennt. Wenn sich das Neuralrohr an dieser Stelle geschlossen hat, steigt der Binnendruck im vorderen Abschnitt und bläht ihn zu drei ballonartigen Kammern auf. Danach öffnet sich der geschlossene Querschnitt des Neuralrohres wieder, die drei Hirnbläschen kommunizieren fortan mit dem übrigen Neuralrohr (Abb. 5.4).

Im Alter von 36 Tagen erwächst aus dem vordersten der drei Hirnbläschen ein weiteres, das aus zwei zur rechten und linken Seite angeordneten Bläschen besteht. Diese Seitenbläschen des Endhirns erfahren einen augenfälligen Wachstumsschub. Sie dehnen sich zunächst rückwärts aus und beschreiben von dort zu beiden Seiten nach vorne gekehrte Bogen, die den gekrümmten Hörnern eines Widders gleichen

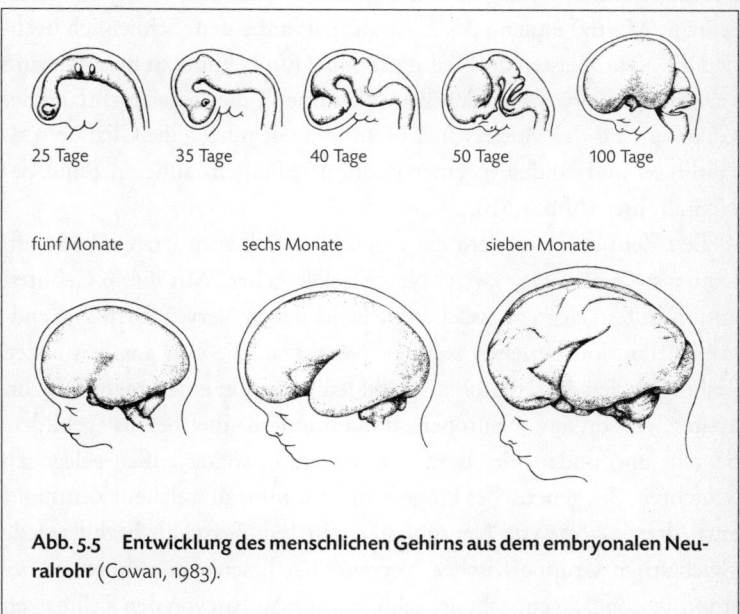

25 Tage    35 Tage    40 Tage    50 Tage    100 Tage

fünf Monate          sechs Monate          sieben Monate

**Abb. 5.5   Entwicklung des menschlichen Gehirns aus dem embryonalen Neuralrohr** (Cowan, 1983).

(Abb. 5.5). Da der Raum von außen durch die Knochenschalen des Schädels begrenzt ist, die sich zu dieser Zeit bereits gebildet haben, drücken die wachsenden Bläschen des Endhirns die übrigen Hirnbläschen in der Nackenbeuge des Embryos zusammen. Schließlich verschwinden sie ganz unter dem Endhirn.

## Geburtstage

Die Wand des Neuralrohres besteht zunächst nur aus einer einzigen Schicht länglich geformter Zellen (Abb. 5.2a und b; Abb. 5.6a), die sich teilen und vermehren. Dabei sind zwei Arten von Zellen zu unterscheiden: *Gliazellen* und *Neuroblasten*. Die Gliazellen dehnen sich mit dem radialen Wachstum des Neuralrohres in der Länge und reichen dann von der Wand des Zentralkanales bis zum äußeren Rand des Neuralrohres (Abb. 5.6a). Hingegen haben die Neuroblasten infolge rascher Teilungen kleinere und rundliche Zellkörper, die sich in einer Mutterschicht (Matrix) entlang des Zentralkanals anhäufen. Schließlich beenden die Neuroblasten den Teilungszyklus: Ein Neuroblast teilt sich zum letzten Mal in zwei Nervenzellen (Neuronen), die sogleich entlang der Gliafasern aus der Mutterschicht wandern. Sie nutzen die Gliafasern als Leitlinien und landen in einer Position nahe dem äußeren Rand des Neuralrohres (Abb. 5.6b).

Der Zeitpunkt, an dem ein Neuroblast sich zum letzten Mal teilt, kann als «Geburtstag» zweier Nervenzellen gelten. Mit ihrem Geburtsdatum ist festgelegt, an welcher Stelle die neuen Nervenzellen ihre endgültige Position beziehen werden. Neuronen, die sich aus den ersten Teilungszyklen der Neuroblasten bilden, gehen in eine innere Schicht. Später «geborene» Neuronen durchwandern die bereits gebildete Schicht und finden ihre Bestimmungsorte in weiter außen gelegenen Schichten. Ein genetisches Programm bestimmt, zu welchem Zeitpunkt eine Alterskohorte von Neuroblasten den Teilungszyklus beendet. Jede gleichaltrige Gruppe frischer Nervenzellen besetzt eine ihnen vorbestimmte Zone. So entsteht der schichtartige Aufbau von den Zellmassen der Hirnrinde (Abb. 5.6c). Die radialen Fasern der Gliazellen, welche die Neuronen an ihre Bestimmungsorte geleitet haben, dienen fortan als Stützgewebe.

Die Seitenbläschen des Endhirns weiten sich wie ein Ballon, der langsam aufgeblasen wird. Die übereinander geschichteten Zellmassen unter ihrer Oberfläche formen die Hirnrinde (Cortex). Sie ist nur 1–3 Millimeter dick, doch sind in ihr bis zu sechs Schichten verschiedener Nervenzellen übereinander gesetzt. Dagegen bleiben die Zellmassen der

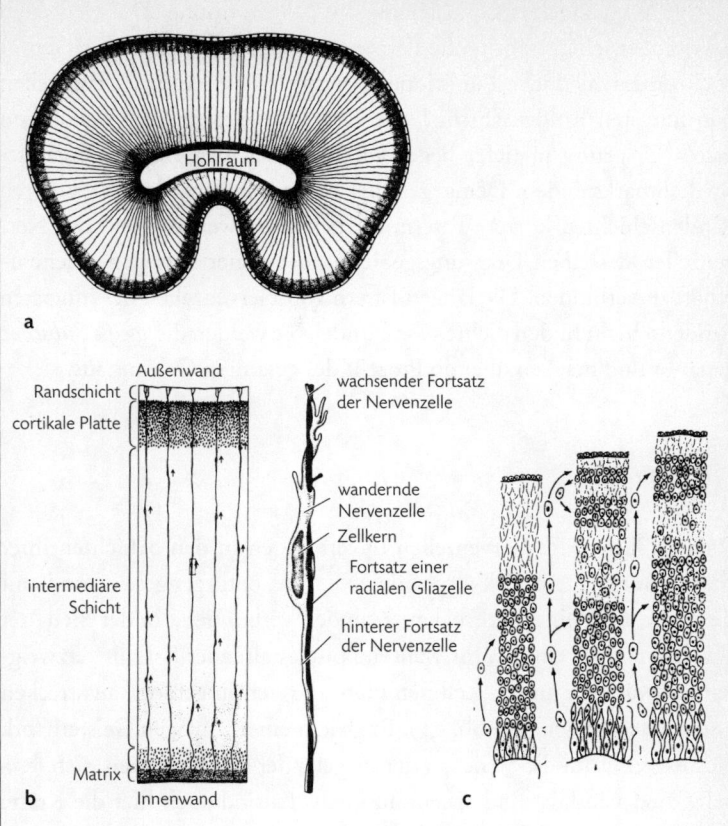

**Abb. 5.6 Querschnitt des Neuralrohres mit Glia- und Nervenzellen** Die Glia-zellen bilden als Stützsubstanz längliche, schmale Fortsätze, die von der Innen- zur Außenwand des Neuralrohres reichen. Die Nervenzellen entstehen am Innenrand des Neuralrohres durch fortwährende Zellteilung ihrer embryonalen Vorläuferzel-len, der Neuroblasten, und wandern schließlich in Alterskohorten zu genetisch vor-bestimmten Plätzen zwischen Innen- und Außenwand (Cowan, 1983).

übrigen Hirnbläschen in engeren Radien um den Zentralkanal angeord-net. Um diese unterschiedlichen Zellhaufen und -schichten funktionell zu verbinden, bedarf es Fasern von mehreren Zentimetern Länge. Mit dem «Geburtstag» wird nicht nur der zukünftige Bestimmungsort einer

Nervenzelle festgelegt, sondern auch ihre Ausformung. Die Neuronen bekommen schichtspezifische Formen und Größen und erhalten damit auch unterschiedliche Funktionen. Beispielsweise lassen Nervenzellen der innersten Rindenschicht lange Fasern aussprossen, die weitab von ihrem Ursprung in tiefer liegenden Bereichen des Gehirns oder des Rückenmarks enden. Demgegenüber bilden Nervenzellen der äußeren Rindenschichten kürzere Fasern, die gerade so weit reichen, um Nervenzellen desselben Ursprungsgebietes oder seiner nächsten Nachbarschaft zu verbinden. Die langen Fasern von Nervenzellen der innersten Rindenschicht bilden dichte Faserbündel. Sie werden die *weiße Substanz* genannt und machen über 90 Prozent des gesamten Gehirns aus.

### Pfadfinder

Anfangs liegen die Nervenzellen unverbunden in den Schichten ihrer Bestimmung. Dem Zellkörper des Neurons entgegengesetzt und mit diesem durch einen schmalen Zylinder verbunden, bildet sich der *Wachstumskegel*, ein sich fortwährend umgestaltender Pol mit verzweigten Auswüchsen an der Zellmembran, die sich fingerartig ausstrecken und wieder einziehen (Abb. 5.7). Er gleicht einer winzigen Geisterhand, die ausgreift, um die Stelle, an der sie gelandet ist, abzutasten, sich festhält, wieder loslässt und erneut ausgreift. Es sind auch hier die Kräfte des Zytoskeletts am Werk, durch die chemische Energie in mechanische Arbeit umgesetzt und so der Wachstumskegel angetrieben wird. Langsam, nur wenige Millimeter pro Tag, kommt er bei seiner Suche voran und zieht dabei den dünnen, zylindrischen Teil der Zelle hinter sich her. Die dünne, zylindrische Faser ist das *Axon*. Es wird später elektrische Impulse, die sich am Zellkörper bilden, von diesem fortleiten. Was aber sucht der Wachstumskegel, und wo wird er fündig?

Im Bereich des Wachstumskegels besitzt die Zellmembran Glyco-Proteinmoleküle, die sich in ihr verankert haben und teilweise in den Außenraum der Zelle ragen. Es sind chemische Bindungsstellen (Rezeptoren), die bei der Suche nach dem Zielneuron gleichsam als Losungswort dienen. Ist der Wachstumskegel auf eine Zelle gestoßen, wird mit

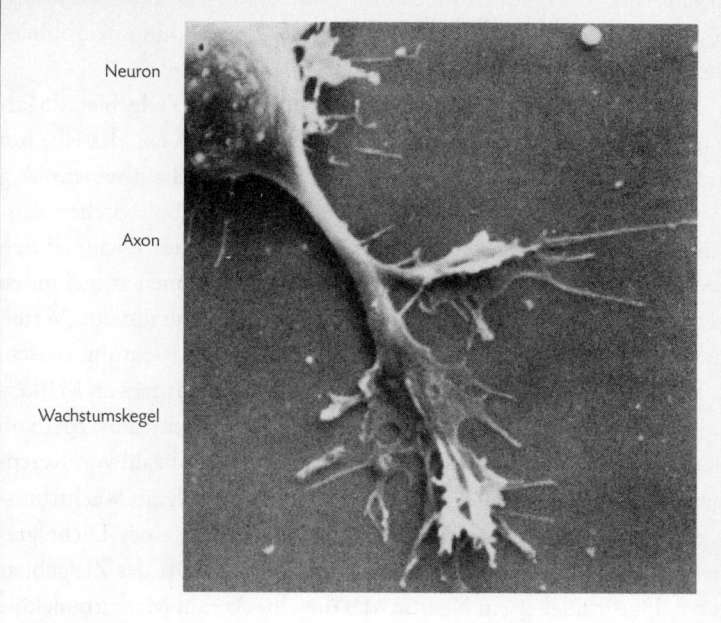

**Abb. 5.7  Nervenzellen mit Axon und Wachstumskegel** (Cowan, 1983).

diesem «Losungswort» geprüft, ob die Membran der aufgefundenen Zelle ebenfalls Glyco-Proteinmoleküle enthält, deren Bindungsverhalten zu den Rezeptoren des Wachstumskegels passt wie der Schlüssel zu einem Schloss. Trifft dies zu, hat der Wachstumskegel eine Zielzelle gefunden und bleibt an ihr haften. Schließlich bilden sich an den Kontaktpunkten zwischen der Membran des Wachstumskegels und der Membran des Zielneurons *Synapsen*. An diesen Kontaktstellen können elektrische Signalimpulse, die das Axon der Ursprungszelle leitet, auf das Zielneuron übertragen werden. Membranproteine, welche das Anhaften des Axons an der Zielzelle bewirken, heißen *Adhäsionsmoleküle*.

Die Zielzellen, nach denen der Wachstumskegel sucht, geben sich also anhand chemischer Marker zu erkennen. Wie aber findet sie der winzige Wachstumskegel, wenn das Zielgebiet mehrere Zentimeter vom Ursprung seiner Wanderung entfernt liegt? Diese Frage kann noch

**97**

nicht erschöpfend beantwortet werden, ihr gehört die Aufmerksamkeit in vielen laufenden Forschungsprojekten der Entwicklungsneurobiologie.

Zweifelsohne stellen nicht nur die Neuronen des Zielgebietes Markermoleküle her und pflanzen sie in ihre Zellmembran ein, dasselbe tun auch alle anderen Neuronen, die der Wachstumskegel auf seinem Weg passiert und abtastet. So besteht im gesamten Gewebe zwischen Ausgangspunkt und Ziel ein räumliches Muster abgestufter Dichte, durch das Markermoleküle auf den Membranen der Neuronen vorgefunden werden. Die von Ort zu Ort des neuralen Gewebes graduierte Verteilung solcher Marker kann dem Wachstumskegel die Richtung weisen. Er kann beispielsweise den Pfad des größten Dichteanstiegs an Markermolekülen wählen. Möglicherweise besitzen die Wachstumskegel von Neuronen je nach Ursprungsgebiet eine bestimmte Anzahl von Rezeptoren auf ihrer Membran. Trifft das zu, dann tastet sich ein Wachstumskegel von einem Ort des Ursprungsgebiets entlang eines Dichtegradienten der Markermoleküle an einen bestimmten Ort des Zielgebiets heran. Dort findet er ein Neuron, das dieselbe Anzahl Markermoleküle aufweist wie der Wachstumskegel Rezeptormoleküle. Auf diese Weise kann jedem Punkt des Ursprungsgebiets genau ein Punkt des Zielgebiets zugeordnet werden. Hat der Wachstumskegel seinen Weg vom Ursprung bis zum Zielort zurückgelegt, sind beide Punkte durch ein Axon verbunden. Das Ursprungsgebiet wird Punkt für Punkt auf das Zielgebiet kartiert.

# Kapitel 6
# Wie viel Hirnmasse braucht das menschliche Bewusstsein?

Die Nervenzellen sind nicht nur morphologische Bausteine des Gehirns, sondern auch dessen funktionale Grundeinheiten. Annähernd 40000 von ihnen drängen sich in einem einzigen Kubikmillimeter der menschlichen Hirnrinde. Jede dieser Zellen bildet verzweigte Fasern, entlang deren sie elektrische Impulssignale zu 10000 anderen Nervenzellen innerhalb der Hirnrinde oder in tiefere Strukturen senden kann. Im Gegenzug empfängt das einzelne Neuron elektrische Signale einer ebenso großen Anzahl von Neuronen. Die Zellen sind Teil eines gigantischen Netzwerkes: Aneinander gefügt ergäben alle Fasern, die allein zwischen den Neuronen eines einzigen Kubikmillimeters der menschlichen Hirnrinde hin und her führen, eine Länge von mehreren Kilometern. Das gesamte menschliche Gehirn enthält etwa 100 Milliarden Neuronen; zusammengenommen würde die Länge der Fasern ausreichen, um die Erde mit dem Mond zu verbinden. Diese Zahlen lassen erahnen, von welch komplexer Architektur die neuralen Netze des menschlichen Gehirns sind. Ist diese große Anzahl neuraler Verbindungen notwendig, um dem menschlichen Bewusstsein eine angemessen große Bühne zu schaffen, oder würde schon ein kleiner Teil davon ausreichen?

### Der Mann mit dem dünnen Hirnmantel

John Lorber, Inhaber eines Lehrstuhls für Pädiatrie an der Universität Sheffield in England, berichtete bereits vor zwanzig Jahren von einem seltsamen Fall: «Da gibt es einen jungen Studenten an dieser Universität mit einem Intelligenzquotienten von 126. Sein Studium der Mathematik hat er mit Auszeichnung abgeschlossen, sozial ist er vollkommen angepasst. Und dann stellt sich heraus: Der Junge hat scheinbar kein

Gehirn.» Der Hausarzt des Studenten hatte bemerkt, dass dessen Kopf etwas größer war, als es der Norm entsprach. Daher überwies er ihn an Lorbers Institut. «Als wir sein Gehirn mit dem Scanner untersuchten», berichtete Lorber, «sahen wir anstelle der 4,5 Zentimeter, die die Hirnsubstanz normalerweise im Durchmesser zwischen den Ventrikeln und der Hirnoberfläche misst, nur eine dünne Schicht des Hirnmantels von etwa einem Millimeter. Das Schädelvolumen war überwiegend mit cerebrospinaler Flüssigkeit gefüllt.» Halten wir das Computertomogramm eines normalen Gehirns dagegen, zeigt sich das Ausmaß an Substanzverlust (Abb. 6.1). Wie kann so viel Hirngewebe fehlen? Die Gründe für eine derartige Anomalie liegen in einer gestörten embryonalen oder fötalen Entwicklung des Nervensystems.

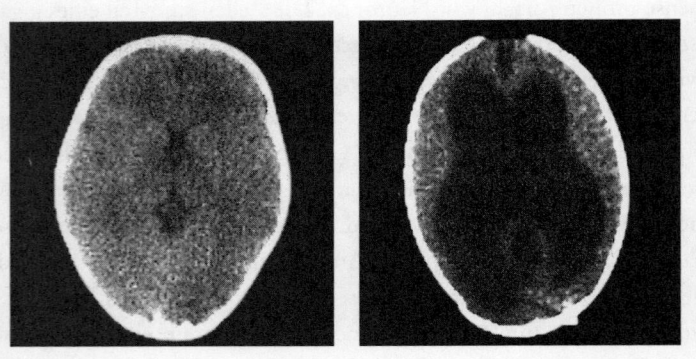

**Abb. 6.1 Axiale Computertomogramme eines normalen Gehirns (links) sowie eines Gehirns mit Hydrocephalus (rechts)** Beide Aufnahmen zeigen Horizontalschnitte durch das Gehirn erwachsener Personen. Das rechte Bild lässt die stark erweiterten Hirnkammern (Ventrikel) und den dadurch bedingten Verlust der Hirnsubstanz erkennen (Levin, 1980).

Werfen wir nochmals einen Blick auf das Neuralrohr. In der frühen Fötalperiode wurde es gebogen, geknickt und in bestimmten Abschnitten «aufgeblasen». Von der Halsregion nach unten verengt sich der Querschnitt seines Zentralkanals, und im gesamten Rückenabschnitt wird er sogar vollkommen von Zellen ausgefüllt. Ein Querschnitt des

Rückenmarks zeigt nur einen kleinen zentralen Punkt, an dem einst der verengte Zentralkanal durchgetreten ist. Im Bereich des Kopfes aber bleibt der Zentralkanal erhalten und setzt sich in den Hirnbläschen fort, die sich dort erweitern. Er bildet innere Kammern, zwei davon im Bereich der hinteren Hirnbläschen. In den Doppelbläschen des Endhirnes wird er, ihrem Verlauf folgend, aufgespalten und zu jeder Seite nach Art eines Widderhornes abgebogen.

Die so gestalteten Innenräume heißen *Ventrikel*. Sie bilden ein zusammenhängendes System von Höhlen und Kanälen. Die beiden hornartigen Seitenventrikel münden in einen zentralen dritten Ventrikel und dieser in einen tieferen vierten (Abb. 6.2). Innerhalb der Seitenventrikel erstreckt sich der *Plexus chorioideus*, ein Geflecht von Blutgefäßen, in

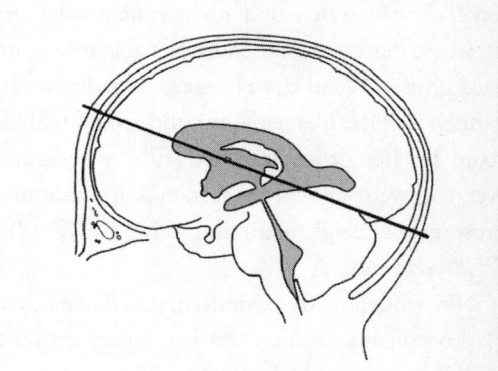

**Abb. 6.2 Seitliche Ansicht des Ventrikelsystems** Die Hirnkammern bilden ein System untereinander verbundener Räume, die mit Flüssigkeit (Liquor) gefüllt sind (dunkel gezeichnete Struktur). Die Linie durch das Gehirn bezeichnet die Führung der Schnittebene, die ein Computertomograph durch das Gehirn legt, um horizontale Schnittbilder zu erstellen, wie sie Abb. 6.1 zeigt (Kandel et al., 1995).

dem cerebrospinale Flüssigkeit neu gebildet und in die Seitenventrikel abgegeben wird. Sie fließt von dort nach unten zum dritten und vierten Ventrikel. In Höhe des vierten Ventrikels, dicht unter dem Kleinhirn, verläuft ein enger Kanal, durch den cerebrospinale Flüssigkeit in einen Raum zwischen der Oberfläche des Gehirns und den Hirnhäuten dringt. Die Hirnhäute besitzen verzweigte, venöse Blutgefäße, die die cerebrospinale Flüssigkeit aufnehmen und an die Nieren ableiten. Von dort wird sie mit dem Urin ausgeschieden.

## Wasserköpfe

Anatomische Fehlbildungen können den Kanal unterhalb des Kleinhirns verengen und so den Abfluss cerebrospinaler Flüssigkeit aus den Ventrikeln verhindern. Diese entströmt aber weiterhin dem Plexus chorioideus, sodass der Binnendruck steigt und die Ventrikel des Fötus auf ein Vielfaches ihrer normalen Größe geweitet werden. Dabei wird das Hirngewebe von innen gegen den Schädel gedrückt, dessen Knochenschalen noch weich und nicht miteinander verwachsen sind. Daher presst sie der hohe Binnendruck nach außen, und der Kopf des Fötus wird größer. Wenn das Hirngewebe radial nach außen gedrückt wird, dehnen sich die Nervenfasern und reißen schließlich entzwei. Da jedes Axon Teil der Zellsubstanz ist, stirbt die gesamte Nervenzelle, und das Nervengewebe schwindet. Seinen Raum nimmt die nachgebildete cerebrospinale Flüssigkeit ein und weitet die Ventrikel zu einem *Wasserkopf (Hydrocephalus).*

Niemanden wird es wundern, dass die meisten Kinder, die mit einem Hydrocephalus geboren werden, später an schwersten intellektuellen und physischen Schäden leiden. Überraschenderweise aber bleiben einige davon verschont. Obwohl große Teile ihrer Hirnsubstanz fehlen, entwickeln sie sich unauffällig und können als Erwachsene sogar überdurchschnittliche Fähigkeiten besitzen.

Die großen Substanzverluste des Hydrocephalus betreffen die weiße Substanz des Gehirns. Axone von mehreren Zentimetern Länge, welche teils aus subcorticalen Strukturen zur Hirnrinde führen, teils dort entspringen und in subcorticale Regionen zurückleiten, werden entzweigerissen und degenerieren. Mit ihnen stirbt auch ein erheblicher Teil der *grauen Zellsubstanz* ab. Gleichwohl bleiben selbst in Fällen eines sehr ausgedehnten Hydrocephalus viele Zellen der grauen Substanz verschont, weshalb cerebrale Funktionen erhalten bleiben.

Wenn weite Felder der Hirnrinde vernichtet sind, können verbliebene Anteile in der cerebrospinalen Ventrikelfüllung umherschwimmen, wobei die Spannung an den Axonen vermindert wird. Die restlichen, noch nicht entzweigerissenen Axone bleiben deshalb unversehrt. Tatsächlich zeigen Aufnahmen des PET-Scanners, dass nur eingeschränkte Bereiche der Hirnrinde metabolisch tätig sind. So war beispielsweise auf dem PET-Scan einer erfolgreichen Biologiestudentin, die mit einem Hydrocephalus geboren wurde, nur eine metabolisch aktive Rindenkalotte im hinteren Schädelpol zu sehen. Folglich hatte dieses eingeschränkte Areal, das normalerweise dem Sehen dient, alle erhaltenen motorischen und geistigen Funktionen dieser jungen Frau ermöglicht.

Ein vollkommen zerstörter Hirnmantel lässt den Menschen in ein dauerhaftes Koma fallen und zeigt das klinische Bild des *apallischen Syndroms*. Dabei werden Blutkreislauf und Atmung zwar aufrechterhalten und weiterhin von den Strukturen des Rautenhirns im unteren Hirnstamm nervös geregelt, der Patient ist aber ohne Bewusstsein. Alle Extremitäten sind spastisch gelähmt. Er zeigt ausschließlich reflektorisches Verhalten und muss daher intensiv gepflegt werden.

Offensichtlich aber benötigt der Mensch nicht seine gesamte Hirnrinde, um ein Leben ohne physische und geistige Einschränkungen führen zu können. Unter der überwiegenden Zahl schwer beeinträchtigter Patienten finden sich vereinzelt Personen, die trotz eines ausgedehnten Hydrocephalus alle normalen geistigen Leistungen erbringen. Bildgebende Untersuchungsverfahren können heute zweifelsfrei die großen Einbußen an Hirnsubstanz dokumentieren, die solche Personen erlitten haben. Das wirft jedoch die Frage auf, wie viel Hirngewebe absterben kann, und trotzdem unter sonst günstigen klinischen Voraussetzungen ein normales Bewusstsein erhalten bleibt. Selbst anhand computertomographischer Aufnahmen lässt sich nicht entscheiden, ob beispielsweise das Gehirn jenes von Lorber genannten Mathematikstudenten nur 50 oder schon 150 Gramm gewogen hat. Gewiss ist allerdings, dass es weit weniger waren als die 1,5 Kilogramm eines normalen menschlichen Gehirns.

# Kapitel 7
## Hirngespinste und neurale Netzwerke

Die embryonale Entwicklung des Gehirns gleicht dem Bau eines mehrstöckigen Gebäudes, das in mehreren Abschnitten errichtet wird. Zunächst wird ein unterkellertes Fundament gegossen – es entspricht der Mutterschicht embryonaler Zellen, die sich über den Zentralkanal des Neuralrohres wölbt. Die länglichen Gliazellen errichten darauf eine Art Baugerüst, an dem die Nervenzellen aus der Mutterschicht in die Höhe befördert werden. So entsteht das erste Stockwerk, dem nach und nach weitere Etagen folgen. Dies sind die Schichten der Hirnrinde.

Wenn embryonale Nervenzellen in einer dieser Schichten ankommen, nehmen sie besondere Formen an. Aus der Zellmembran sprossen bäumchenartige Auswachsungen *(Dendriten)*. Auf diese Weise vergrößern die Nervenzellen ihre Oberfläche um ein Vielfaches und schaffen Platz für zukünftige synaptische Kontakte (Abb. 7.1a). Ein Farbstoff, der sich bevorzugt in die Zellmembran von Neuronen einlagert, hebt die Verästelung der Dendriten im mikroskopischen Abbild hervor (*Golgi*-Färbung), dagegen schwärzt eine *Nissl*-Färbung ausschließlich die Zellkörper der Neuronen. Dabei fallen die verdichteten Schichten der Hirnrinde ins Auge (Abb. 7.1b).

Einige Zellen entsenden kurze Axone von 1–3 Millimetern Länge, die sich nach allen Seiten verzweigen und Kontaktstellen (Synapsen) zu benachbarten Neuronen herstellen. Außerdem verbinden sie Neuronen der höheren und tieferen Schichten miteinander. Diese kurzen Axone führen niemals aus der Hirnrinde heraus. Allein die Neuronen der untersten Schicht senden lange Axone an weiter entfernte Orte, teils in ein anderes Feld der Hirnrinde, teils in die Tiefe des Hirnstammes oder in einen Querschnitt des Rückenmarks. Aus den Neuronen des Hirnstammes und des Zwischenhirns steigen hingegen zahlreiche lange Axone in alle Schichten der Hirnrinde auf. Axone von Nervenzellen der Sinnesorgane führen in der Regel nur bis in den Hirnstamm oder das Zwischenhirn. Die in ihnen geleitete Erregung wird auf Neuronen

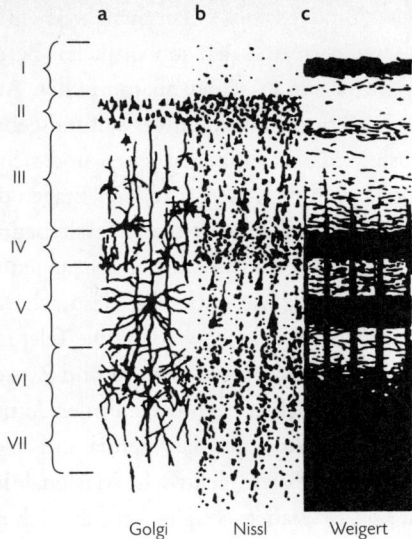

a    b    c

I
II
III
IV
V
VI
VII

Golgi    Nissl    Weigert

**Abb. 7.1 Architektur der Hirnrinde**  Verschiedene Färbungsmethoden heben unterschiedliche Feinstrukturen hervor. a) Die Golgi-Färbung macht die Dendriten der Neuronen, b) die Nissl-Färbung allein deren Zellkörper sichtbar. c) Die Weigert-Färbung lässt axonale Faserverbindungen hervortreten. Sie verlaufen teils parallel, teils vertikal zu den Zellschichten. Insgesamt können sechs Schichten von Neuronen und Faserverbindungen unterschieden werden (Brodman, 1909).

dieser subcortikalen Schaltstationen übertragen und von dort an die Hirnrinde weitervermittelt. Die Fasern subcortikaler Neuronen dringen von unten senkrecht in die Hirnrinde ein. Ein Farbstoff, der sich ausschließlich an den Axonen anlagert, lässt sie neben den horizontal leitenden Fasern der Rindenschichten hervortreten (Abb. 7.1c).

### Architektur und Bauprogramm

Wenn ein Neuron elektrische Impulse erzeugt, leitet es diese in seinem Axon weiter. Je nach der Art des Neurons treffen sie auf erregende oder **105** hemmende Synapsen. Ein Neuron beeinflusst somit benachbarte Neuronen derselben Rindenschicht oder auch weit entfernte Neuronen in anderen Rindenfeldern und den subcortikalen Bereichen. Das Gehirn ähnelt daher nicht nur in seiner anatomischen Architektur, sondern auch in seiner Funktionalität einem Verwaltungsgebäude. In jeder Etage sitzen Bedienstete, die zusammenarbeiten und sich untereinander besprechen, jeder kann mit Kollegen anderer Etagen durch das Haustelefon Kontakt aufnehmen. Eine Telefonzentrale befindet sich im Erdgeschoss, dort werden Gespräche von außen angenommen und in die Etagen durchgeschaltet, wie auch alle Gespräche dorthin zurückverbunden und nach außen geleitet werden. Die Telefonzentrale entspricht den neuralen Strukturen von Hirnstamm und Zwischenhirn.

Würden ausschließlich erregende Neuronen Aktionsimpulse austauschen, käme es zu anhaltenden Massenentladungen der Zellen in ihrem Netzwerk. Man könnte diese elektrische Massenaktivität mit der lauten Aufgeregtheit von Börsianern vergleichen, die sich gegenseitig brisante Nachrichten zurufen und dabei nicht zur Ruhe kommen. Dagegen würde innerhalb eines Netzes ausschließlich hemmender Neuronen jede Erregung sogleich wieder verschwinden. Ein Netzwerk hemmender Neuronen ähnelt einer konformistischen Gruppe, in der jeder zum Schweigen gebracht wird, der es wagt, etwas zu sagen. Unschwer lässt sich erahnen, dass erst erregende und hemmende Nervenzellen, die zu beträchtlichen Anteilen in ein Netzwerk verwoben sind, diesem seine bemerkenswerten Eigenschaften verleihen.

In die Planung eines mehrstöckigen Gebäudes fließen viele Erfahrungen ein, die vormals bei einfacheren Bauvorhaben gesammelt wurden. Bereits bestehende Pläne werden herangezogen und versuchsweise in Einzelheiten abgeändert. Ihre Verwirklichung erweist die Funktionalität des Gebäudes. Fehler werden nicht wiederholt, Bewährtes aber wird beibehalten. So entwickeln sich Baupläne im Laufe der Zeit und können, je mehr Erfahrung in sie einfließt, Grundlage ehrgeizigerer Bauvorhaben werden.

Entsprechendes gilt für das genetische Programm der embryonalen Entwicklung eines Organismus und insbesondere seines Nervensystems. Die genetischen Programme komplexer Gehirne sind wahrscheinlich Abwandlungen eines Urprogramms für ein sehr viel einfacheres Gehirn. Im Laufe der Jahrmillionen haben die Gene, die diesem urtümlichen Entwicklungsprogramm zugrunde lagen, einige Mutationen erfahren. So besaß eines der frühen Gehirne wahrscheinlich nur eine einzige Zellschicht, die als neurales Netzwerk angelegt war.

Das Bauprogramm des zentralen Nervensystems vereint unterschiedliche, zeitlich abgestufte Teilprogramme: die Einfaltung eines Neuralrohres, seine bläschenartigen Erweiterungen am anterioren Pol, die Zellteilungszyklen der Neuroblasten, die «Geburtstage» der Nervenzellen, die zeitlich und örtlich vorbestimmten Wanderungen der Nervenzellen und schließlich die Suche der axonalen Wachstumskegel nach Zielzellen, auf deren Membranen sie synaptische Kontakte bilden. Dieses mehrstufige Programm, das aus einem Haufen embryonaler Zellen ein Gehirn baut, wäre als bloße Formgebung wertlos, wenn die dabei gebildeten neuralen Netze keine Wirkung hätten, die dem Organismus sofort und unmittelbar Nutzen brächte. Schon ein sehr einfaches neurales Netzwerk muss für den Organismus Bedeutsames leisten.

### Hasen und Luchse im Netz

Am Beispiel eines Ökosystems von Raub- und Beutetieren wurde bereits ein treibender Mechanismus erklärt, der anstelle konstanter Bestände die Populationen periodisch schwingen lässt. Das daraus abgeleitete Aktivator-Inhibitor-Prinzip haben wir unter Molekülen wiedererkannt, die in besonderer Weise miteinander reagieren und dabei chemische Zyklen fernab des thermodynamischen Gleichgewichts erzeugen. Was sich in neuralen Netzwerken abspielt, ähnelt diesen Formen der Selbstorganisation nicht nur formal, sondern ist ihnen logisch verwandt. Nervensysteme enthalten in allen Teilen zweierlei Arten von Neuronen, erregende und hemmende. Nehmen wir ein einfaches Netzwerk, in dem erregende und hemmende Nervenzellen dicht aneinander lagern.

Wenn ein erregendes Neuron elektrische Impulse erzeugt, stößt es andere Neuronen an, mit denen es synaptisch verknüpft ist. Diese antworten mit eigenen elektrischen Impulsen, verteilen so die Erregung auf weitere Neuronen und geben auch Impulse an das einzelne, zuerst aktiv gewordene Neuron zurück. Jede Erregung, die spontan an einer Stelle des Netzwerkes auftritt, breitet sich deshalb auf das übrige Netzwerk aus. So werden immer mehr Neuronen von einer anschwellenden Massenerregung erfasst. Die Erregung als augenblicklicher Zustand eines Neurons vervielfacht sich. Jedes erregte Neuron kann viele andere erregte Neuronen hervorbringen und «pflanzt» sich somit innerhalb des Netzwerkes fort. Erregende Neuronen gleichen daher den Hasen unseres Jäger-Beute-Szenarios oder den Aktivatormolekülen eines dissipativen chemischen Systems.

Neuronale Netzwerke besitzen auch hemmende Neuronen, die, für sich genommen, nicht zur Spontanaktivität beitragen, da sie nicht nur andere, sondern auch sich selbst hemmen. Um überhaupt aktiv zu werden, benötigen sie den Anstoß erregender Neuronen, von denen sie quasi «gefüttert» werden. Die Zahl augenblicklich tätiger, hemmender Neuronen wächst daher erst, wenn sich die Aktivität unter den erregenden Neuronen bereits ausgebreitet hat. Wenn endlich auch hemmende Neuronen aktiv werden und elektrische Impulse erzeugen, vermindern sie wiederum den Anteil erregender Neuronen. Sie entsprechen daher den Luchsen unseres Jäger-Beute-Systems oder den Inhibitormolekülen dissipativer chemischer Systeme. Zwischen beiden Teilpopulationen von Neuronen wirkt ein Aktivator-Inhibitor-Prinzip, durch das stabile, periodische Erregungs- und Hemmungswellen entstehen.

Allerdings müssen sich erregende und hemmende Neuronen dabei in einer bestimmten, nichtlinearen Weise beeinflussen. In der Regel wird ein Neuron nicht aktiv, wenn es nur von einem einzelnen Aktionsimpuls eines anderen Neurons angestoßen wird. Vielmehr bedarf es des kurzzeitigen Zusammentreffens zweier und mehrerer Aktionsimpulse, um die Erregungsschwelle zu überschreiten. Wenn die mittlere Rate an Aktionsimpulsen in einem Netzwerk $X$ beträgt, treffen zwei Aktionsimpulse an einem beliebigen Neuron mit einer Wahrscheinlichkeit zusammen, die vom Quadrat der mittleren Impulsrate, also von $X \, X$, abhängt. Müssen drei Aktionsimpulse zusammentreffen, um ein Neuron zu erregen, steigt oder fällt die Wahrscheinlichkeit für ein solches Ereignis mit der dritten Potenz der mittleren Impulsrate, also mit X X X. Erfordert die Erregung eines Neurons eine Koinzidenz von drei und mehr Aktionsimpulsen, ergeben sich für die wechselseitige Beeinflussung der Neuronen gerade solche nichtlinearen Abhängigkeiten, die es dem Netzwerk erlauben, Grenzzyklen oder andere, komplexere Attraktoren fernab einer gleichförmigen Grundaktivität auszubilden.

## Hirnstromwellen

Eingebunden in ein Netzwerk, können sich unzählige erregende Neuronen wechselseitig anstoßen. Daher schwillt ihre Erregung an, bis die Menge «angefütterter» hemmender Neuronen diese Massenerregung löscht. Wenn fast alle erregenden Neuronen schweigen, verstummen auch die hemmenden. Befreit von jeglicher Eindämmung, können dann einzelne erregende Neuronen erneut eine anschwellende Massenaktivität entfachen. Ein weiterer Zyklus beginnt. Erregung und Hemmung keimen fortwährend im Netzwerk auf und erlöschen wieder. Da die Impulsaktivität eines jeden Neurons mit elektrischen Potenzialschwankungen im Bereich seiner Dendriten einhergeht, verursacht die an- und abschwellende Massenerregung ein schwankendes, elektrisches Summenpotenzial der Neuronenmasse. Dieses Summenpotenzial lässt sich direkt an Teilen der operativ freigelegten Hirnrinde, aber auch von außen an der Kopfhaut als Elektroenzephalogramm (EEG) messen. Die Summenaktivität vieler Nervenzellen des Gehirns zeigt teils unregelmäßige, teils rhythmische oder rhythmisch erscheinende Potenzialwellen. Man kann sie nicht willentlich ruhig stellen, und auch während des Schlafs verschwinden sie nicht. Erst mit dem Tod erlöschen sie für immer. Ein Nulllinien-EEG gilt als klinisches Zeichen des Hirntodes.

In der ersten von insgesamt zehn Publikationen berichtete der Jenaer Psychiater Hans Berger 1929 über seine Versuche, eine elektrische Eigenaktivität des menschlichen Gehirns zu messen. Obgleich elektronische Verstärker für schwache elektrische Signale zu jener Zeit bereits verfügbar waren, wandte Berger dieses Mittel nicht an, sondern leitete die Hirnströme von der Kopfhaut direkt auf ein empfindliches Galvanometer. Die Mechanik dieses Gerätes wurde von elektrodynamischen Kräften bewegt, die auf Spannungssignale von weniger als 100 Mikrovolt reagieren. Derart sensible Geräte können jedoch auch durch sehr schwache Erschütterungen in Schwingungen versetzt werden und dadurch periodische Spannungsänderungen vortäuschen. Nun war es Bergers herausragende Entdeckung, dass unser Gehirn im Wachzustand rhythmische Spannungsschwankungen erzeugt. In einer Sekunde folgen etwa zehn solcher Wellen aufeinander, die Berger *Alpha-Rhythmus* nannte. Bevorzugt lassen sich die rhythmischen Hirnstromwellen vom hinteren Schädelpol ableiten, während die Augen geschlossen sind. Werden die Augen geöffnete, verschwindet der Alpha-Rhythmus, und stattdessen erscheinen schnellere und unregelmäßigere Schwankungen.

In weiteren Arbeiten versuchte Berger zu belegen, dass die registrierten Wellen tatsächlich einer elektrischen Aktivität des Gehirns entspringen und nicht mechanischen Störungen des Registriergerätes oder elektrischen Widerständen, welche die Mikrozirkulation des Blutes in den Gefäßen der Kopfschwarte verursacht haben könnte. Offensichtlich änderte sich das Hirnstrombild mit dem physiologischen Gesamtzustand und der Vigilanz des Gehirns. Insbesondere erwies sich, dass epileptische Anfälle mit charakteristischen, hoch gespannten Signalkomplexen einhergehen, die sich aus einer oder wenigen Spitzen und einer nachfolgenden großen Welle zusammensetzen. Alle diese bemerkenswerten Ergebnisse seiner Forschungen fanden jedoch zunächst keine akademische Anerkennung, wobei vor allem die genannten Schwächen der angewandten Registriertechnik kritisiert wurden. Bergers letzte Publikation erschien 1939, bereits 1934 aber hatten die beiden englischen Physiologen E. D. Adrian und B. H. C. Matthews die Hirnaktivität erstmals mit Hilfe elektronischer Verstärker aufgezeichnet. Sie konnten alle Entdeckungen Bergers bestätigen. Lord Adrian erhielt in Anerkennung seiner Entwicklung der Elektroenzephalographie den Nobelpreis für Medizin.

In den frühen fünfziger Jahren nutzten Nathaniel Kleitman und William Dement die neue Methode der Elektroenzephalographie, um den Schlaf zu untersuchen. Entgegen einer populären Ansicht ruht das schlafende Gehirn nicht, sondern bleibt fortwährend tätig und steigert mitunter Stoffwechselrate und elektrische Aktivität seiner Neuronen auf dasselbe Niveau des Wachzustands. Ein fortlaufend registriertes EEG zeigt, dass der Schlaf in fünf diskrete Stadien zerfällt, die anhand charakteristischer EEG-Muster unterscheidbar sind. Im Allgemeinen werden EEG-Wellen umso höher und langsamer, je tiefer der Mensch schläft. Die Tiefe des Schlafes wird dabei anhand der Lautstärke eines Tones bestimmt, der den Schläfer zu wecken vermag. Wenn das Gehirn eingeschlafen ist, erreicht es ein tiefes Stadium des ruhigen Schlafs, nachdem es zuvor drei Zwischenstufen durchlaufen hat. In diesem vierten Stadium verharrt es zwischen einer halben und einer ganzen Stunde. Dann folgt ein fünftes Stadium, das durch paradoxe Eigenschaften auffällt: Es ist das tiefste mit gleichzeitig besonders hoher Weckschwelle. Der Schläfer liegt völlig entspannt, doch gleicht sein EEG dem eines wachen Menschen. Atmung und Herztätigkeit sind beschleunigt und unregelmäßig. Man sollte erwarten, dass der Schläfer jeden Augenblick erwacht. Stattdessen bleibt er entspannt liegen und bewegt nur seine Augen ruckartig unter den geschlossenen Lidern. In Anlehnung an die raschen Augenbewegungen (Rapid Eye Movements) wird das Stadium REM-Schlaf genannt. Eine einzelne REM-Phase dauert 5–20 Minuten. Im Laufe einer Nacht kehrt der REM-Schlaf, mit anderen Stadien wechselnd, in Abständen von ungefähr 1,5 Stunden mehrfach wieder. Träume ereignen sich ausschließlich während dieser Phasen.

Bestimmte Muster des Elektroenzephalogramms spiegeln also bestimmte Grundzustände des Gehirns wider. Ein Experte sieht der Hirnstromkurve an, ob sie von einem wachen oder schlafenden Menschen abgeleitet wurde. Auch kann er erkennen, in welchen Schlafphasen das Gehirn bewusstes Erleben gänzlich abgeschaltet hat und in welcher Zeit es träumt. Die Hirnstromkurve verrät uns allerdings nichts über das bewusst Erlebte oder den Inhalt des Traumes selbst. Sie ist ein Indikator für die physiologischen Begleitumstände von Wachbewusstsein und Traum, aber kein Monitor für Szenarien der Innenwelt. Sowenig wir mit Hilfe anderer physikalischer Instrumente in den Höhlenraum unseres Bewusstseins blicken können, so wenig zeichnet auch das Elektroenzephalogramm die Schatten auf, die darin gaukeln. Es zeigt uns jedoch an, wo eine solche Höhle der subjektiven Innenwelt verborgen liegt und wie sich ihr Volumen im Laufe des Tages ändert. Ähnlich den Naturhöhlen des Karstgesteines, in denen das Regenwasser von Zeit zu Zeit stehen bleibt und dann wieder abfließt, verengt sich der Raum unserer subjektiven Innenwelt zu einem Nichts, sobald wir einschlafen, weitet sich ein wenig in den Traumphasen und dehnt sich erneut zu seiner vollen Größe aus, wenn wir erwachen. Bis heute jedoch ist nicht nur das Bewusstsein des wachen Gehirns ein Rätsel geblieben, sondern auch die Natur des Schlafes, in dem wir gut ein Drittel unserer Lebenszeit ohne Bewusstsein verbringen.

Der Schlaf überkommt uns von einem Augenblick zum anderen. Meist dösen wir zuvor, entziehen der Umwelt unser Augenmerk und lassen nach, Gedankenfäden fortzuspinnen. Dennoch bleiben wir wach und jederzeit bereit, auf Reize zu antworten. Dann fallen wir innerhalb einer Sekunde in den Schlaf. Denselben raschen Übergang spiegelt auch das EEG wider: Die unregelmäßig schwankende Hirnstromkurve eines angespannt wachen Gehirns weicht, sobald wir die Augen schließen und innerlich zur Ruhe kommen, einem Alpha-Rhythmus. Während wir dösen, schwillt die Spannungsamplitude des Alpha-Rhythmus mit Intervallen von wenigen Sekunden an und ab. Dies hinterlässt auf dem Registrierpapier eine Folge lang gezogener, spindelartiger Muster. Plötzlich verschwinden diese *Alpha-Spindeln*, und innerhalb kürzester Zeit taucht eine neue, unregelmäßige und flachere Grundaktivität auf, deren mittleres Schwankungsintervall länger ist als eine Alpha-Welle, doch geringer ausschlägt als diese. In diesem Augenblick ist unser Gehirn in Schlaf gefallen.

Das Elektroenzephalogramm könnte uns also zeigen, auf welche Art das Gehirn seinen funktionalen Zustand so kurzfristig wechselt und dabei sein Bewusstsein innerhalb eines Augenblickes verliert. Dies anhand des außerordentlich komplexen menschlichen Gehirns klären zu wollen führt derzeit aber noch zu unüberwindlichen methodischen Schwierigkeiten. Selbst das Gehirn eines kleinen Säugetieres lässt als Ganzes keine überschaubare Systemanalyse zu. Momentan praktikabel ist die Untersuchung eines Teilsystems, das zu den ursprünglichsten Teilen der Hirnrinde zählt und daher unserem Ideal eines einfachen, schichtartigen Netzwerkes sehr nahe kommt. Seine neuroanatomischen Strukturen sind so weit bekannt, dass wir die Arten erregender und hemmender Neuronen kennen und wissen, wie sie untereinander verbunden sind. Die Muster seines EEGs verweisen auf diskrete physiologische Zustände und bestimmte Verhaltensformen. Es ist das *olfaktorische System*, das Organ für die Welt der Gerüche.

Walter J. Freeman vom Fachbereich für Physiologie und Anatomie der Universität von Kalifornien in Berkeley hat ihm mehrere Jahrzehnte seiner wissenschaftlichen Arbeit gewidmet. Der Riechlappen im Gehirn von Kaninchen ist nahezu ideal einfach gestaltet. Deshalb versucht man anhand ihres Beispiels zu klären, wie sich in der Dynamik eines neuralen Netzwerkes elektroenzephalographische Muster mit Änderungen des physiologischen Grundzustandes und Formen der sensorischen Unterscheidung von Geruchsstoffen verbinden. Überdies entwickelte Freeman zusammen mit Christine A. Skarda von der Ecole Polytechnique in Paris ein mathematisches Modell, welches das wirkliche Netzwerk des olfaktorischen Systems nachahmt. Mit seiner Hilfe lässt sich darstellen, wie sich ein Netzwerk aus Neuronen in unterschiedlichen Situationen verhält.

### Ein Netzwerk für Gerüche

Die Schleimhaut der Nase (Mucosa) enthält eine Vielzahl elektrochemischer Sinneszellen (Rezeptoren), an die sich, bei jedem Atemzug, Moleküle unterschiedlicher Geruchsstoffe heften. Eine Sinneszelle der Mucosa spricht nur auf Moleküle eines einzigen Duftstoffes an und erzeugt dabei eine Serie von Aktionsimpulsen. Die Axone aller Sinneszellen sind gebündelt als olfaktorischer Nerv und führen zu den paarigen Riechlappen an der Frontseite des Gehirns (Abb. 7.2 a). Beide Riechlappen sind urtümliche Teile der Hirnrinde und dieser vorgelagert wie alte Gebäudeteile einem großen, modernen Anbau. Jeder Riechlappen, *Bulbus* genannt, enthält eine gewölbte Schicht, in der drei verschiedene Neuronen angetroffen werden: *periglomeruläre Zellen* (P), *Mitralzellen* (M) und *Granulazellen* (G). Jedes Axon einer Sinneszelle der Nasenschleimhaut mündet in einem *Glomerulus*, einer kleinen, kugelförmigen Kontaktzone, in der es sich verzweigt und dabei Synapsen an je einer Mitralzelle und an mehreren periglomerulären Zellen bildet. Die periglomerulären Zellen sind miteinander verbunden und erregend. Wenn Aktionsimpulse aus den Sinneszellen der Nasenschleimhaut den Bulbus erreichen, stoßen sie als Erstes auf eine Schicht sich selbst erregender, periglomerulärer Zellen (Abb. 7.2 b).

Etwas unterhalb, in nächster Nähe zu den Glomeruli, liegen die Mitralzellen. Auch sie sind erregend. Ihre verzweigten, kurzen Axone führen zu benachbarten Mitralzellen sowie zu den Granulazellen der nächsten Umgebung. Ähnlich den periglomerulären Zellen bilden Mitralzellen unter sich ein Netzwerk erregender Neuronen. Beide Zellarten sind also Aktivatoren, die ihre Erregung über die gesamte Rindenschicht des olfaktorischen Bulbus «aussäen» können. Die Granulazellen hingegen besitzen hemmende Synapsen. Ihre kurzen Axone führen sowohl an die Zellkörper der Mitralzellen als auch an deren Dendriten. Mit diesen Synapsen können sie Mitralzellen hemmen, von denen sie aktiviert wurden. Die Granulazellen sind somit die Inhibitoren des Netzwerkes. Die Art, in der Mitral- und Granulazellen synaptisch verbunden sind, lässt vermuten, dass diese beiden Akteure die Rolle von Hasen und Luchsen übernehmen. Die periglomerulären Zellen spielen daneben die Rolle einer zweiten sich selbsttätig vermehrenden Tierart, die jedoch nicht von Luchsen gejagt wird. Erregung breitet sich unter den periglomerulären Zellen aus, sobald sie von den Aktionsimpulsen der Rezeptorzellen angestoßen werden. Sie unterstützen mit ihren Impulsen die Mitralzellen, sodass ihre gesamte Erregung in das Netzwerk eingespeist wird.

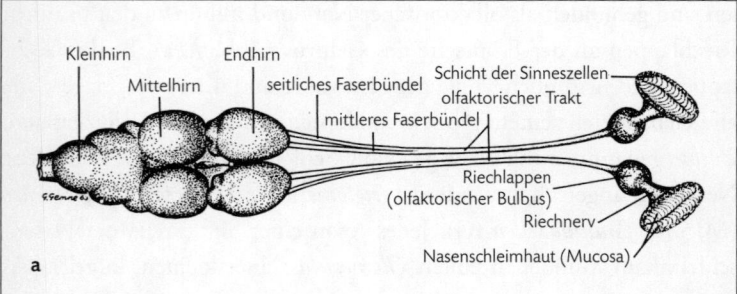

a

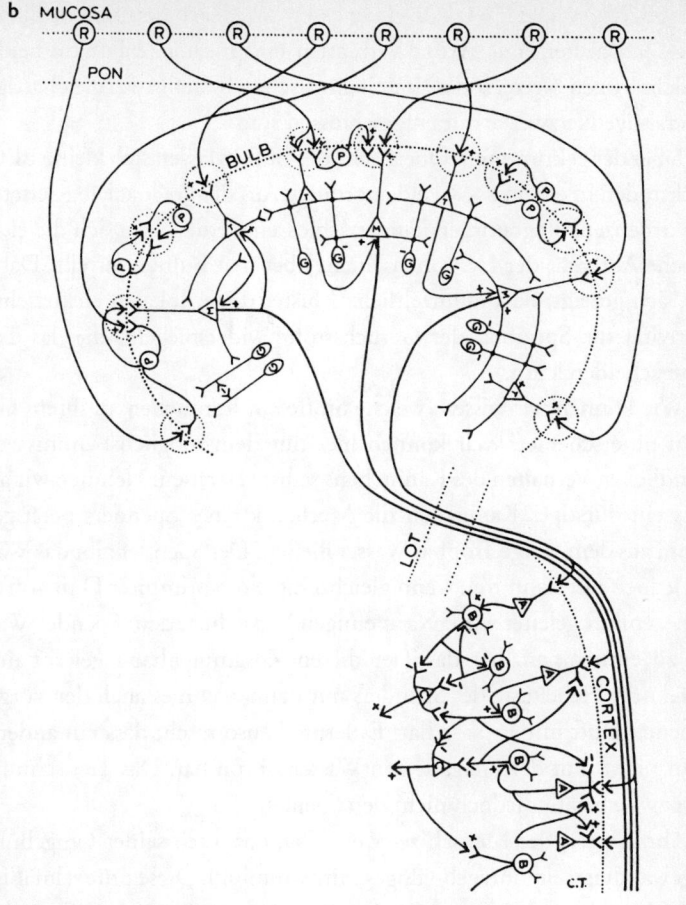

**Abb. 7.2** a) Olfaktorisches System eines Wirbeltieres (Döving und Gemne, 1965)
b) Schematische Wiedergabe neuronaler Elemente und deren Verbindungen im olfaktorischen System eines Wirbeltieres (Freeman und Skarda, 1987).

Die weiterführenden Axone der Mitralzellen leiten als *lateraler olfaktorischer Trakt* (LOT) zu einem Teil der neuen Hirnrinde (Cortex). Auch darin sind drei verschiedene Neuronen angesiedelt, die sich wechselseitig in ähnlicher Weise erregen und hemmen, wie es die Neuronen des olfaktorischen Bulbus tun (Abb. 7.2 b). Von den Zellen des olfaktorischen Rindenfeldes leiten axonale Fasern wieder in den Bulbus hinab. Auf- und absteigende Axone verbinden entsprechende Punkte beider schichtartigen Netze, sodass im olfaktorischen System zwei gleichartige, interaktive Netzwerke mit eingeschlossen sind.

Über der gekrümmten Oberfläche des Bulbus lassen sich kleine EEG-Elektroden in einem 8 × 8-Feld anordnen. Aus den 64 lokal abgeleiteten Elektroenzephalogrammen kann erschlossen werden, wie sich die elektrische Aktivität der Neuronenschicht über den Bulbus verteilt. Dabei hat sich gezeigt, dass raumzeitliche Muster dieser lokalen elektrischen Aktivität die Spezifität der Geruchsstoffe widerspiegeln, die das Tier unterscheiden kann.

Wie können wir wissen, welche Stoffe ein Kaninchen an ihrem Geruch unterscheidet? Wir können hier nur dem möglichst unmissverständlichen Verhalten des Kaninchens selbst vertrauen. Nehmen wir an, dass ein durstiges Kaninchen die Mechanik eines Spenders betätigen kann, aus dem einige Tropfen Wasser fließen. Der Spender gibt das Wasser jedoch nur dann frei, wenn gleichzeitig ein bestimmter Duftstoff in die Atemluft geleitet wird. Nach einigen Versuchen, dem Spender Wasser zu entnehmen, hat das Tier diesen Zusammenhang gelernt und drückt die Hebeltaste des Spenders nur dann, wenn es auch den vorgegebenen Duft in der Nase hat. Es lernt ebenso rasch, dass ein anderer Duft nichts mit der Freigabe von Wasser zu tun hat. Das Tier schnuppert zwar, betätigt jedoch nicht den Spender.

Ähnlich wie der Mensch zeigt ein Tier, das wach seiner Umgebung zugewandt ist, ein unregelmäßiges Hirnstrombild. Diese unregelmäßige Grundaktivität schlägt im Mittel etwas weiter aus, wenn das Tier seine Umgebung absucht, anstatt ruhig dazusitzen. Werden seiner Atemluft Duftstoffe beigemischt, treten anstelle der unregelmäßigen Grundaktivität wohlgeformte rhythmische Wellengruppen auf, sooft und solange das Tier einatmet. Atmet es aus, verschwinden die Rhythmen ebenso rasch, wie sie gekommen sind. Wie weit die flüchtigen EEG-Rhythmen nach oben und unter ausschlagen und mit welcher Periode sie schwingen, bestimmt die Art des eingeleiteten Duftstoffes. Die physikalischen Eigenschaften dieser EEG-Rhythmen des olfaktorischen Bulbus enthalten demnach eine duftspezifische Information.

Sobald ein Duftstoff eingeatmet wird, regt er bestimmte elektrochemische Sinneszellen der Mucosa an. Die Sinneszellen für einen Duftstoff sind jedoch nicht gleichmäßig in der Nasenschleimhaut verteilt, sondern häufen sich in mehreren Nestern, die selbst ein bestimmtes räumliches Muster formen. Da jede Rezeptorzelle ein Axon in den Bulbus entsendet, entspricht dem räumlichen Verteilungsmuster bestimmter Rezeptorzellen der Mucosa ein analoges auf dem Bulbus. Dies zeigt sich unter anderem in der Art und Weise, wie die synaptischen Kontaktzonen innerhalb des Bulbus verteilt sind. Jeder Glomerulus ist mit einem Nest mucosaler Rezeptoren verbunden. Um ihn lagern sich bevorzugt die periglomerulären Zellen an. Daher entsprich das Muster der Glomeruli des Bulbus dem räumlichen Verteilungsmuster mucosaler Sinneszellen. Außerdem führt je ein Axon einer Sinneszelle zu einer Mitralzelle. So wird das primäre räumliche Erregungsmuster von Sinneszellen der Mucosa eins zu eins auf den Bulbus abgebildet.

Im Raster eines $8 \times 8$-Feldes elektroenzephalographischer Ableitpunkte zeigt sich in der Tat, dass duftspezifische EEG-Rhythmen über den 64 Ableitpunkten mit gleicher Periode, jedoch mit unterschiedlicher Amplitude schwingen. Jeder duftspezifische EEG-Rhythmus entwickelt sich folglich aus einer bestimmten räumlichen Verteilung elektrischer Aktivitäten des Bulbus. Die Eins-zu-eins-Projektion mucosaler Rezeptorzellen legt für jeden Duftstoff ein eigenes räumliches Muster fest, doch fügen sich die lokal unterschiedlichen Aktivitäten des Bulbus in einen gemeinsamen Rhythmus mit bestimmter Periode. Wenn das Tier ausatmet, strömen Duftstoffe mit der Atemluft nach außen. Die Rezeptorzellen liefern dann keine Impulse, und die duftspezifischen Erregungsmuster auf dem Bulbus zerfallen ebenso schnell, wie sie beim Einatmen entstanden sind.

## Hirnströme an Scheidewegen

Welche Form die Potenzialwellen im Netzwerk erregender und hemmender Neuronen annehmen, hängt zu einem großen Teil davon ab, mit welcher Stärke sich beide Zellarten beeinflussen. Die Stärke dieser

Koppelung bestimmt, wie rasch sich erregende Neuronen vermehren und in welchem Maße hemmende einbezogen werden. Verändern wir die Koppelungsstärken, ändert sich das Erregungsmuster und mit ihm die elektroenzephalographischen Potenzialwellen. Wären alle Koppelungen blockiert, lägen die Neuronen unverbunden nebeneinander. Zwar könnten auch dann Neuronen vereinzelt spontane Aktionsimpulse hervorbringen oder von Reizen aus den Sinnesorganen dazu veranlasst werden. Doch würden diese wenigen aktiven Neuronen keine weiteren Neuronen beeinflussen. Hier und dort aufglimmende Erregungen blieben isolierte, zufällige Ereignisse.

Hingegen ermöglicht bereits eine leichte Koppelung, dass erregende Neuronen sich gegenseitig anstoßen und so im Netzwerk eine Massenerregung entfachen. Ihre Massenaktivität entwickelt sich dann unbeeinflusst von den hemmenden Neuronen, die ebenfalls mit schwacher Koppelung einbezogen sind. Wenn die Zahl erregender Neuronen wächst, steigt entsprechend auch die der hemmenden. Diese tilgen dann gerade jenen Anteil, um den die Population aktivierter Erregungsneuronen anwüchse, wären diese für sich alleine. Beide Populationen von Nervenzellen können so ein stationäres Gleichgewicht anstreben, in dem sich ihre Aktivitäten auf ein jeweils konstantes Niveau regulieren. In einem Diagramm mit zwei Koordinatenachsen lassen sich die Werte dieser konstanten Aktivitätsniveaus getrennt auftragen. Die Koordinatenachsen definieren einen Punkt, der für den stationären Zustand des Netzwerkes steht. Andere Punkte innerhalb des Diagrammes haben entsprechend größere oder kleinere Koordinaten. Sie stellen Zustände außerhalb des Gleichgewichtes dar. Sind die Neuronen schwach gekoppelt, ist das stationäre Gleichgewicht der einzige Attraktor des Netzwerkes. Abweichende Aktivitätsniveaus beider Neuronenpopulationen werden ausgedämpft, und ihre Werte nähern sich denen des Gleichgewichts an. Die Zustandspunkte bewegen sich daher, von ihrem jeweiligen Ausgangspunkt ausgehend, in Bahnen, die alle im Punkt des stationären Gleichgewichts enden (Abb. 7.3 a).

Wenn die Koppelungen der Neuronen verstärkt werden, wächst die Zahl sich wechselseitig erregender Neuronen rasch an. Die hemmenden Neuronen brauchen dann längere Zeit, um dieses Wachstum zu

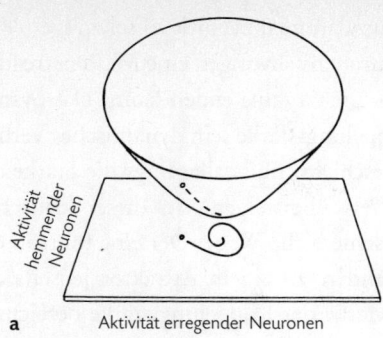

**a** Aktivität erregender Neuronen

**Attraktorbecken mit tiefstem Punkt:** Bahnen des Zustandspunktes enden in einem bestimmten Punkt (stationäres Gleichgewicht)

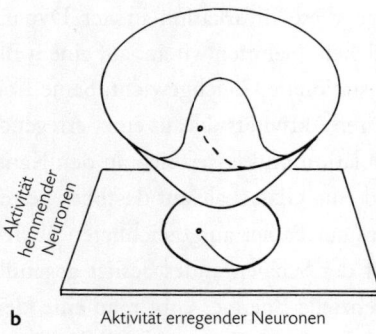

**b** Aktivität erregender Neuronen

**Attraktorbecken mit zentraler Kuppe:** Bahnen des Zustandspunktes gehen in einen Orbit über (Grenzzyklus)

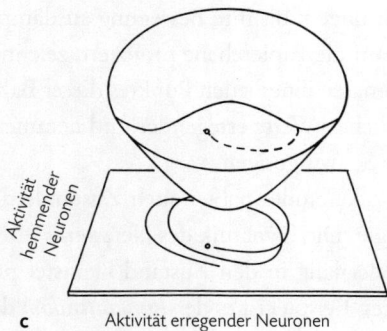

**c** Aktivität erregender Neuronen

**Attraktorbecken mit verflachter, zentraler Kuppe:** Bahnen des Zustandspunktes führen niemals in sich zurück (chaotische Dynamik)

**Abb. 7.3** Zustandsebenen mit den Attraktorbecken eines Punktattraktors (a), eines Grenzzyklus (b) und eines chaotischen Attraktors (c) (nach Vorlagen des Autors).

bremsen und bei entsprechender Koppelungsstärke die Erregung zu löschen. Das System beider Teilpopulationen beginnt zu schwingen. Solche nichtlinear gekoppelten Neuronen schwingen eine Massenerregung
auf, die beispielsweise in einem Grenzzyklus enden kann. Das System
ändert also mit wachsender Koppelungsstärke sein dynamisches Verhalten grundlegend. Damit dies geschieht, muss allerdings die Stärke der
Koppelung einen kritischen Wert übersteigen. An dieser kritischen
Marke eröffnen sich zwei unterschiedliche Wege: Der eine führt in das
stationäre Gleichgewicht, der andere zu einem Attraktor jenseits des
Gleichgewichts. Die kritische Marke der Koppelungsstärke bezeichnet
einen Bifurkationspunkt.

Es hilft dem Verständnis, sich diese Bifurkation in der Dynamik
eines Netzwerkes zu veranschaulichen. Nehmen wir an, auf einem Blatt
Papier bezeichnet ein Punkt das stationäre Gleichgewicht. Seine Koordinaten entsprechen den stationären Aktivitätsniveaus einer erregenden
und hemmenden Neuronenpopulation und lassen sich an den Kanten
des Blattes auftragen. Dann wird eine Glasschale auf das Blatt gestellt,
sodass ihr tiefster Punkt mit dem auf Papier aufgezeichneten überein-
stimmt (Abb. 7.3 a). Jeder Punkt des Schalenrandes besitzt gegenüber
dem Grund der Schale eine potenzielle Energie. Gibt man eine kleine
Kugel hinein, so rollt sie in die Tiefe, überläuft ein paarmal den tiefsten
Punkt in entgegengesetzten Richtungen, bis ihre Bewegung ausdämpft
und sie dort zur Ruhe kommt. Auf die Papierebene projiziert, zeichnet
die Kugel eine Bahn. Die Koordinaten eines jeden Punktes dieser Bahn
bezeichnen die zeitlich veränderlichen Werte erregender und hemmender Aktivität. Es sind gedämpfte Schwingungen.

Ähnlich den Punkten des Schalenrandes haben auch Zustände des
Netzwerks eine potenzielle Energie. Die Dynamik des Netzwerks über-
führt alle Zustände über kurz oder lang in den Zustand kleinster potenzieller Energie. Im vorliegenden Beispiel ist es der *Punktattraktor* des
stationären Gleichgewichts, der inmitten eines *Attraktorbeckens* liegt,
das durch die Glasschale veranschaulicht wird.

Jenseits einer kritischen Koppelungsstärke seiner Neuronen nimmt
die Dynamik des Netzwerks einen anderen Weg. Wird der Bifurkationspunkt überschritten, entsteht auf dem Grund des Attraktorbeckens an-

stelle des tiefsten Punktes eine Kuppe. Dadurch erhält der zentrale Punkt der Schale und dessen nähere Umgebung eine höhere potenzielle Energie. Eine Kugel rollt von ihm gleichermaßen ab wie von jedem Punkt des Schalenrandes und läuft ähnlich einer Roulettekugel in einem Graben rund um die zentrale Kuppe. Führt der innere und äußere Rand steil in die Tiefe, verbleibt ein schmaler Graben, in dem die Kugel in ihrer zirkulierenden Bewegung eingeschränkt wird (Abb. 7.3 b). Auf die Papierebene projiziert, zeichnet sie einen Ring. Ihre beiden zeitlich veränderlichen Koordinaten veranschaulichen die periodischen Schwingungen eines Grenzzyklus. Sie entsprechen periodischen, ungedämpften Schwingungen erregender und hemmender Zellmassen des Netzwerks.

Fällt der Rand innen wie außen nur geringfügig ab, formen flache Ufer zu beiden Seiten einen breiten Rundgraben. Von solchen Berandungen rollt eine Kugel entsprechend langsam ab und zieht in dem breiten und flachen Graben Schleifen, die nicht in sich überleiten. Jede Schleife ist einmalig und wiederholt sich nicht (Abb. 7.3 c). Wiederum zeichnen die beiden Koordinaten dieses Zirkulierens Schwankungen auf, die den Aktivitätsniveaus erregender und hemmender Zellmassen entsprechen. Die Schwankungen aber führen niemals in denselben Zustand zurück und wiederholen sich nicht. Herkömmliche statistische Verfahren unterscheiden sie nicht von zufallsbedingten Fluktuationen, obgleich dynamische Gesetze sie bestimmen. Man nennt sie daher *chaotisch*. Im allgemeinen Sprachgebrauch bezeichnet Chaos einen Zustand von Gesetzlosigkeit. Diese Art von Chaos aber wird gerade durch einen Mechanismus erzeugt, der strengen Gesetzen unterliegt. Es ist ein *deterministisches Chaos*.

Sowohl ein Grenzzyklus als auch ein chaotischer Attraktor entwickeln sich in einem Augenblick, da sich anstelle des tiefsten Punktes eines Attraktorbeckens eine kleine, zentrale Kuppe erhebt, die den Zustand des stationären Gleichgewichts destabilisiert. Von verschiedenen anfänglichen Zuständen strebt dann das Netzwerk nicht mehr dem Punktattraktor des stationären Gleichgewichts, sondern einem neuen Attraktor zu. Ihm entspricht der runde Graben, in dem die Kugel umläuft. Die Koppelungsstärken der unterschiedlichen Neuronen legen fest, wie steil die Ränder in den Graben abfallen. Dementsprechend folgen die Schwankungen erregender und hemmender Komponenten des Netzwerks einem Grenzzyklus oder einer chaotischen Dynamik.

## Modelle

Das Gehirn ist das komplexeste Organ, das die Natur hervorgebracht hat. Obwohl die Neurowissenschaften inzwischen viele Details klären konnten, birgt es weiterhin tiefe Rätsel. Seine Arbeitsweise als Ganzes ist uns nicht bekannt.

Ein komplexes Organ zu erklären heißt, seine zahlreichen Eigenschaften aus wenigen, einfachen Vorgängen herzuleiten, die unsere Umgangssprache direkt und genau benennen kann. Diese einfachen Teilvorgänge können sich gegenseitig nach ebenfalls einfachen Gesetzen beeinflussen. Tun sie dies jedoch in nichtlinearer Weise, so entsteht ein komplexes Gefüge. Komplexität ist mehr als eine beliebige Konstellation von Teilen und Wirkungen. Wird in einem linearen System der Einfluss eines Teiles ein klein wenig verändert, dann ändern sich die Eigenschaften des ganzen Systems kaum, auch wenn es sehr viele Teile enthält. Nichtlineare Systeme dagegen sind äußerst empfindlich. Verschiebt sich das Wirkungsgefüge einzelner Teile nur in geringem Maße, verhält sich das System unter Umständen ganz anders als zuvor. Winzige Veränderungen können große Wirkungen entfachen, manchmal unmittelbar, manchmal zu einem späteren Zeitpunkt. Selbst wenn nur wenige Teilvorgänge in einfacher, nichtlinearer Weise aufeinander wirken, ist es schwierig, vorauszusagen, was geschehen wird.

Zur Veranschaulichung haben sich mathematische Modelle bewährt. Beobachtungen an realen komplexen Systemen, wie etwa am olfaktorischen Bulbus, legen nahe, dass dort bestimmte Teilvorgänge wirken, die von Neuronen gesteuert werden. Solche Teilvorgänge eines komplexen Systems und die Art ihrer Wechselwirkung lassen sich in einem Satz von Differenzialgleichungen formulieren. Mit ihrer Hilfe kann berechnet werden, wie sich der augenblickliche Zustand des Modells innerhalb eines sehr kleinen Zeitintervalles ändert. Sollen die Veränderungen über lange Zeit ermittelt werden, muss das Rechenprogramm für viele kleine Zeitschritte wieder und wieder durchlaufen werden. Das wird heute einem Computer überlassen. Sinnvollerweise werden nur solche Teilprozesse in ein Modell mit einbezogen, von denen man annimmt, dass sie beträchtlichen Einfluss auf das Wirkungsgefüge haben. Kein Modell kann und soll die Wirklichkeit direkt abbilden. Es müsste sonst ebenso komplex und unverständlich wie die Wirklichkeit selbst sein. Modelle sind daher stets vereinfachende Darstellungen, darauf ausgerichtet, das Wesentliche einer Sache übersichtlich darzustellen. Ein Modell ahmt komplexe Systeme nach. Die Ergebnisse mathematischer Simulationen müssen dann mit Beobachtungen an realen Systemen verglichen werden. Stimmen beide nicht überein, wird das Modell verworfen oder entsprechend abgeändert.

### Ein Nest auf dem Riff

Wenn ein Kaninchen ein- und ausatmet, ändert sich qualitativ die Dynamik im Netzwerk seines olfaktorischen Bulbus. Während es einatmet, weicht das chaotisch schwankende EEG rhythmischen EEG-Wellen. Wenn es ausatmet, kehrt die chaotische Grundaktivität sofort zurück. Dies könnte die Bifurkation eines nichtlinearen, neuralen Netzwerkes widerspiegeln.

In ihrer viel beachteten Arbeit «How brains make chaos in order to make sense of the world» (1987) stellten Freeman und Skarda ein mathematisches Modell des olfaktorischen Systems vor. Es wurde nach dem Vorbild neuroanatomischer Netzwerkstrukturen von Bulbus und Cortex konstruiert und beschreibt mit verschiedenen Differenzialgleichungen, wie erregende und hemmende Zellpopulationen beider Netzwerke einander beeinflussen. Das Netzwerk folgt jeweils einer eigenen Dynamik, je nachdem ob sich die Neuronen schwach oder stark beeinflussen. Dabei kann es in einen Punktattraktor, einen Grenzzyklus oder in einen chaotischen Zustand übergehen.

An den Synapsen der Nervenzellen werden Transmitter freigesetzt, die als chemische Botenstoffe wirken und in der nachfolgenden Nervenzelle elektrische Impulse auslösen. Transmitter aber stehen nicht immer im selben Maß zur Verfügung, da die Nervenzelle unterschiedliche Mengen produziert. Auch können im Blut antagonistische Moleküle zirkulieren, die einen Teil der Transmitter und damit einen Teil der Synapsen blockieren. Von solchen Einflüssen hängt ab, mit wie vielen Neuronen ein einzelnes Neuron de facto verbunden ist. Die *Konnektivität* des Netzwerkes, das heißt der Vernetzungsgrad seiner Elemente, ist somit Schwankungen unterworfen. Letztlich aber bestimmt das Maß der Konnektivität, welcher Dynamik das Netzwerk folgen wird. In einem mathematischen Modell lässt sich die Konnektivität durch eine angenommene Gewichtung bzw. die Stärke der Koppelung zwischen den Zellen darstellen.

Ist diese Gewichtung nicht allzu niedrig angesetzt, ergeben sich chaotische Schwankungen zwischen erregenden und hemmenden Zellen. Die Aktivitäten beider Zellsysteme können zu einem «Summenpotenzial» addiert werden, in dem das Modell ein künstliches EEG erzeugt. Freeman und Skarda konnten zeigen, dass das modellierte EEG dem des Bulbus gleicht. Wie in einem früheren Abschnitt dargelegt, kann für diesen chaotischen Grundzustand eine abstrakte Fläche bestimmt werden, auf der die Werte einer potenziellen Energie für jeden der möglichen Zustandsmomente liegen. Sie vertieft sich zu einem Attraktorbecken mit zentraler Kuppe (Abb. 7.4 b und c). Die Beiträge erregender und hemmender Zellen zum künstlichen EEG bilden Komponenten der schleifenartigen Zirkulation, die ein Zustandspunkt im Beckengrund um die zentrale Kuppe beschreibt.

Während sich das künstliche Netzwerk in diesem chaotischen Grundzustand befindet, kann ihm ein räumliches Muster erregender Einflüsse aufgeprägt werden, das den Beitrag mucosaler Sinneszellen simuliert. Im künstlichen EEG, das am Modell gemessen wird, erscheint anstelle chaotischer Schwankungen eine Folge rhythmischer Wellen. Wird das Eingangsmuster nicht mehr zugeführt, fällt das System wieder in seine chaotische Grundaktivität zurück. Die zusätzliche Erregung schiebt das Modell über einen Bifurkationspunkt, und die chaotische Dynamik geht in einen Grenzzyklus über. Andere räumliche Eingangsmuster rufen ebenfalls rhythmische Wellen hervor und erzeugen einen

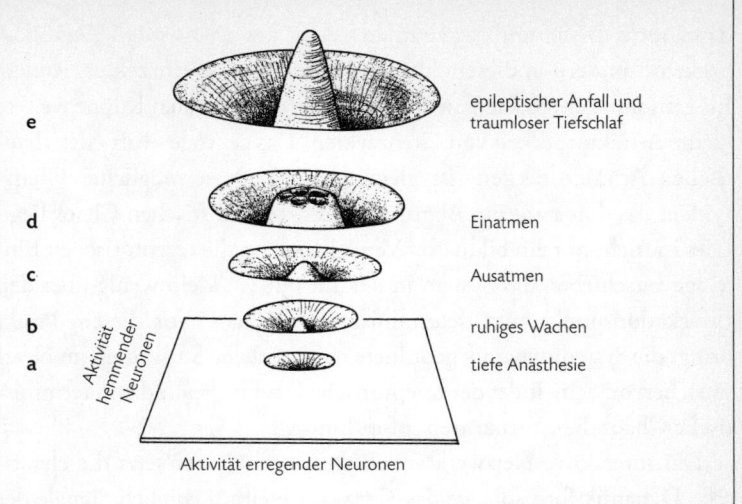

e — epileptischer Anfall und traumloser Tiefschlaf

d — Einatmen

c — Ausatmen

b — ruhiges Wachen

a — tiefe Anästhesie

Aktivität hemmender Neuronen

Aktivität erregender Neuronen

**Abb. 7.4** Mögliche dynamische Zustände eines neuralen Netzes, wie sie am olfaktorischen System eines Wirbeltieres beobachtet und durch Computersimulation eines entsprechenden künstlichen Netzwerkes dargestellt werden können. Jeder dieser dynamischen Zustände wird durch ein Attraktorbecken über der Zustandsebene beschrieben. Einzelheiten siehe Text (Freeman und Skarda, 1987).

eigenen Grenzzyklus. Diese Grenzzyklen unterscheiden sich darin, wie weit sie die künstliche EEG-Kurve ausschlagen lassen und wie häufig dies in einer Sekunde geschieht. Auch das mittlere Niveau der simulierten EEG-Welle schwankt leicht, bleibt aber innerhalb des Bereichs der chaotischen Grundaktivität.

Wiederum lässt sich anhand der Fläche für die potenzielle Energie der Systemzustände zeigen, in welcher Weise sich die Systemdynamik am Verzweigungspunkt zwischen Chaos und Grenzzyklus ändert (Abb. 7.4d). Aus dem Attraktorbecken der chaotischen Grundaktivität ragt die zentrale Kuppe wie ein Felsenriff. Ein Zustandspunkt kreist um dieses «Riff», als treibe ihn ein Wirbel umher. Wenn dem Modell ein räumliches Muster an Eingangssignalen eingegeben wird, das den Beitrag mucosaler Sinneszellen nachahmt, dellt sich die Oberfläche der zentralen Kuppe an einer Stelle derart ein, dass sich dort das Attraktorbecken eines kleinen Grenzzyklus auftut. Der Zustandspunkt des Systems zirkuliert dann nicht mehr um das zentrale «Riff» des chaotischen Attraktorbeckens, sondern in diesem kleinen Becken eines Grenzzyklus. Andere Eingangsmuster eröffnen an anderer Stelle der zentralen Kuppe weitere kleine Attraktorbecken von Grenzzyklen. Das zentrale «Riff» des chaotischen Attraktorbeckens ist gleichzeitig ein Nest möglicher Grenzzyklen, das dort nahe am Abgrund zum deterministischen Chaos liegt. Dies ist nicht nur ein bildhafter Vergleich, denn die rezeptorischen Eingänge verschieben das System in der Tat nur ein klein wenig über den Bifurkationspunkt zum deterministischen Chaos. Vor diesem Punkt bringt die Systemdynamik geordnete raumzeitliche Strukturen im Netzwerk hervor. Schwindet der rezeptorische Einfluss, spült das deterministische Chaos diese Strukturen sofort hinweg.

Das interaktive Netzwerk von Bulbus und Cortex setzt die chaotische Dynamik fort, solange das Tier wach bleibt. Lediglich Signale der Rezeptorzellen können diese Dynamik für kurze Dauer ausschalten. Das deterministische Chaos bildet so den Hintergrund, von dem sich die rhythmischen Aktivitäten des Netzwerks abheben. Es gleicht zwar dem unregelmäßigen Glimmen, Knacken und Rauschen vieler zufälliger Entladungen, dem so genannten *stochastischen Rauschen*, unterscheidet sich jedoch grundsätzlich davon. Das deterministische Chaos entspringt einem Mechanismus, der sich jederzeit an- und abstellen lässt, wenn die Konnektivität des Netzwerks geändert wird. Stochastisches Rauschen hingegen beruht auf vielen zufälligen und unabhängigen Ereignissen und kann nie von einem Zeitpunkt zum nächsten abgeschaltet werden. Allenfalls wird es langsam zurückgedrängt, sobald sich das ganze System abkühlt. Offensichtlich dient das deterministische Chaos als unregelmäßiger Hintergrund, von dem jederzeit gegliederte Muster der neuronalen Selbstorganisation ausgehen können. Es scheint, als habe die Evolution neurale Netze gerade so ausgeformt, dass deren Systemdynamik dicht an der Kante zum deterministischen Chaos verläuft. Die chaotische Grundtätigkeit hält neurale Netze und wahrscheinlich das gesamte Gehirn in Bereitschaft. Kleine, jedoch spezifische Einflüsse genügen, die Dynamik eines neuralen Netzes über diese Kante hinüberzuschieben in das Reich geordneter Strukturen.

Die chaotische Dynamik ist außerordentlich beständig und robust. Um sie abzustellen, sind drastische Eingriffe nötig: Die Unterkühlung wurde bereits erwähnt, durch die alle chemischen Reaktionen verlangsamt werden. So büßen auch die Transmitter ihre Wirkung an den Synapsen ein. Wird neurales Gewebe lokal unterkühlt, fällt die Konnektivität aller Neuronen ab. Dasselbe geschieht, wenn dem Gewebe ein Wirkstoff aufgeträufelt wird, der Transmitter blockiert. In größerer Menge injiziert, führen derartige Wirkstoffe das Gehirn in einen Zustand tiefer Anästhesie.

Sinkt die Konnektivität nach solchen Maßnahmen unter einen kritischen Wert, kommt das neurale Netzwerk an jenen Verzweigungspunkt zurück, von dem aus der Weg zum deterministischen Chaos oder aber ins stationäre Gleichgewicht erregender und hemmender Aktivitäten eingeschlagen wird. Die Dynamik des Netzwerkes steuert dann auf das stationäre Gleichgewicht zu. An unterkühlten oder anästhesierten Teilen des olfaktorischen Bulbus und des Cortex bleibt stets eine schwache, konstante Grundaktivität der Neuronen zurück. Gleiches kann auch an anderen Gewebeteilen des Gehirns beobachtet werden. Ein elektrischer Reiz von außen steigert kurzfristig die Impulsaktivität der Zellen, die dann aber wieder auf eine geringe Restaktivität zurücksinkt. Das EEG, von einer Stelle unterkühlten oder anästhesierten Gewebes abgeleitet, zeichnet eine gerade Linie. Erwärmt sich das Gewebe oder wäscht der Blutkreislauf das Anästhetikum aus, schwingt sich die chaotische Grundaktivität erneut ein.

Einbrüche der Konnektivität lassen sich im Modell des olfaktorischen Netzwerkes nachbilden, indem man bestimmte Koppelungskonstanten auf niedere Werte setzt. Fällt die Konnektivität unterhalb eines gewissen Bifurkationspunktes, verliert das Attraktorbecken des chaotischen Systems seine zentrale Kuppe. Alle Zustände des Systems streben dann in Richtung eines Punktattraktors im Zentrum der Attraktorschüssel. Er begrenzt die Systemdynamik nach unten, wenn die Konnektivität des Netzwerkes sinkt (Abb. 7.4a).

Wird dagegen die Konnektivität zwischen den interaktiven Netzen von Bulbus und Cortex erhöht, beeinflussen sich insgesamt mehr Neuronen mit stärkerer Wirkung. Infolgedessen gleichen sich die Aktivitäten der Zellpopulationen einander immer mehr an und synchronisieren sich zunehmend. Rasche Schwankungen gehen in langsameren auf. Das Summenpotenzial schwankt mit hohen und längeren Wellen. Ein derartiges EEG kennzeichnet bei Mensch und Tier tiefe Stadien des Nicht-REM-Schlafes. Andererseits gehen hohe, synchrone EEG-Potenziale über weite Teile der Hirnrinde auch mit epileptischen Anfällen einher.

Bestimmte Wirkstoffe können jedes neurale Gewebe in einen solchen Zustand synchroner, neuraler Erregung versetzen. Wird ein Tropfen eines krampfinduzierenden Mittels auf den olfaktorischen Bulbus geträufelt, entwickelt sich dort ein epileptischer Herd, dessen lokales EEG hoch gespannte Potenzialwellen zeigt. Entgegen dem ersten Anschein sind dies keine Periodizitäten, sondern wiederum chaotische Schwankungen des Summenpotenzials. Erregungsmuster rezeptorischer Zellen der Nasenschleimhaut dringen in einem solchen Zustand nicht mehr durch. Das hoch gespannte EEG lässt sich nicht zugunsten rhythmischer, geruchsspezifischer Potenzialwellen abstellen.

Das mathematische Modell von Freeman und Skarda erzeugt ebenfalls hohe Schwankungen des künstlichen EEG, wenn die angenommene Koppelung entsprechend stark gewichtet wird. Die Dynamik des Netzwerkes erweitert sich dann zu einem Attraktorbecken mit hohem Zentralkegel. Die gesamte Gestalt erinnert an einen Mexikanerhut (Abb. 7.4e). Krempe und Spitze sind instabile Orte, an denen eine Kugel abrollen und zwischen beiden Rändern auf weiten Schleifen zirkulieren würde. Ähnliche, nicht geschlossene Bahnen zieht der Zustandspunkt des Netzwerkes (Abb. 7.3c). Es entwickelt sich eine neue Form des deterministischen Chaos.

Im Gegensatz zu einem Chaos mit niederen, raschen Schwankungen entfaltet sich die neue Systemdynamik nicht an der kritischen Kante, an der es nur kleiner, spezifischer Reize bedarf, um sie in geordnete Strukturen zu überführen. Werden dem Modell jetzt rezeptorische Erregungsmuster eingegeben, bleiben diese ohne Wirkung. In die Spitze des «Mexikanerhutes» nisten sich keine Grenzzyklen ein. Eine chaotische

Dynamik mit langsamen, hoch gespannten EEG-Wellen macht das Netzwerk «immun» gegenüber den Signalen der Sinneszellen. Die Phase der chaotischen Dynamik, in der rasche und flache EEG-Schwankungen auftreten und das Gehirn für rezeptorische Signale aufnahmefähig ist, kennzeichnet den Wachzustand. Die chaotische Dynamik mit hohen und langsamen EEG-Wellen, durch die das Gehirn weit von der Kante entfernt ist, an der rezeptorische Signale wirksam werden, bezeichnet die Phase des traumlosen Tiefschlafs.

## Dauerhafte Spuren

Wenn spezifische, aber ungleichförmig in der Nasenschleimhaut angeordnete Sinneszellen ausschließlich von Molekülen eines ganz bestimmten Stoffs angeregt werden, charakterisiert ihr räumliches Erregungsmuster diesen einen Geruchsstoff. Aktionsimpulse der Sinneszellen werden zum olfaktorischen Bulbus geleitet und treiben dort eine Teilmenge unterschiedlicher Neuronen an. Diese Neuronen verteilen sich daher nach einem räumlichen Muster, das dem der elektrisch aktiven Bereiche der Nasenschleimhaut Punkt für Punkt entspricht. Selbsttätig schaukeln sie ihre Aktivitäten dank wechselseitiger synaptischer Kontakte zu einem Grenzzyklus auf. Wo sich ein solches räumlich und zeitlich geordnetes Muster bildet, verdrängt es die bestehende chaotische Grundaktivität des Netzwerks.

Nun ist seit langem bekannt, dass Axone, die oft Aktionspotenziale leiten, an ihren Verzweigungen im Laufe der Zeit immer mehr Synapsen ausbilden. Demzufolge schließen häufig aktivierte Axone zahlreichere synaptische Verbindungen als Axone, durch die nur vereinzelt Aktionsimpulse laufen. Ein anderer molekularer Mechanismus erhöht die Wirksamkeit synaptischer Kontakte auf Tage, Wochen und Monate, sofern zwei oder mehr Aktionsimpulse an einem Neuron wiederholt und gleichzeitig eintreffen. Synaptische Regionen gleichzeitig aktiver Neuronen erhöhen aufgrund dieser Langzeitpotenzierung ihre Wirksamkeit. Ein Neuron, an dessen Membran solche potenzierten Synapsen liegen, erzeugt vermehrt und rascher Aktionsimpulse, als es dies zuvor getan hatte. Dabei müssen die Aktionsimpulse nur einige wenige Male gleichzeitig an einem Neuron eintreffen, um die Langzeitpotenzierung herbeizuführen. In einer Gruppe wechselwirkender Neuronen fördert dieser Mechanismus synaptische Verbindungen zwischen Zellen, die sich nach der so genannten Hebb'schen Regel verhalten: «Cells that fire together, wire together.»

Eingebunden in die Periodizität eines Grenzzyklus, sind die Neuronen ein ausgezeichnetes Beispiel für diesen Satz. Je öfter ein bestimmter Duftstoff einen Grenzzyklus im Netzwerk des Bulbus hervorruft, desto wirkungsvoller gestalten sich die synaptischen Verbindungen der beteiligten Neuronen. Waren die Verbindungen aller Netzwerkzellen ursprünglich gleichwertig, erhalten einige jetzt mehr Gewicht, da sie Neuronen verknüpfen, die im Rhythmus eines Grenzzyklus gemeinsam «feuern». Innerhalb des großen Netzwerkes mit gleichförmiger Konnektivität formen Zellen mit hoher synaptischer Effizienz einen eigenen kleinen Verband. Auf diese Weise schlägt ein Grenzzyklus Wurzeln im Netzwerk des Bulbus, die umso stärker und zahlreicher werden, je häufiger das Tier dem entsprechenden Stoff in seiner Umwelt ausgesetzt ist. Der duftspezifische Grenzzyklus festigt schließlich ein beständiges *Engramm*, wie man einen Neuronenverband mit hoher synaptischer Wirksamkeit nennt.

Duftstoffe hinterlassen auf diese Weise Spuren im Netzwerk des olfaktorischen Bulbus. Dabei handelt es sich um unterschiedlich ausgedehnte Zellverbände, die sich gegenseitig durchdringen und überlappen können, sodass einzelne Neuronen an verschiedenen Zellverbänden teilhaben. Jeden Verband kennzeichnet ein eigener Rhythmus der konzertierten Massenaktivität seiner Neuronen. Das Netzwerk bildet also mit diesen Neuronenverbänden und ihren rhythmischen Massenentladungen bestimmte Eigenschaften der Umwelt ab.

Sofern erregende und hemmende Aktivitäten gleichförmig über das Netzwerk verteilt sind, lässt sich die Systemdynamik, wie beschrieben, anhand eines Zustandspunktes kennzeichnen. Die eine Koordinate dieses Zustandspunktes bezeichnet in der Phasenebene die augenblickliche Gesamtaktivität erregender Neuronen, die andere Koordinate die Gesamtaktivität hemmender Neuronen. Haben sich beide Aktivitäten in einen Grenzzyklus eingeschwungen, läuft der Zustandspunkt innerhalb der so genannten Phasenebene entlang einer in sich geschlossenen Bahn. Im inneren und äußeren Bereich dieses Orbits liegen instabile Zustände. Ausgehend von solchen Randpunkten, nähert sich der Zustandspunkt auf Spiralbahnen dem Orbit des Grenzzyklus, von dem er angezogen wird. Der Orbit ist ein Attraktor.

In einen Neuronenverband, dessen synaptische Verbindungen potenziert wurden, fließt Aktivität aus dem gesamten Netzwerk ein, sobald dessen Grenzzyklus von Sinneszellen der Mucosa «angetippt» wird. Der Verband dieser Neurone saugt ebenfalls Aktivität aus dem übrigen Netzwerk an und wird damit zu einem Attraktor. Während dies geschieht, ändert sich die räumliche Verteilung erregender und hemmender Aktivitäten. Waren beide gleichförmig über das Netzwerk verteilt, gleicht sich ihr räumliches Verteilungsmuster nun dem des synaptisch potenzierten Neuronenverbandes an. Wir können daher den Begriff des Attraktorbeckens erweitern: Das Attraktorbecken eines Grenzzyklus schließt die Menge aller Erregungsmuster mit ein, die in das Verteilungsmuster eines synaptisch potenzierten Neuronenverbandes übergehen. Dies hat bemerkenswerte Konsequenzen, wenn im olfaktorischen Netzwerk zwei und mehr duftspezifische Grenzzyklen gleichzeitig angeregt werden.

### Die Welt der Düfte

Wenn die Atemluft des Kaninchens zwei Duftstoffe enthält, hinterlassen beide im neuralen Netzwerk des Bulbus Spuren in Form zweier unterschiedlicher Zellverbände mit hoher synaptischer Potenz. Beide Zellverbände sind Attraktoren mit entsprechenden Einzugsbecken. Ein beliebiges Erregungsmuster des Bulbus, sei es von Rezeptoren der Nasenschleimhaut angeregt oder spontan durch die Eigenaktivität des Netzwerkes entstanden, gleicht beispielsweise dem einen Neuronenverband mehr als einem anderen. Es gerät damit in sein Attraktorbecken und wird sich der räumlichen Verteilung des «verwandteren» Neuronenverbandes angleichen. Ein anderes Muster ähnelt mehr dem zweiten

Neuronenverband, weshalb es von dessen Attraktorbecken angezogen wird und sich unter dem Einfluss seines Grenzzyklus entwickelt.

Das Muster rezeptorischer Eingangssignale, das ein einzelner Duftstoff auslöst, ist nicht genau festgelegt, sondern unterliegt gewissen Variationen. Je nachdem, ob die Moleküle eines Duftstoffes häufig oder selten in der Atemluft vorkommen, binden sie in unterschiedlicher Zahl und räumlicher Verteilung die Sinneszellen der Nasenschleimhaut. Deshalb erhält der olfaktorische Bulbus nicht immer das gleiche, sondern stets unterschiedliche Eingangssignale, auch wenn sie ein und demselben Duftstoff entsprechen. Soll sich die Welt der Gerüche, die das Tier erfährt, in den Engrammen seines olfaktorischen Bulbus abbilden, dürfen dort nicht die einzelnen Varianten eines sensorischen Eingangsmusters bewertet werden, sondern deren gemeinsame Herkunft. Die Varianten eines Eingangsmusters müssen in einer Kategorie zusammengefasst werden, zuständig dafür sind die Attraktoren.

Rezeptorische Eingangsmuster eines Duftstoffes binden sich im olfaktorischen Netzwerk an einen bestimmten Neuronenverband, in dessen Attraktorbecken sich alle Varianten dieses Eingangsmusters befinden und in das auch alle zukünftigen rezeptorischen Muster desselben Duftstoffes gelangen werden. Eine Anzahl verschiedener Eingangssignale wird damit genau einem Erregungsmuster des olfaktorischen Systems zugeordnet.

Eingangsmuster anderer Duftstoffe sammeln sich in anderen Attraktorbecken. Die Vielzahl möglicher Eingangsmuster, welche die Zellen der Nasenschleimhaut an den olfaktorischen Bulbus senden, dürfen wir uns als Kontinuum vorstellen. Das olfaktorische Netzwerk erkennt unter ihnen ähnliche Reizmuster und bündelt sie in bestimmte Attraktorbecken. Es unterteilt das Kontinuum olfaktorischer Reize in diskrete Kategorien für Düfte.

Gerüche sind sehr archaische Formen der Wahrnehmung. Ihre fundamentale Bedeutung ist einfach zu erklären: Jedes Lebewesen ist ein sich selbst organisierendes System chemischer Zyklen und bedarf als solches geeigneter, energiehaltiger Nahrungsstoffe. Welche Stoffe der Umwelt als Nahrung dienen können, muss sich erweisen, bevor sie in den Organismus aufgenommen werden. Anderenfalls zerstören ungeeignete

Moleküle das Gefüge der chemischen Zyklen und vergiften den Körper. Früh hat die Evolution daher ihren Organismen Schiedsstellen geschaffen, die anzeigen, was sich als Nahrung empfiehlt und was möglicherweise ein Gift ist. Für viele einzellige Organismen und Pflanzen bietet die unmittelbare Umwelt ausreichende Mengen an Nahrungsstoffen. Für die meisten Tiere aber sind Nahrungsquellen räumlich begrenzt, erschöpfbar und über einen weiten Lebensraum verteilt. Im Nahrungskampf hat Vorteile, wer die Moleküle, die von den Nahrungsquellen meist an Wasser oder Luft abgegeben werden, «riechen» kann, dem steigenden Gradienten ihrer Konzentration folgt und so die Nahrungsquelle entdeckt. Es verwundert daher nicht, dass bei allen Wirbeltieren die ableitenden Axone des olfaktorischen Systems unmittelbar zu den neuralen Strukturen des *limbischen Systems* führen, die eine Verknüpfung zu räumlichen Strukturen ermöglichen. Die Meldungen des olfaktorischen Systems werden hier auf eine «innere Landkarte» übertragen, die Orte und Zeitpunkte verzeichnet, an denen wiederholt bestimmte Duftmarken zu riechen waren.

Für die meisten Tiere spielt das Geruchsorgan die beherrschende Rolle unter den Sinnen. Dementsprechend zählt das olfaktorische Netzwerk auch zu den ältesten Teilen der Hirnrinde aller Wirbeltiere. Seine neuroanatomische Struktur ist vergleichsweise einfach, sodass es sich als Modell eines sehr ursprünglichen «Weltbildapparates» empfiehlt.

Es handelt sich um einen neuronalen Apparat, der Eigenschaften der Umwelt in Form bestimmter Zustandsmuster abbilden kann. Er formt diese selbsttätig nach Prinzipien, die wir bei der Selbstorganisation dissipativer chemischer Strukturen kennen gelernt haben. Wir können an ihm sehen, dass Neuronen eines Netzwerkes teils als Aktivatoren, teils als Inhibitoren in nichtlinearer Weise aufeinander wirken. Dissipative chemische Prozesse der Selbstorganisation übertragen sich auf den Raum, wenn ihre Reaktionspartner durch ein flüssiges Trägermedium diffundieren. Dies erfolgt vergleichsweise langsam. In einem Netzwerk aus Neuronen breiten sich jedoch Prozesse der Selbstorganisation aufgrund der hohen Leitgeschwindigkeiten axonaler Verbindungen viel rascher aus. Daher bilden sich innerhalb eines neuralen Netzes entsprechende Aktivitätsmuster ungleich schneller als dissipative Strukturen in einer

Petrischale. Ähnlich den dissipativen chemischen Strukturen entfalten sie eine Systemdynamik, die zwischen stochastischen oder chaotischen Grundaktivitäten und periodisch geordneten Zuständen wechselt. Sensorische Eingangssignale können eine solche Systemdynamik über die Trennlinie zwischen Chaos und Ordnung schieben. Dabei lösen sich Grenzzyklen aus ihrer unregelmäßigen neuralen Aktivität. Durch sie sind Gruppen einzelner Neuronen in der Lage, synchron vorzugehen, wobei sie die Wirksamkeit synaptischer Kontakte erhöhen. Schließlich formen sich Attraktoren, in deren Becken verschiedene, doch sich ähnelnde rezeptorische Erregungsmuster gebündelt und einem bestimmten Zustand des Netzwerkes zugeordnet sind. So lässt sich eine Fülle sensorischer Reize in einige wenige Kategorien fassen.

Diese bedeutsamen Eigenschaften können auf andere, weit komplexere Netzwerke des Gehirns übertragen werden und bilden wahrscheinlich auch die neuronale Grundlage kognitiver Leistungen des Menschen.

# Kapitel 8
## Künstliche neuronale Netze

Das Geruchsorgan diente uns als vergleichsweise einfaches Studienobjekt, um zu zeigen, in welcher Weise die Architektur neuraler Schichten ein grundsätzliches Funktionsprinzip verwirklicht: Schichtartige neurale Netze bilden Attraktoren und kategorisieren damit eine Vielfalt von Umweltreizen. Es liegt nahe, in diesem Prinzip die neuronale Grundlage der kognitiven Leistungen von Mensch und Tier zu sehen.

Das Geruchsorgan wurde außerdem als Modell gewählt, weil es ein stammesgeschichtlich alter und daher einfach strukturierter Teil der Hirnrinde ist. Er ist dem jüngeren und komplexeren Großhirn (Neocortex) als selbständige Einheit vorgelagert. Aktionsimpulse seines Bulbus erreichen die Großhirnrinde unmittelbar über Faserbündel des lateralen olfaktorischen Trakts, während andere Sinnesorgane ihre Aktionsimpulse erst in die zentralen Vermittlungsstellen des Zwischenhirns senden, um von dort an die Großhirnrinde fortgeleitet zu werden. Ähnlich dem olfaktorischen Bulbus enthält auch die gesamte Hirnrinde mehrere Schichten von Nervenzellen. Beide besitzen nur wenige verschiedene Neuronenarten, wobei Zellkörper und Dendriten etwas unterschiedlich geformt sind. Auch die Axone der Hirnrinde schließen mit erregenden oder hemmenden Synapsen ab, und ihre Neuronen haben dieselbe Funktion: Sie erzeugen gleichartige, elektrische Impulse von einer Millisekunde Dauer und einer Stärke von etwa 80 Millivolt, die sie in ihren Axonen an andere Neuronen weiterleiten. Wenn Impulse verschiedener Neuronen an einem Zielneuron zur selben Zeit eintreffen, erhöhen sie die zukünftige Wirksamkeit der Verbindungen zu dieser Zelle.

Welche Bedeutung hat die Fähigkeit, Attraktoren zu bilden, für die Gestaltung kognitiver Prozesse? Was wir darüber wissen, verdanken wir elektronischen Modellen, die geschichtete neurale Netzwerke nachbilden. Die Neuronen werden darin als gleichartige Funktionselemente dargestellt, die auf andere Elemente erregend oder hemmend einwirken. **135**

Verbindungen zwischen Elementen, die wiederholt und gleichzeitig betätigt werden, erhalten eine höhere Gewichtung als andere.

Nervennetze des Gehirns werden in diesem Buch stets als *neurale Netzwerke* bezeichnet, ihre modellartigen Nachbildungen heißen *neuronale Netze*. Dies sind entweder elektronisch erstellte Nachbildungen von Neuronenverbänden oder Computerprogramme, welche das Verhalten vernetzter künstlicher Neuronen berechnen.

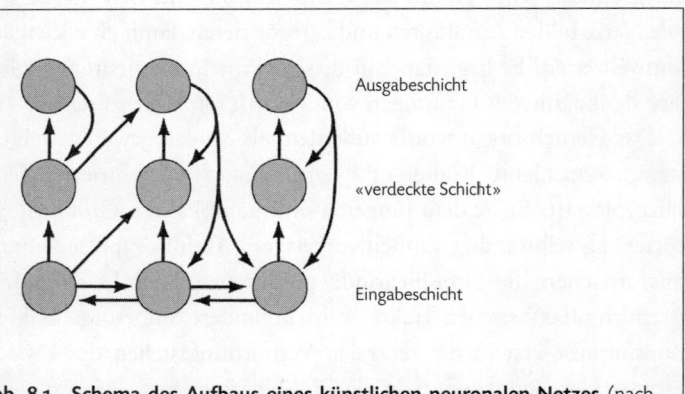

**Abb. 8.1   Schema des Aufbaus eines künstlichen neuronalen Netzes** (nach Vorlage des Autors).

In ihrer einfachsten Form besitzen neuronale Netze eine Eingabeschicht, eine verdeckte Zwischen- und eine Ausgabeschicht (Abb. 8.1). Wenn wir das olfaktorische System zum Vergleich heranziehen, entspricht der Eingangsschicht die mit zahlreichen Sinneszellen besetzte Schleimhaut der Nase, die verdeckte Schicht stellt den olfaktorischen Bulbus und die Ausgangsschicht den olfaktorischen Cortex dar. Anstelle einer einzigen verdeckten Schicht können beliebig viele solcher Schichten eingesetzt werden. So enthält auch der olfaktorische Bulbus mit je einer Schicht für die periglomerulären Neuronen, die Mitral- und die Granulazellen nicht nur eine einzige Neuronenschicht, sondern drei.

## Neuronale Netze bilden Attraktoren

Die Elemente der Eingabeschicht werden in Form verschiedener räumlicher und zeitlicher Muster betätigt, die dem Netzwerk wiederholt und nacheinander angeboten werden, um es zu trainieren. Dem Netzwerk werden dabei verschiedene Bilder vorgelegt, die es mit seinem Sinnesorgan, der Eingabeschicht, aufnimmt. Von jedem aktiven Eingangselement gehen Wirkungen auf die Elemente der verdeckten Schicht aus. Die Einflüsse verschiedener Eingangselemente überlagern sich an jedem Element einer Zwischenschicht. Dabei wird die Hebb'sche Regel angewandt, der zufolge die Verbindungen zu den Elementen der Zwischenschicht umso wirkungsvoller werden, je öfter Einflüsse aus der Eingangsschicht gleichzeitig an Elementen der Zwischenschicht eintreffen. Wenn dem neuronalen Netzwerk eine Reihe ähnlicher Trainingsmuster angeboten wird, heben sich unter den ursprünglich gleichförmig vernetzten Elementen der Zwischenschicht einige hervor, deren Verbindungen nun höher gewichtet sind als die der übrigen Elemente. Beliebige Aktivitäten des Netzes neigen dazu, sich in solchen stärker gewichteten Neuronenverbänden zu sammeln. Der Trainingsprozess formt demnach innerhalb des neuronalen Netzwerkes einen Attraktor.

Dieser Attraktor kann leicht durch weitere Eingaben, die den zuerst angebotenen Trainingsmustern ähneln, angeregt werden. Das geschieht in der Folge selbst dann, wenn eines der Eingangsmuster in unvollständiger Form angeboten wird. Der Attraktor «springt» auch auf ein solches Muster an und hinterlässt auf der Ausgangsschicht ein ganz bestimmtes Aktivitätsmuster. Unterschiedliche, doch sich ähnelnde Eingangsmuster führen dann immer zu diesem einen Ausgangsmuster. Die Menge der Eingangsmuster, die den Attraktor des neuronalen Netzes ansprechen, liegt also in dessen Anziehungsbereich. Wird dem neuronalen Netz eine zweite Serie von Eingangsmustern angeboten, die sich ebenfalls untereinander ähneln, aber sehr verschieden sind von den Eingangsmustern der ersten Serie, bildet es einen weiteren Attraktor. Die Gesamtheit aller Zustandsmuster des Netzes können wir im übertragenen Sinn einen Raum nennen, in dem jedes Zustandsmuster durch einen Punkt vertreten ist. Zwei solcher Zustandspunkte liegen umso näher im Zustandsraum beisammen, je ähnlicher sich die Erregungsmuster des Netzwerkes sind, denen sie entsprechen. Der abstrakte Zustandsraum kann somit vermessen werden. Die Einzugsbecken zweier sehr verschiedener Attraktoren sind im Zustandsraum weit voneinander entfernt, sodass sich ihre Ränder nicht berühren. Das bedeutet, dass die Trainingsmuster unserer zweiten Serie den ersten Attraktor ebenso wenig ansprechen wie die Trainingsmuster der ersten Serie den zweiten.

### Erkennen und Nichterkennen

Was ein einfaches neuronales Netzwerk hier vollbringt, entspricht der Art, wie wir die Dinge unserer Umwelt wahrnehmen. Wir erkennen beispielsweise eine Person, die wir mehrmals gesehen haben, in einer Vielzahl sehr unterschiedlicher Portraitbilder wieder. Dabei spielt es keine Rolle, ob die Person von vorne oder in seitlicher Ansicht gezeigt wird, ob sie in einer Fotografie verkleinert oder überlebensgroß auf einem Plakat erscheint. Auch genügen manchmal wenige Striche eines Karikaturisten, um sie zu kennzeichnen. Wir urteilen über diese verschiedenen optischen Muster nicht, als handle es sich um bildliche Wiedergaben unterschiedlicher Individuen. So verschieden die optischen Abbilder in Ausführung und Größe auch sein mögen, sie ähneln sich doch alle und stellen ein bestimmtes Gesicht dar. Unser Auge erhält zwar sehr unterschiedliche optische Eingangsmuster, doch lösen diese in unserem Gehirn etwas aus, das uns schließen lässt, es handle sich bei allen Portraits um ein und dieselbe Person.

Diese uns so selbstverständlich erscheinende Leistung ist an bestimmte Felder des rechten unteren Scheitel- und Schläfenlappens unserer Hirnrinde gebunden. Lokale Schäden der Rindenfelder können diese Fähigkeit zerstören. Die Betroffenen erkennen das Gesicht ihnen bekannter Personen nicht wieder, obwohl ihr Sehvermögen nicht beeinträchtigt ist und sie Einzelheiten der Physiognomie, zum Beispiel die besondere Form von Nase und Augenpartie, einen lächelnden Mund oder einen schütteren Haaransatz, wirklichkeitsgetreu benennen können. All diese korrekt beobachteten Einzelheiten münden jedoch nicht im Wiedererkennen der Person. Die Patienten leiden an einer besonderen Störung des Erkennens, der *Prosopagnosie*.

Was für das Erkennen eines Gesichtes zutrifft, gilt für alle Formen der Wahrnehmung. Wir haben beispielsweise schon unzählige Bäume und Sträucher gesehen. Kein Baum und kein Strauch aber glich je dem anderen in Einzelheiten. Dementsprechend merken wir uns niemals die genauen Einzelheiten und können uns daher auch nicht vergegenwärtigen, wie ein konkreter Baum oder Strauch im Detail ausgesehen hat. Wohl aber konnten wir schon im Laufe der frühen Kindheit eine Kategorie «Baum» und eine Kategorie «Strauch» bilden. Jedermann trägt in sich ein inneres Bild, eine Idee, von dem, was er als Baum oder Strauch ansieht.

Unter normalen Umständen vermengen sich diese inneren Bilder nicht. Hirngeschädigte Patienten mit einer allgemeinen *Agnosie* aber können die Gegenstände ihrer Anschauung nicht mehr kategorisieren. Sie wissen buchstäblich nicht mehr, was ein Baum, ein Strauch, ein Stuhl, ein Tisch oder sonst ein bekannter Gegenstand ist.

## Zwischen den Attraktorbecken

Unser Gehirn kann nicht nur konkrete Gegenstände in Kategorien zu fassen, sondern auch Eigenschaften solcher Gegenstände. Es fällt uns beispielsweise nicht schwer, Portraitaufnahmen unterschiedlicher Personen nach Alter und Geschlecht zu ordnen. Auch wenn keine Fotografie der andern gleicht und unsere Augen ganz unterschiedliche optische Muster zu sehen bekommen, können die Bilder nach Alt und Jung sortiert werden. Noch ist unbekannt, wie sich unser Gehirn diese Kategorien schafft. Die formale Ähnlichkeit mit der Leistung eines Netzwerks, das Attraktoren bildet, sollte jedoch nicht übersehen werden.

Wir können uns die Funktionszustände, die jedes optische Muster im Gehirn hervorruft, anhand von Zustandspunkten veranschaulichen. Zustände, die zwar verschieden sind, aber alle in einer einzigen Eigenschaft übereinstimmen, häufen sich in einer Region des abstrakten Zustandsraumes, den wir uns als eine Ebene vorstellen. Es könnten bei-

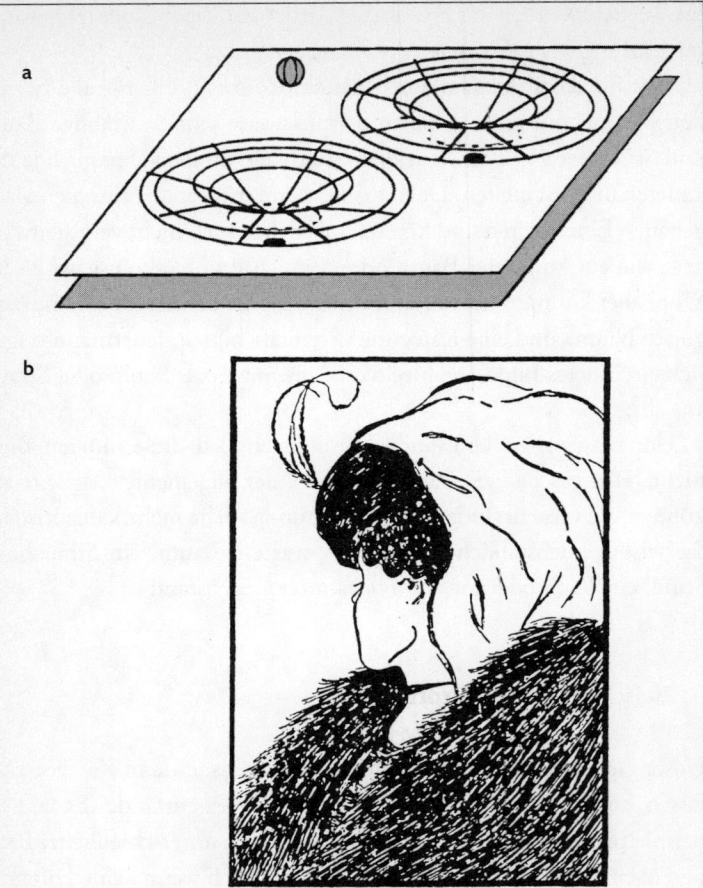

**Abb. 8.2**  a) Zustandsebene mit zwei benachbarten Attraktorbecken. Aus einem Zustand in der Nähe beider Beckenränder kann sich die Dynamik eines neuronalen Netzes auf den einen oder anderen Attraktor zubewegen und in dessen Zentrum eine stabile Endlage finden. Eine solche Zustandsänderung des Netzwerkes steht für eine Entscheidung oder einen gedanklichen Schluss.

b) Der erste visuelle Eindruck, den das gezeigte Trickbild auf den Betrachter macht, veranschaulicht den Anfangszustand eines entsprechenden Netzwerkes von Neuronen im Gehirn. Von diesem Anfangszustand entwickelt sich eine Dynamik des Netzwerkes, die zu einem von zwei möglichen gedanklichen Schlüssen führt: Das Bild zeigt eine junge Frau oder eine alte Frau (Bartlett, 1951).

spielsweise Funktionszustände sein, die von Portraitaufnahmen junger Frauen ausgelöst werden und nun in einen Bereich des Zustandsraumes fallen, in dem sich bereits frühere Portraitbilder niedergeschlagen haben.

Um uns die Dynamik des Netzwerkes zu veranschaulichen, denken wir uns in dieser Region des Zustandsraumes das Einzugsbecken eines Attraktors (Abb. 8.2a). Alle Funktionszustände, die dort hineinfallen, gleiten zur Mitte des Beckens auf einen stabilen Endzustand. Dieser steht für die Schlussfolgerung, dass das Portrait eine junge Frau zeigt. Nur dieser Schluss haftet länger im Gedächtnis, während Einzelheiten der Bilder gar nicht dorthin dringen oder rasch verblassen.

Nehmen wir an, abseits der einen Punktmenge liegt noch eine andere (Abb. 8.2a). Sie könnte Funktionszuständen entsprechen, die Portraits alter Frauen im Gehirn des Betrachters auslösen. Auch diese Zustände fallen in ein Attraktorbecken, das sich durch wiederholte visuelle Eindrücke in einem neuralen Netzwerk unseres Gehirns gebildet hat. Der Endzustand steht für den Schluss: Das Portrait zeigt eine alte Frau.

In der Grenzzone zwischen beiden Attraktorbecken können wir Zustände vermuten, die sowohl der Kategorie «junge Frau» als auch der Kategorie «alte Frau» nahe kommen. Ein visuelles Muster, das einem solchen mittleren Zustand entspricht, könnte beispielsweise ein Trickbild nach Frederic Bartlett auslösen. Es findet sich in vielen Lehrbüchern der Psychologie (Abb. 8.2b). Man erkennt darin entweder das Gesicht einer jungen Frau mit Federhut und Pelzstola oder das hagere Gesicht einer alten Frau mit Kopftuch und Pelzkragen. Das Trickbild steht zwischen beiden Kategorien. Der entsprechende Zustandspunkt ist instabil, da er sowohl in das eine als auch in das andere Attraktorbecken gleiten kann. Wer das Bild zum ersten Mal sieht, erkennt darin entweder die junge oder die alte Frau und beharrt auf seiner Aussage, bis ihm die zunächst verborgen gebliebene Alternative gezeigt wird. Jetzt erst lernt der Betrachter, beide Portraits zu sehen, und kann entscheiden, welche er dem Muster schwarzer und weißer Striche entnehmen will.

## Rückläufige Netze

In einfachen neuronalen Netzen wirken die Einflüsse eines Eingangs-musters nur in einer Richtung von der Eingangsschicht auf die ver-deckten Schichten und die Ausgangsschichten. Derlei Netze erlauben nur eine *Vorwärts-Propagation* der Aktivitäten. Man kann ein solches Netzwerk jedoch so umgestalten, dass die Aktivitäten der Ausgangsele-mente auf die Elemente der verborgenen Schicht zurückgeleitet werden. Dann stößt eine rückwärts laufende Erregungswelle an den Funktions-elementen der verborgenen Schichten auf eine vorwärts gerichtete. Folglich tragen beide Aktivitäten dazu bei, einen Attraktor des Netz-werkes zu formen.

Rückläufige (rekurrente) Netze können dazu gebracht werden, eine Anzahl ähnlicher Eingangsmuster nur mit einem bestimmten, er-wünschten Ausgangsmuster zu verbinden. Nach der Eingabe einer Serie ähnlicher Eingangsmuster wird das Ausgangsmuster nur dann für die Rückwärts-Propagation freigegeben, wenn es einem bestimmten, vom Trainer erwünschten Aktivitätsmuster ähnelt. Wenn die von der Ausga-beschicht rückwärts gesandte Aktivität in der Zwischenschicht mit vor-wärts laufenden Erregungen zusammentrifft, bildet sich ein Attraktor, der dafür sorgt, dass jedes der ähnlichen Eingangsmuster nur das er-wünschte Ausgangsmuster hervorbringt. Das neuronale Netz eignet sich somit die Fähigkeit an, eine Anzahl ähnlicher, aber doch unterschied-licher Eingangsmuster in einer vorbestimmten Weise zu «lesen».

Neuronale Netze, deren Bau- und Funktionsweise neuralen Netz-werken nachempfunden ist, werden heute in Technik und Wirtschaft vielfach eingesetzt. Man findet sie, wo immer es darum geht, optische, akustische oder andere komplexe Muster zu erkennen. So sind neuro-nale Netze heute in der Lage, Buchstaben und Wörter zu «erkennen», seien diese handgeschrieben, gedruckt oder in verschiedener Schriftart vorgegeben. Dabei ordnen sie den Buchstaben und Silben Phoneme zu, die ein elektronischer Stimmsimulator erzeugt. Ein entsprechend pro-grammiertes und trainiertes Netz kann so beliebige Drucktexte und Schriftstücke vorlesen und von blinden Personen als Arbeitshilfe ge-nutzt werden.

Ähnlich wie ein künstliches neuronales Netzwerk erlernt auch der Mensch das Lesen. Wenn ein Lehrer die Buchstabenfolge A P F E L an die Tafel schreibt, nehmen die Schüler das optische Muster des Geschriebenen auf. Der Sehnerv leitet vom Auge ein räumliches und zeitliches Erregungsmuster an die Hirnrinde im Hinterhaupt, dort erregt das Eingangsmuster ein weitläufiges Netzwerk von Neuronen. Wenn der Lehrer das Wort «Apfel» vorspricht und die Kinder es ihm nachsprechen, empfängt das Gehirn zusätzlich eine akustische Rückmeldung, die mit einer motorischen Rückkoppelung einhergeht, wenn der Stimmapparat des Kindes die Phoneme des Wortes «Apfel» formt. Sie trifft mit den Erregungsmustern der visuellen Hirnrinde zusammen. All diese Aktivitäten binden zahlreiche Neuronen gleichzeitig ein und potenzieren deren synaptische Verbindungen. Wahrscheinlich, so die Folgerung, bildet sich im Gehirn eines Schulkindes nach einigen Wiederholungen ein Neuronenverband mit den Eigenschaften eines Attraktors. Die Kinder lernen nicht nur das an der Tafel stehende Wort, sondern viele ähnliche Schriftmuster in derselben Weise zu lesen.

## Lesestörungen

Solange das neurale System, das Buchstabenfolgen in gesprochene Sprache umsetzt, unbeeinträchtigt arbeitet, verrät es uns wenig über seinen inneren Aufbau. Wird es hingegen beschädigt, können die Formen des Versagens Einblicke in seine Architektur gewähren. An dyslektischen Personen, die infolge einer Schädigung ihrer linken Hirnhälfte die Fähigkeit korrekten Lesens eingebüßt haben, werden charakteristische Formen von Lesestörungen beobachtet. Dabei lässt sich eine so genannte *Oberflächen-* von einer *Tiefendyslexie* unterscheiden. Patienten mit einer Oberflächendyslexie lesen Wörter falsch, die ungewöhnlich ausgesprochen werden, und wählen stattdessen ein Wort mit einer ähnlich klingenden, doch ihnen geläufigeren Aussprache. Das Wort «Yacht» wird beispielsweise durch «Jagd» ersetzt. Dagegen würde ein Patient mit Tiefendyslexie wahrscheinlich «Yacht» als «Boot» lesen, da er die semantische Zugehörigkeit der beiden Begriffe erkannt hat.

John C. Marshall und Freda Newcombe von der Universität Oxford haben nach langjährigen Studien an dyslektischen Patienten eine These über den Ursprung beider Dyslexiearten formuliert, wonach die optische Information bei normalem Lesen zwei unterschiedliche, sich gegenseitig ergänzende Wege durch das Gehirn nimmt. Auf einer phonologischen Verarbeitungsroute werden Buchstaben einzelne Sprachlaute regelhaft zugeteilt. Auf einer semantischen Route hingegen wird die Bedeutung eines geschriebenen Wortes unmittelbar aus seiner optischen Form erschlossen. Bei einer Oberflächendyslexie bleibt der phonologische Weg frei. Anstelle des geschriebenen Wortes «Yacht» wird daher das ihm ähnlich klingende Wort «Jagd» erkannt.

Bei Tiefendyslexie ist der phonologische Weg verlegt, und die optische Information verläuft allein über die semantische Route. Wenn Tiefendyslektiker Wörter falsch lesen, bleiben die Lesefehler im selben semantischen Bereich: «Yacht» wird als «Boot» erkannt. Tiefendyslektiker zeigen uns demnach, was die semantische Bearbeitung zu leisten vermag.

Anhand eines Modells soll gezeigt werden, wie die optische Information auf beiden Routen bearbeitet wird und in welcher Weise dies gestört werden kann, wenn die neuralen Systeme beschädigt sind. Geoffrey E. Hinton von der Universität in Toronto und Tim Shallice vom Medical Research Council in Cambridge (1991) haben ein solches Modell entworfen. Sie trainierten ein neuronales Netzwerk, bis es Kategorien von Eingabemustern mit bestimmten Ausgangsmustern beantwortete, so wie wir es tun, wenn wir Schriftzüge laut lesen. Dann entfernten sie Elemente, legten Verbindungen still oder veränderten willkürlich deren Gewichtung: Sie bildeten anhand des derart veränderten Netzwerkes die Folgen eines Hirnschadens nach.

### Ein Netzwerk wird beschädigt

Hintons und Shallice' künstliches Netzwerk der semantischen Route besteht aus verbundenen Einheiten, die das Verhalten tatsächlicher Neuronen in sehr vereinfachender Weise nachahmen. Jedes künstliche Neuron kann ein Aktivitätsniveau zwischen 0 und 1 annehmen, je nachdem wie viele Eingaben es von anderen künstlichen Neuronen erhält. Das neuronale Netz besteht aus drei verschiedenen Arten künstlicher Neuronen: Graphem-Einheiten (graphisches Memory), die einen Buchstaben in einer bestimmten Position innerhalb des Wortes darstellen sollen, Semem-Einheiten (semantisches Memory), welche für Wortbedeutungen stehen, und schließlich Einheiten einer verdeckten Zwischenschicht, die komplexe Verbindungen von Graphem- und Semem-Einheiten vermitteln können. Soll ein solches Netz, dem ein Wort auf der Graphem-Schicht eingegeben wurde, das zutreffende Muster semantischer Einheiten in der Ausgabeschicht anregen, müssen die Verbindungen zwischen allen Elementen der Schichten passend eingestellt werden. Dies machen nicht die Wissenschaftler, sondern das Netzwerk selbst. Dafür wird die Hebb'sche Regel von einem Algorithmus zum Programmieren neuronaler Netze im Laufe des Trainings umgesetzt. Dieser Algorithmus berücksichtigt auch vor- und rückwärts propagierende Erregungen. Von Trainingsstufe zu Trainingsstufe stellt der Algorithmus die Verbindungen so ein, dass sich der Unterschied zwischen der tatsächlichen Ausgabe des Netzwerkes und dem erwünschten Antwortmuster fortlaufend verringert. Schließlich hat das neuronale Netz gelernt, Kategorien von Eingabemustern auf der Graphem-Schicht mit erwünschten Ausgabemustern in der Semem-Schicht zu beantworten. Diese Ausgabemuster der Semem-Schicht sind so gewählt, dass sie sich von einem Sprachsynthesizer in Worte übersetzen lassen. Das Netzwerk kann daher seine erlernten Wörter tatsächlich aussprechen.

Einzelheiten dieser Architektur sind für die Arbeit des Netzwerkes nicht wesentlich. Die Form, in der die optische Struktur eines geschriebenen Wortes auf der Eingabeschicht erscheint, ist unwichtig, solange optisch ähnliche Wörter auch ähnliche Erregungsmuster in der Eingabeschicht erzeugen und ähnliche Aktivitätsmuster in der Ausgabeschicht Wörter mit ähnlicher Bedeutung darstellen.

Die aktiven Semem-Einheiten bilden Muster auf der Ausgabeschicht, die sich durch die Anzahl der Einheiten sowie ihre Lage unterscheiden. Wären nur zwei Semem-Einheiten vorhanden, ließen sich vier grundsätzlich verschiedene Ausgangsmuster darstellen: Beide Einheiten sind aktiviert (1,1), beide bleiben stumm (0,0), nur die eine (1,0), oder nur die andere ist aktiv (0,1). Drei Semem-Einheiten erlauben bereits acht verschiedene Aktivierungsmuster: (1,1,1), (1,1,0), (1,0,1), (0,1,1), (1,0,0), (0,1,0), (0,0,1) und (0,0,0). Die Zahl möglicher Ausgangsmuster steigt also rasch mit der Anzahl verfügbarer Ausgangselemente. Die große Gesamtheit möglicher Ausgangsmuster eines Netzwerkes von 68 Semem-Einheiten, mit denen Hinton und Shallice ihr neuronales Netz ausstatteten, können wir uns als einen Raum vorstellen, in dem jedes Aktivitätsmuster der Semem-Schicht einem bestimmten Zustandspunkt entspricht. Nur 40 dieser Muster und Zustandspunkte wurde von den Wissenschaftlern eine Bedeutung zugewiesen, während sie das Netzwerk auf die bestimmten Ausgabemuster trainierten. Alle übrigen möglichen Ausgangsmuster und deren Zustandspunkte blieben ohne Bedeutung.

Wenn nun die Eingabeschicht ein Muster aktivierter Graphem-Einheiten als Repräsentant einer Wortform aufnimmt, entwickelt das Netzwerk eine Dynamik und setzt zunächst die Zwischen-, dann auch die Ausgabeschicht in ein Muster, das wiederum eine Bedeutung repräsentiert. In unserem abstrakten Zustandsraum bewegt sich der aktuelle Zustandspunkt demnach auf einen bestimmten Endpunkt zu. Die gesamte unmittelbare Umgebung eines solchen Endpunktes bezeichnet den Anziehungsbereich eines Punktattraktors. Anhand des semantischen Raumes mit den darin verteilten Punktattraktoren, die für Wortbedeutungen stehen, lässt sich veranschaulichen, wie das trainierte Netzwerk arbeitet und warum es dieselben semantischen Fehler machen kann, die man bei dyslektischen Patienten beobachtet.

Viele Schädigungen an einzelnen Bereichen des Gehirns kommen durch den Infarkt einer Hirnarterie zustande, deren Kapillaren das Gebiet zuvor mit Blut versorgt hatten. Die neurale Substanz geht jedoch meist nicht vollständig zugrunde, sondern bleibt in vielen kleinen Inseln erhalten. Wenn auch zahlreiche Verbindungen dieser verstreuten Inseln unterbrochen sind, bleiben doch einige bestehen. Das ursprünglich dichte Netzwerk ist ausgedünnt. Was geschieht, wenn wir einen solchen Hirnschaden an einem trainierten neuronalen Netz nachahmen?

Hinton und Shallice «beschädigten» ihr neuronales Netz, indem sie

Verbindungen seiner Funktionselemente willkürlich kappten oder deren im Laufe des Trainings gewonnene Gewichte veränderten. Infolge solcher Eingriffe verschoben sich die Grenzen der Einzugsbecken seiner Attraktoren. Sie wurden zumeist flacher und dehnten sich weiter aus als zuvor, weshalb sich die Einzugsbecken benachbarter Attraktoren teilweise überlappten oder sogar miteinander verschmolzen.

Hielt sich nun der Zustandspunkt des Netzes vor der Beschädigung in einem Gebiet des semantischen Raumes auf, in dem er zu einem bestimmten Punktattraktor und damit zu einem bestimmten Wort gezogen wurde, konnte er sich jetzt auf einen anderen, in der Nähe liegenden Attraktor und auf ein anderes, semantisch verwandtes Wort zubewegen. An einem Beispiel veranschaulicht: Wenn das Muster in der Eingabeschicht des neuronalen Netzes dem geschriebenen Wort «Apfel» entsprach, mündete die Netzwerkdynamik auf der Semem-Schicht nach der Beschädigung nicht in der Bedeutung «Apfel», sondern in der Bedeutung «Aprikose». Das Netzwerk landete in seiner Dynamik zwar auf einem falschen Wort, doch lag dieses im gleichen semantischen Feld wie das korrekte. Apfel und Aprikose sind beides Obstfrüchte.

## Auf phonologischem und semantischem Pfad

Die vor- und rückwärts gerichteten Aktivitätskaskaden tragen in unterschiedlicher Weise zur Leistung des neuronalen Netzwerkes bei. Wenn sich eine Erregung von der Eingabe- über die Zwischenschicht zur Ausgabeseite fortpflanzt, erzeugt sie dort ein erstes Aktivitätsmuster der Semem-Einheiten. Bei geeigneter Gewichtung der Verbindungen stellt dieses bereits eine Annäherung an das erwünschte Ausgabemuster dar. Sein Zustandspunkt fällt im Allgemeinen nicht mit dem entsprechenden, antrainierten Punktattraktor zusammen, liegt aber schon in dessen Einzugsbereich. Die aktivierten Semem-Einheiten senden eine Erregungswelle zurück an die Zwischenschicht, die gleich wieder, allerdings leicht verändert, an die Ausgabeschicht reflektiert wird. Die Semem-Einheiten sind damit rückgekoppelt. Durch diese in der Rückkoppelung zirkulierende Aktivität verbessert sich das bestehende Semem-Muster so lange, bis es der erwünschten, antrainierten Ausgabe entspricht.

Der Punktattraktor verdankt ihr seine anziehende Kraft. Wenn also ein bestimmtes Eingabesignal Aktivitäten von den Eingangselementen über die Zwischenschicht zur Ausgabeseite sendet, brauchen diese das erwünschte Erregungsmuster der Semem-Einheiten nur ungefähr zu treffen. Sie sollten ihm jedoch so nahe kommen, dass sie in dessen Anziehungsbereich fallen. Den Rest besorgt die rückgekoppelte Erregung der Semem-Einheiten.

Wird das ursprüngliche Gewicht aller vorwärts gerichteten Verbindungen zwischen Ein- und Ausgabeschicht willkürlich verändert, kann dieselbe Eingabe ein Aktivitätsmuster auf die Semem-Ebene werfen, das nicht mehr in den Einzugsbereich des ursprünglichen Attraktors, sondern in den eines anderen fällt. Alle Attraktoren besitzen, sofern die Rückkoppelungsschleife ungestört bleibt, Einzugsbecken mit scharf begrenzten Rändern.

Da den Ein- und Ausgabemustern Wörter entsprechen, können wir uns folgendes Beispiel denken: Das Eingangssignal entspricht dem Wort «Kabel». Das trainierte, unbeschädigte Netzwerk weist dieser Eingabe ein Ausgangsmuster der Bedeutung «Kabel» zu, und auch der Sprachsynthesizer spricht das Wort korrekt aus. Dann stören wir die vorwärts gerichteten Bahnen, welche von einer Schicht zur nächsten vermitteln, ohne die Rückkoppelungsschleife der Semem-Einheiten anzutasten. Die gestörte Propagation macht aus dem richtigen Eingabesignal für «Kabel» auf der Semem-Ebene ein verändertes Muster. Es zeigt noch seine Herkunft von dem auslösenden Wort «Kabel», landet aber näher bei einem anderen Attraktor der Semem-Einheiten. Dieser zweite Attraktor könnte dem Wort «Gabel» entsprechen, sofern es zum erlernten Wortschatz des Netzwerkes zählt. Der Sprachsynthesizer sagt «Gabel». Das neue Wort liegt zwar innerhalb des semantischen Feldes weit entfernt von «Kabel», klingt aber ähnlich. Diese Art von fehlerhaftem Lesen des geschädigten Netzwerkes wird durch die Oberflächendyslexie bestimmt.

Stören wir nun in einem weiteren Experiment die Rückkoppelungsschleife der Semem-Einheiten, verbreitert dies vor allem die Attraktorbecken. Ein breiteres Einzugsbecken aber fängt auch Erregungsmuster der Eingangs- und Zwischenschicht auf, die zuvor außerhalb des Beckens lagen. Die Grenzen zwischen benachbarten Attraktoren werden unscharf. Das Eingangssignal eines Wortes wirft zwar ein Aktivitätsmuster auf die Semem-Ebene, das dem ursprünglich antrainierten noch ähnelt, jetzt aber näher an dem verbreiterten Becken eines benachbarten Punktattraktors liegt und auf diesen hingezogen wird. Benachbarte Attraktoren der Semem-Ebene gehören immer zum selben semantischen Feld, daher wird aus «Yacht» «Boot», aus «Apfel» «Aprikose». Offensichtlich gelingt es mit Störungen der Rückkoppelungsschleife von Semem-Einheiten, Lesefehler nachzuahmen, welche die Tiefendyslexie kennzeichnen.

Werden alle Propagationspfade des Netzwerkes gestört, entsteht ein besonderer Fehlertyp: Nehmen wir als Eingabesignal das Wort «Sympathie». Gestörte Bahnen zwischen den Schichten des Netzwerkes verändern die Propagation der Aktivitäten nun so, dass ein Ausgangssignal entstehen kann, das «Symphonie» bedeutet (phonologischer Pfad). Es klingt noch wie das ursprüngliche Wort, liegt aber in einem entfernteren semantischen Bereich. Wird es zusätzlich in einer gestörten Rückkopplungsschleife der Semem-Einheiten bearbeitet, kann es in den erweiterten Einzugsbereich eines Attraktors fallen, der für den Begriff «Orchester» steht (semantischer Pfad). Der Sprachsynthesizer sagt «Orchester». Die Vorwärts-Propagation ist der phonologische Pfad des Netzwerkes. Er macht aus «Sympathie» zunächst «Symphonie» und bringt das entsprechende Aktivitätsmuster auf den semantischen Weg, den die Rückkopplungsschleife ermöglicht. Aus «Sympathie» wird schließlich «Orchester».

## Einfache Modelle kognitiver «Weltbildapparate»

Wir haben in der Feinstruktur neuralen Gewebes ein Bauprinzip gefunden, das sich als künstliches neuronales Netzwerk vereinfachend nachbilden lässt. Diese Netzwerke sind lernfähig. Die Eingabeschicht ist ihr Sinnesorgan: Empfängt sie von außen wiederholt gleiche oder ähnliche Erregungsmuster, formt das Netzwerk Attraktoren, von denen jeder die Menge gleicher und ähnlicher sensorischer Muster in einem inneren Zustand des Netzes bündelt. Nun ist es aber so, dass gleiche oder ähnliche Reize von denselben Gegenständen ausgehen. Sie hinterlassen auf der sensorischen Schicht die gleiche oder leicht abgewandelte Botschaft dafür, dass der Reiz des Gegenstandes besteht oder öfter wiederkehrt. Die Gesamtheit vernetzter Abbildungen kann daher eine Welt in Zuständen abbilden, die sinnbildlich für wiederholte Erfahrungen, für Gegenstände und feste Eigenschaften dieser Welt stehen.

Ähnliche Botschaften übertragen die Neuronen eines Nervensystems. Aus einer Fülle äußerer Reize bündelt das Netzwerk die gleichartigen zur Repräsentanz eines Gegenstandes. Wenn es einen Attraktor für einen Gegenstand formt, unterscheidet es ihn bereits von einem zweiten. Es trennt Gegenstände voneinander und gliedert alles, was sich auf seiner sensorischen Schicht spiegelt. Wäre ein solches Netzwerk nur Einflüssen ausgesetzt, die einander nicht gleichen, könnte es keine Attraktoren formen und daher keine Gegenstände unterscheiden. Offensichtlich gewinnen Ereignisse der Umwelt gerade dadurch an Bedeutung, dass sie mit einer gewissen Beständigkeit und Regelmäßigkeit zusammentreffen. Es ist die gesetzmäßige Synchronizität bestimmter Ereignisse, die einen Gegenstand bestimmen. Insbesondere bewegliche Organismen brauchen die Fähigkeit, synchrone Ereignisse in Form innerer Zustände festzuhalten, um in der Welt zu überleben.

Künstliche neuronale Netzwerke sind nur sehr vereinfachte Modelle des biologischen «Weltbildapparates», doch können wir an ihnen lernen, dass auch Nervensysteme dazu vorbestimmt sind, regelhaft Wiederholtes in Attraktoren festzuhalten. Die inneren Zustände eines neuralen Apparates sind in der Lage, beständig und gleichzeitig auftretende Ereignisse vor sporadischen hervorzuheben und als Aktivitätsmuster abzuspeichern. Wenn ähnliche Ereignismuster in der Zukunft wieder auftreten, springen die Attraktoren erneut an. Da neurale Netzwerk überzieht die Umwelt nach und nach mit Kategorien des Bekannten.

Es ist beeindruckend, Wörter und Texte von einem Gerät gelesen zu hören, dessen Kernstück ein attraktorformendes neuronales Netzwerk ist, das sich im Laufe eines Trainingsprozesses ein ansehnliches Vokabular angeeignet hat. Nicht weniger beeindruckend ist, wenn diese Geräte infolge einer Beschädigung ihres Kernstückes dieselben Fehler auf phonologischer und semantischer Funktionsebene begehen, die an dyslektischen Personen beobachtet werden. Dennoch wird niemand von einem solchen Apparat annehmen, dass er sich der Bedeutung von Wörtern und Texten bewusst ist. Es müssten schon Geräte gebaut werden, die selbständig sinnvolle, für uns verständliche Sätze mit einem Grad an Selbstreflexion generieren, sollten wir hier in unserem Urteil unsicher werden. Die Grenze der Unterscheidbarkeit bewusster und nicht bewusster Systeme aber könnte erreicht sein, wenn einer dieser Apparate von sich aus sagen würde: «Ich bin mir bewusst. Ich bin in einem Raum und erkenne darin Gegenstände.» Und selbst dann müssten wir noch einen Test ersinnen, der uns Auskunft gibt, ob der Apparat die Wahrheit sagt oder lügt.

Studien an künstlichen neuronalen Netzen werden uns nicht verraten, welche Prozesse mit der Bewusstseinsbildung in Zusammenhang stehen. Die meisten neuronalen Vorgänge unseres Nervensystems hinterlassen keine Spur im Bewusstsein, doch ist es sehr wahrscheinlich, dass bewusstseinsgenerierende, neuronale Prozesse mechanistische Vorgänge zur Grundlage und Vorbedingung haben. Es ist deshalb nicht auszuschließen oder vielmehr sehr wahrscheinlich, dass unsere Kognition von attraktorbildenden Nervennetzen vorbestimmt wird, deren Funktionsweise sich in künstlichen neuronalen Netzen vereinfachend nachbilden lässt.

## Kapitel 9
# Blinde Seher: Bewusste und unbewusste Wahrnehmung

Zweifellos ist jedes Bewusstsein an elektrochemische Vorgänge in den neuralen Netzen unseres Gehirns gebunden. Doch nicht alle diese Prozesse führen zu einer Wahrnehmung oder einem Gedanken. Der größte Teil von ihnen verarbeitet eingehende Reize und innere Erregungsmus-

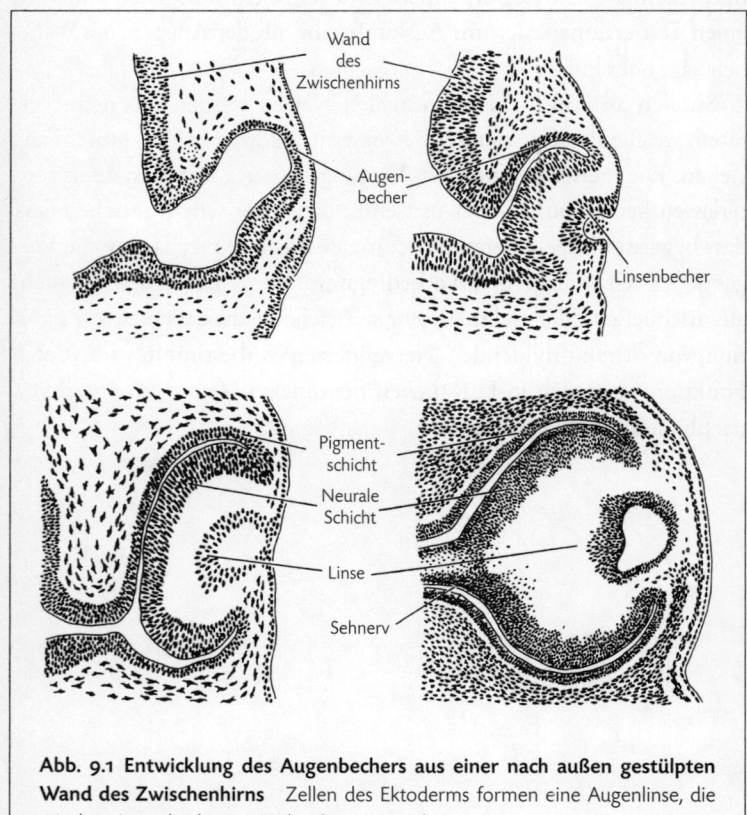

**Abb. 9.1 Entwicklung des Augenbechers aus einer nach außen gestülpten Wand des Zwischenhirns** Zellen des Ektoderms formen eine Augenlinse, die mit dem Augenbecher verwächst (Mann, 1964).

ter nach Art einer elektronischen Rechenanlage, der sicherlich kein Bewusstsein zuzusprechen ist. Da bewusstseinsgenerierende neuronale Vorgänge mit diesen nur reizverarbeitenden Mechanismen zusammenwirken, kommt es mitunter zu der scheinbar paradoxen Beobachtung «unbewusster» Wahrnehmungen. Schädigungen des visuellen Systems erlauben Einblicke in diesen Zusammenhang.

Das Auge ist ein besonderes Sinnesorgan, da es unmittelbar aus einem Teil des Gehirns wächst. Wenn das Neuralrohr des Embryos die Hirnbläschen weitet, stülpt sich das Zwischenhirn zur rechten und linken Seite aus und formt je einen Augenbecher. Die Zellen der Innenwand dieses Augenbechers ordnen sich zur Netzhaut (Retina), die demnach ein nach außen gewendeter Bereich des Zwischenhirns ist. Den Augenbecher schließt eine Linse ab, die von den Zellen der Außenhaut gebildet wird (Abb. 9.1).

Wenn Licht auf die Netzhaut fällt, löst das in den lichtempfindlichen Zapfen- und Stäbchenzellen der Netzhaut chemische Reaktionskaskaden aus, die auf andere Zellen übergreifen und diese veranlassen, Aktionsimpulse «abzufeuern». Die retinalen Ganglienzellen leiten diese Impulse entlang ihrer Axone aus der Netzhaut zum Gehirn. Axone der Ganglienzellen des rechten und linken Auges bündeln sich in den beiden Sehnerven und führen sowohl zu Neuronen des Hirnstammes als auch des Zwischenhirns. Angeregt von retinalen Aktionsimpulsen, leiten Neuronen des Zwischenhirns ihrerseits Impulse zu je einem Feld der rechten und linken Großhirnrinde. Irgendwann auf diesem Weg durch das Gehirn «entzünden» die elektrophysiologischen Ereignisse Licht. Der Mensch sieht.

## Überkreuzte Sehbahnen

Durch die Mitte beider Netzhäute läuft eine senkrechte Grenzlinie. Sie trennt die Hälfte der Schläfenseite (temporal) von der Nasenseite (nasal). Wenn die Nervenfasern der retinalen Ganglienzellen eines Embryos aussprossen, suchen sie mit ihren Wachstumskegeln nach genetisch vorbestimmten Zielneuronen im Mittel- und Zwischenhirn. Aus der temporalen Hälfte des linken Auges und der nasalen Hälfte des rechten Auges ziehen Fasern zur linken Seite des Mittel- und Zwischenhirns. Umgekehrt ziehen Fasern der temporalen Hälfte des rechten und Fasern der nasalen Hälfte des linken Auges auf die rechte Seite des Mittel- und Zwischenhirns. Von den Hälften beider Netzhäute wechseln also allein die nasalen Faserzüge zur jeweils entgegengesetzten Seite. Das *Chiasma opticum*, die Sehnervkreuzung, auf der sich diese Fasern treffen, liegt wenige Zentimeter hinter den Augen (Abb. 9.2).

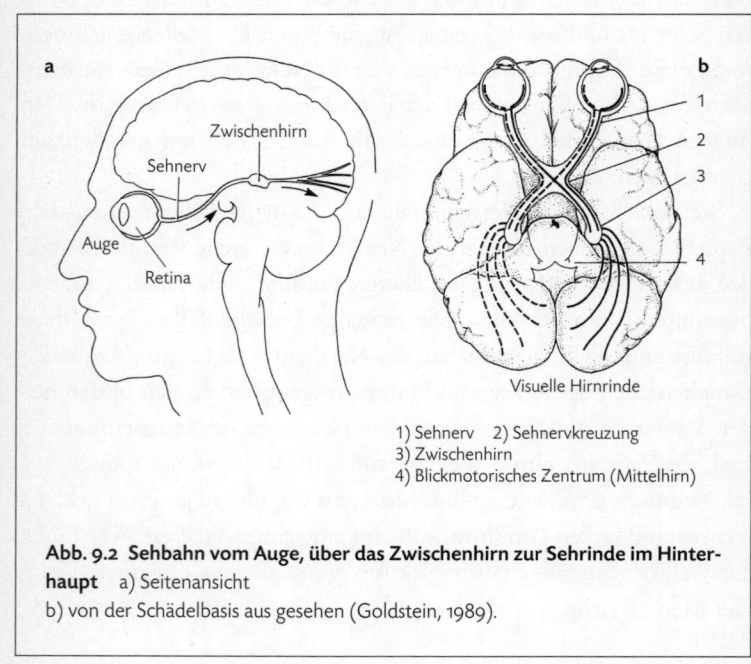

a

b

Zwischenhirn

Sehnerv

Auge

Retina

1

2

3

4

Visuelle Hirnrinde

1) Sehnerv  2) Sehnervkreuzung
3) Zwischenhirn
4) Blickmotorisches Zentrum (Mittelhirn)

**Abb. 9.2 Sehbahn vom Auge, über das Zwischenhirn zur Sehrinde im Hinterhaupt** a) Seitenansicht
b) von der Schädelbasis aus gesehen (Goldstein, 1989).

Aus dem linken Zwischenhirn leitet sich ein breites Faserbündel ab, das zur Hirnrinde in der linken, hinteren Schädelgrube zieht. Seitensymmetrisch dazu führt ein gleiches Faserbündel des rechten Zwischenhirns zur Hirnrinde in der rechten, hinteren Schädelgrube.

Im Strahlengang des Lichts erscheinen alle Punkte des linken Gesichtsfeldes auf der temporalen Hälfte der rechten und der nasalen Hälfte der linken Netzhaut. Umgekehrt gilt das auch für die optische

Abbildung aller Punkte des rechten Gesichtsfeldes. Da beide Netzhäute ihre Fasern je zur Hälfte auf die rechte und die linke Seite des Gehirns entsenden, bildet sich das linke Gesichtsfeld vollständig auf der rechten, das rechte Gesichtsfeld vollständig auf der linken Seite der Hirnrinde ab (Abb. 9.2).

## Wenn die Hirnrinde erblindet

Die beiden Rindenfelder im Hinterhauptlappen des Gehirns sind das primäre Sehorgan. Werden sie verletzt, erblindet der Mensch vollständig. Er nimmt Licht nicht mehr als Sinnesqualität (Qualium) wahr und erkennt daher keinen Unterschied von Hell und Dunkel, keine Farben und Formen. Offenbar können rindenblinde Menschen aber zumindest größere Gegenstände «spüren», ohne diese zu sehen, und ihnen ausweichen, wenn sie im Wege sind. Dabei sind sie nicht auf Schallquellen oder das Echo eines großen Gegenstands angewiesen. Der Grund für dieses «blinde Sehen» sind vermutlich unwillkürliche Augenbewegungen, da Rindenblinde wie Sehende nach Lichtquellen blicken.

Wenn allein die visuelle Rinde des Großhirns zerstört ist, bleiben tiefere Strukturen des Hirnstammes und des Zwischenhirns tätig. Zu diesen intakten neuralen Strukturen zählt auch das Blickzentrum im mittleren Hirnstamm (Mittelhirn). Es richtet beide Augen reflektorisch auf jede helle Lichtquelle. Für diese unwillkürlichen Augenbewegungen ist keine Wahrnehmung von Licht als primärer Sinnesqualität notwendig.

Vermutlich können Rindenblinde diese unwillkürlichen Augenbewegungen auf sensomotorischem Wege wahrnehmen und so den Ort von Gegenständen erfahren, auf die sich ihre Augen reflektorisch richten. Es hat sich jedoch gezeigt, dass solch eine sensorische Wahrnehmung der eigenen Augenbewegungen gar nicht nötig ist, um Gegenstände blind zu erkennen.

Im Gegensatz zu Neuronen, die sich im Laufe des Lebens nicht mehr teilen und vermehren, können Gliazellen wuchern und Tumore hervorbringen. Sie verdrängen und schädigen das Nervengewebe und müssen operativ beseitigt werden. Bei ausgedehnten Tumoren wird allerdings auch ein beträchtlicher Teil des Gehirns entfernt, manchmal sogar eine ganze Hirnhälfte oder der Hinterhauptslappen einer Seite. Nach einem solchen Eingriff verfügt der Mensch dann nur noch über *eine* «sehende» Seite der Hirnrinde.

Nehmen wir einmal an, es sei notwendig, bei einem Tumorpatienten das Gewebe um den rechten Rindenpol operativ zu beseitigen (Abb. 9.3 a). Der Patient sieht dann nach der Operation ausschließlich mit Hilfe seiner linken Hirnrinde. Um seinen verbleibenden Gesichtssinn zu testen, wird der Patient gebeten, vor einer weißen Leinwand Platz zu nehmen. Seinen Kopf darf er auf eine Kinnstütze legen, sodass er für die Dauer der Untersuchung eine feste Lage einnehmen kann. Der Patient

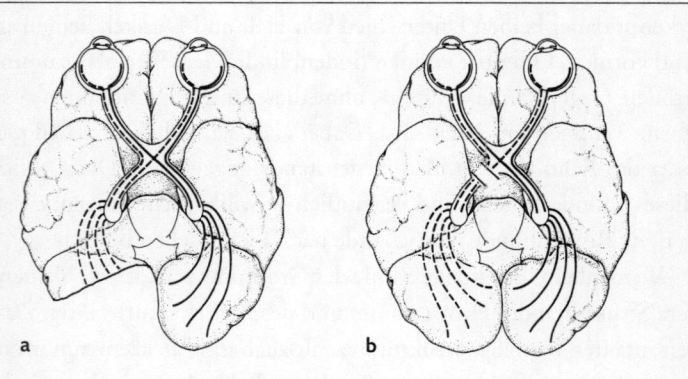

a                             b

**Abb. 9.3**  a) Gehirn mit entferntem rechtem Hinterhauptslappen (halbseitige Rindenblindheit im linken Gesichtsfeld)
b) einseitig nach der Sehbahnkreuzung unterbrochener Sehnerv (Darstellung des Autors nach Abb. 9.2).

blickt auf die Leinwand, auf der ein kleiner Punkt angebracht ist, den er fixieren soll. Eine Videokamera nimmt sein Gesicht auf. So lässt sich überprüfen, ob und wann der Patient seine Augen auf den Fixationspunkt gerichtet hält.

In unregelmäßiger Folge werden Lichtscheibchen kurzzeitig auf verschiedene Punkte der Leinwand projiziert. Trotz dieser Lichtreize soll der Patient seinen Blick weiterhin auf den Fixationspunkt richten. Er macht also während des Tests keine Augenbewegungen. Alle Lichtscheibchen, die im rechten Gesichtsfeld aufleuchten, erregen die sehtüchtige, rechte Hirnrinde. Der Patient sieht diese Lichter und kann mit einem Zeigestab genau auf jene Stellen der Leinwand deuten, an denen sie erscheinen.

Werden nun Lichtscheibchen unter derselben Bedingung in das linke Gesichtsfeld projiziert, erregen sie die rechtsseitigen Strukturen des Hirnstammes und des Zwischenhirns. Doch dann geht die Erregung nicht weiter, da die rechte visuelle Hirnrinde fehlt. Für Licht aus dem linken Gesichtsfeld ist der Patient blind. Die Bitte, mit dem Zeigestab die Position einer solchen Lichtscheibe anzugeben, wird er für unvernünftig halten, da er kein Licht sehen kann. Bittet man den Patienten jedoch zu raten, an welcher Stelle ein Licht aufgeleuchtet haben könnte, ist er in 80 Prozent seiner Versuche erfolgreich. Diese überdurchschnittlich hohe Trefferrate belegt, dass der Patient, obwohl vollkommen blind für Lichtreize des linken Gesichtsfeldes, auf irgendeine Weise erfährt, von welcher Stelle diese ausgehen.

## Wenn ein Sehnerv zerstört ist

M. T. Perenin und M. Jeannerod (1977) haben die Untersuchungen zu diesem Thema durchgeführt und zum Vergleich Patienten mit einbezogen, deren Sehbahn hinter dem Chiasma opticum infolge einer Tumoroperation unterbrochen ist. Wenn sich nun ein Patient, dessen rechter Sehnerv kurz hinter der Sehbahnüberkreuzung zerstört ist, dem Test unterzieht, erreichen die retinalen Aktionsimpulse weder das rechte Mittel- noch das rechte Zwischenhirn und folglich auch nicht die rechte Hirnrinde im Hinterhaupt (Abb. 9.3 b). Dieser Patient ist blind für alle optischen Signale seines linken Gesichtsfeldes, ebenso wie es der rindenblinde Patient war. Er kann die Lichtscheibchen, die in sein «blindes», linkes Gesichtsfeld projiziert wurden, nicht anzeigen, da er keines dieser Scheibchen gesehen hat. Wird er gebeten, die Positionen zu raten, scheitern seine Versuche im Gegensatz zu denen des einseitig Rindenblinden. Seine Trefferrate ist nicht höher, als es der Zufall einräumt.

Dagegen kann er alle Positionen von Lichtreizen genau anzeigen, wenn diese aus seinem rechten Gesichtsfeld kommen, denn sie werden von seiner intakten Sehbahn zur Hirnrinde weitergeleitet.

Obwohl einseitig rindenblinde Menschen Gegenstände ihres «blinden» Gesichtsfelds nicht in den Qualitäten von Hell und Dunkel oder von Farbe und Form wahrnehmen, verfügen sie über ein verborgenes Wissen von diesen Gegenständen. Sie können es aufrufen, wenn sie sich ihrer Intuition überlassen, und raten, wo der Gegenstand sein könnte. Es beeinflusst ihre Entscheidungen und ihr motorisches Handeln, ohne dass sich Rindenblinde über die Gründe dieser Entscheidung unmittelbar bewusst werden. Sie besitzen dieses verborgene Wissen, da ihr Mittel- und Zwischenhirn retinale Aktionsimpulse erhalten.

Neurale Strukturen unterhalb der Hirnrinde scheinen die Signale des Auges in einer Form zu bearbeiten, durch die zwar kein Licht in diesen Höhlenraum des Bewusstseins gelangt, aber doch Informationen gespeichert werden können. Durch diese wird ein Wissen gesammelt, das unbewusst bleibt, sich aber Bahn bricht, sobald sich die Person aufs Raten verlegt. Ist der Zugang zum Mittel- und Zwischenhirn jedoch aufgrund einer Sehnervenverletzung unpassierbar, wird dort auch keine Information gespeichert, und das Raten führt nur zufällig zum Ziel. Informationen, aufbereitet und weitergetragen in einer Kette physiologischer Ereignisse, werden aber erst in das Qualium Licht verwandelt, wenn sie als Nervenimpulse die visuelle Rinde in unserem Hinterhaupt erreichen.

# Kapitel 10
## Neuroprothetik: Künstliches Licht im Dunkel der Höhle

Wenn Licht in unser Auge fällt, schicken Ganglienzellen der Netzhaut elektrische Impulse entlang der Sehbahn zum Gehirn. Sobald diese Impulse das visuelle Rindenfeld im Hinterhaupt erreichen, sehen wir. Viele Millionen Menschen aber sind blind, die meisten aufgrund einer vollständigen Schädigung der Netzhaut oder des Sehnervs. William Dobelle und sein Team von der Universität Utah in Salt Lake City haben Pläne für die Entwicklung einer Sehprothese ausgearbeitet (Abb. 10.1).

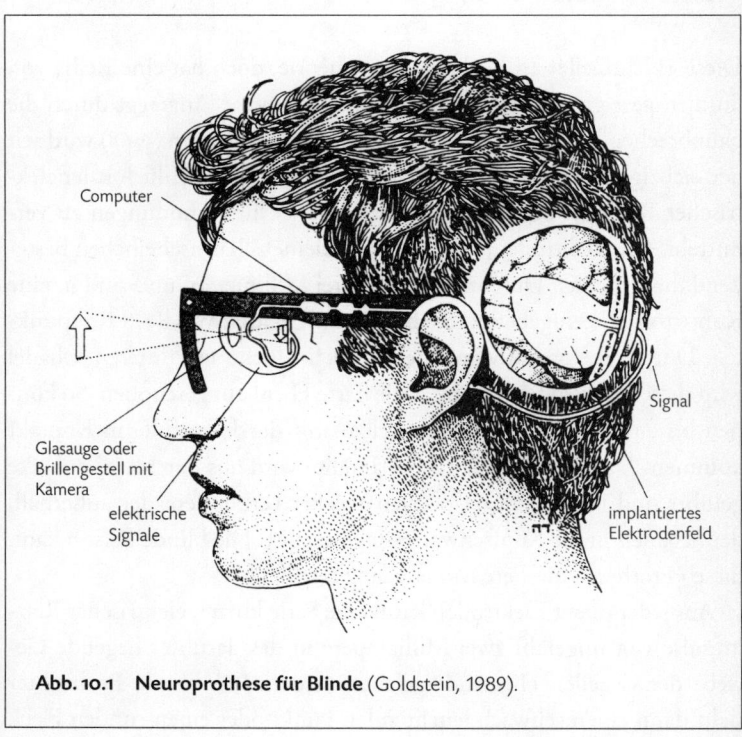

**Abb. 10.1  Neuroprothese für Blinde** (Goldstein, 1989).

Das System enthält eine kleine Fernsehkamera, die Platz in einem Brillengestell oder einem Glasauge findet. Die Kamera nimmt Bilder der Umgebung auf und wandelt sie in ein Muster elektrischer Signale um. Dieses Impulsmuster wird an einen Computer geleitet, der so klein ist, dass er ebenfalls in einem Bügel des Brillengestells untergebracht werden kann. Er bereitet die elektrischen Signale der Kamera auf und leitet sie an ein Feld von Reizelektroden, das sind runde Platinscheibchen, die unmittelbar auf die visuelle Hirnrinde gesetzt werden. Eine Vielzahl entsprechend angeordneter Reizpunkte erzeugt auf der Hirnrinde ein Erregungsmuster. Der Träger dieser «Lichtbrille» soll dann das Abbild eines Gegenstandes sehen, den die TV-Kamera aufgenommen hat.

### Erste Versuche

Diese «Lichtbrille» ist bis heute nur Theorie, doch hat eine Reihe von Studien gezeigt, dass sie prinzipiell möglich wäre. Angeregt durch die bahnbrechende Arbeit von G. S. Brindley und W. Lewin (1968) wird seit den siebziger Jahren versucht, blinden Menschen mit Hilfe lokaler elektrischer Reize an der visuellen Hirnrinde Lichtempfindungen zu vermitteln. Die Elektroden, auch hier aus kleinen Platinscheibchen bestehend, haben einen Durchmesser von drei Millimetern und sind in eine Kunststofffolie eingebettet. Sie bilden ein Quadrat von $8 \times 8$ Reizpunkten. Durch eine operativ geöffnete Knochenlücke am hinteren Schädel wird dieses Elektrodenfeld unter die harte Hirnhaut geschoben. So können bis zu 64 Elektroden unmittelbar mit der Hirnrinde in Kontakt kommen. Das Bündel zuleitender Drähte wird aus der Knochenlücke geführt und mit einem 64-poligen Stecker verbunden, der außerhalb des Schädels in die Kopfschwarte eingesetzt ist. Die blinde Person kann diese «Prothese» mehrere Monate lang tragen.

Aus jeder dieser Elektroden kann eine Serie kurzer, elektrischer Reizimpulse von ungefähr zwei Milliampere in das darunter liegende Gewebe der visuellen Hirnrinde geleitet werden. Der blinde Beobachter sieht dann einen schwach leuchtenden Punkt oder einen runden Fleck von der Größe eines Kornes oder einer Münze, der etwa eine Armeslänge entfernt im dunklen Raum schwebt. Man nennt solche subjektiven Lichterscheinungen *Phosphene*. An welcher Stelle des Gesichtsfeldes ein punktartiges Phosphen erscheint, hängt davon ab, an welchem Punkt die Hirnrinde gereizt wird.

In einem intakten visuellen System ordnet die optische Sehbahn jedem Punkt der Netzhaut genau einen Punkt auf der visuellen Hirnrinde zu. Benachbarte Orte der Netzhaut sind auch in der Hirnrinde Nachbarn. Daher entsteht dort Punkt für Punkt ein *retinotopes* Abbild. Blicken beide Augen geradeaus auf einen Fixationspunkt, bildet sich dieser sowohl auf der rechten als auch auf der linken Hirnhälfte nahe dem Hinterhauptpol ab (Abb. 10.2). Das linke Gesichtsfeld aber wird zur Gänze auf die rechte, das rechte auf die linke Hirnrinde geklappt. Jedem Punkt des Gesichtsfeldes ist somit auch ein ganz bestimmter Punkt auf der visuellen Hirnrinde zugeordnet.

Dies gilt auch für Blinde. Reizt eine der Elektroden die visuelle Rinde, sieht die blinde Person das punktartige Phosphen an der Stelle des dunklen Raumes, von der auch eine reale Lichtquelle den entsprechenden Ort auf der visuellen Hirnrinde erregt hätte, wenn die Sehbahn intakt wäre. Erregungen der visuellen Hirnrinde, mögen sie von Aktionsimpulsen der Sehbahn oder direkten, elektrischen Reizen an ihrer Oberfläche stammen, bedingen ausnahmslos die Empfindung Licht. Die Position des Reizpunktes aber bestimmt, an welcher Stelle des Raumes ein Blinder, dessen Aufmerksamkeit geradeaus ins Dunkel gerichtet ist, das punktartige Phosphen wahrnimmt.

Einschränkend muss hier erwähnt werden, dass die Position, in der ein Phosphen erscheint, ebenfalls von den Blickbewegungen oder den Intentionen zu Blickbewegungen abhängt. Zur Veranschaulichung sei an eine andere Erscheinung erinnert, die den Phosphenen sehr ähnlich ist: Jeder weiß, dass ein Blick in eine helle Lichtquelle ein Nachbild auslösen kann. Meist hat man kurz zur Sonne aufgesehen und bemerkt in einem abgedunkelten Raum ihr Nachbild. Die Leuchtkraft dieses Nachbildes kann stark genug sein, um andere Gegenstände im Blickfeld zu überstrahlen.

Das Nachbild beruht auf länger wirkenden chemischen Prozessen an

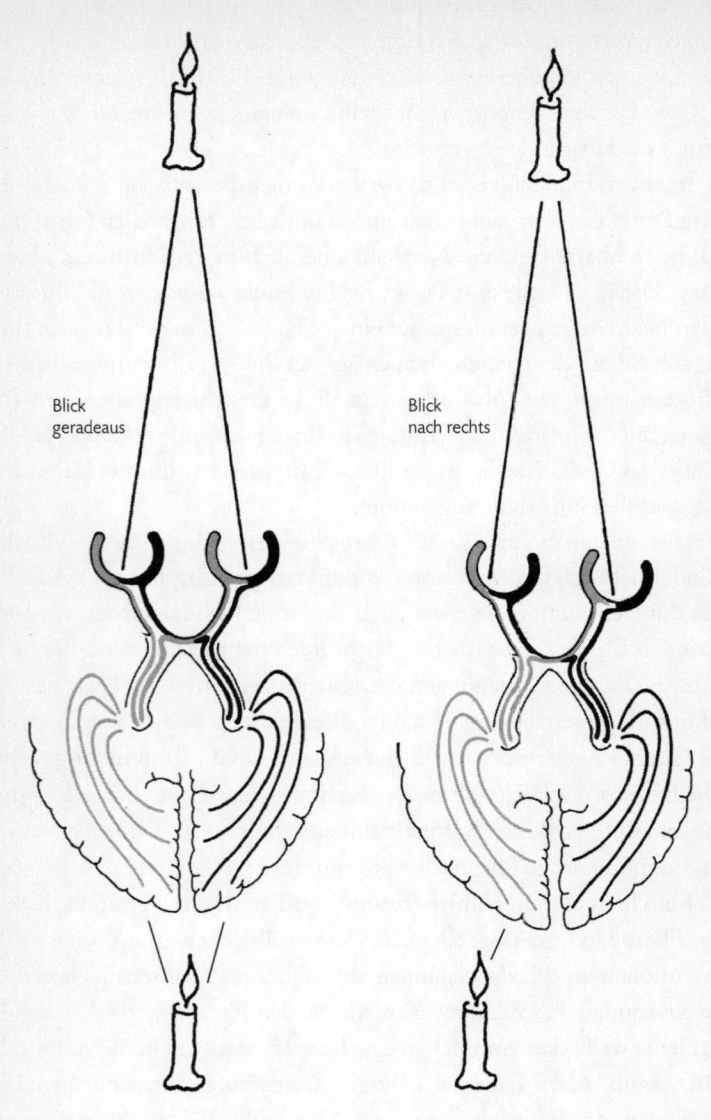

Blick
geradeaus

Blick
nach rechts

**Abb. 10.2   Abbildung eines Gegenstandes auf der visuellen Hirnrinde in Abhängigkeit von der Blickrichtung** (nach Vorlagen des Autors).

der Stelle der Netzhaut, auf die das Bild der Sonne gefallen ist. Sein primärer Ursprung sitzt also auf der Netzhaut. Da dieser retinalen Stelle eine entsprechende Stelle auf der visuellen Hirnrinde zugeordnet ist, wird nur dieser Bereich fortwährend durch das retinale Abbild der Sonne erregt. Dementsprechend nimmt man eine runde Lichtscheibe an einem Punkt im Gesichtsfeld wahr. Sobald wir jedoch unsere Augen bewegen, wechselt sie ihre Position. Das Nachbild springt stets in die Richtung, in die wir blicken. Obgleich der primäre Erregungsort auf der Netzhaut festliegt und deshalb, wohin wir auch blicken, immer dieselbe Stelle der Hirnrinde gereizt wird, steht das Nachbild nicht fest im Raum, sondern folgt den Bewegungen der Augen.

### Reafferenzen

Anders ist es, wenn wir bei Tageslicht verschiedene Gegenstände ins Auge fassen. Ständig rücken unsere Augen sprunghaft von einem Blickwinkel zum anderen und tasten auf diese Weise das Gesichtsfeld ab. Das Bild, das die Gegenstände auf unsere Netzhaut werfen, verschiebt sich von Augenblick zu Augenblick. Dennoch springen die Gegenstände nicht von einer Blickrichtung in die andere. Wir sehen unsere Umwelt feststehend. Andererseits nehmen wir bewegte Gegenstände als solche wahr, weil sie sich im festen Rahmen der Umwelt selbst bewegen, und nicht, weil wir ihnen nachblicken.

Die Umwelt trotz willkürlicher Augenbewegungen als festes Bild zu sehen, Nachbilder aber mit wechselnder Blickrichtung an wechselnden Orten des Raumes vor sich zu haben sind zwei Seiten ein und desselben Mechanismus. Heftet man seinen Blick beispielsweise auf die Flamme einer Kerze, wirft der optische Strahlengang durch die Augenlinse ein Bild der Flamme auf die Stelle der Netzhaut, an der sich Sinneszellen (Zapfen) häufen. In dieser *Fovea* erhalten die Abbilder dank dicht gesetzter Sinneszellen die beste optische Auflösung, ihr sind je zwei Punkte der rechten und der linken Hirnrinde nahe dem hinteren Schädelpol zugeordnet (Abb. 10.2). Die Kerzenflamme ruft daher auf beiden Seiten der visuellen Hirnrinde Erregungszonen hervor. Nach rechts gewandt aber blicken beide Augen an der Kerze vorbei. Die Fovea jedes Auges wird dabei nach links aus dem Strahlengang gedreht, während das optische Bild der Kerzenflamme rechts neben die Fovea fällt. Die Kerze steht nicht mehr in der Mitte des Gesichtsfeldes, sondern ein Stück in dessen linker Hälfte. Dementsprechend verschiebt sich auch der retinotop zugeordnete Erregungspunkt auf die rechte visuelle Hirnrinde neben das retinotope Abbild der Fovea (Abb. 10.2).

Sowohl das retinale Abbild der Kerze als auch dessen Abbild auf der visuellen Hirnrinde springen zwischen beiden Positionen, wenn wir den Blick von der Kerze zur rechten Seite wenden. Doch nichts von diesen Verschiebungen des cortikalen Erregungsmusters wird uns bewusst. Offensichtlich wird die Bewegung unserer Augen von der Bewegung realer Gegenstände auf der visuellen Hirnrinde «abgezogen».

Welcher neuronale Mechanismus diese Bewegungen gegenseitig aufhebt, ist noch nicht im Detail geklärt. So viel aber lässt sich sagen: Das motorische Blickzentrum des Mittelhirns sendet Aktionsimpulse an bestimmte Augenmuskeln, sodass diese den Augapfel in eine bestimmte Richtung drehen. Mit diesem Signal an die Augenmuskeln sendet das Blickzentrum noch eine zweite Aktivität an die Hirnrinde, die eine Kopie des motorischen Musters der Augenbewegung darstellt. Diese Kopie wird mit der Verschiebung des cortikalen Erregungsmusters verglichen und von dessen Positionswechsel während der Blickbewegung abgezogen. Das visuelle System arbeitet nach dem so genannten *Reafferenz-Prinzip*, da die subcortikalen Strukturen der Blicksteuerung eine Afferenz als Kopie der Blickbewegung nach hinten zur visuellen Rinde schicken.

Reafferenzen werden nur dann abgesandt, wenn das Gehirn die Augen selbst bewegt. Sie fehlen jedoch, wenn das Auge beispielsweise durch einen seitlichen Druck von außen passiv bewegt wird. Das hierbei auf der Retina verschobene Abbild der Umwelt erregt die visuelle Hirnrinde, ohne dass diese gleichzeitig eine Reafferenz aus dem Mittelhirn empfängt, mit der das cortikale Erregungsmuster verrechnet werden kann. Das gesamte Bild der Umwelt kippt deshalb in einer Scheinbewegung etwas zur Seite, wenn wir mit dem Finger von einem der

äußeren Lidwinkel gegen den Augapfel drücken und so dessen Blickwinkel verändern.

Anhand des Reafferenz-Prinzips wird nun verständlich, weshalb sowohl Nachbilder als auch elektrisch hervorgerufene Phosphene ihren
Ort mit den Augenbewegungen sprunghaft ändern. Der Erregungsort
beider Lichterscheinungen liegt auf der visuellen Rinde fest. Wenn von
einem statischen Erregungsmuster die Kopie eines motorischen Erregungsmusters abgezogen wird, das die Augen zur Seite dreht, wird daraus eine Scheinbewegung. Ein Nachbild und ebenso ein elektrisch an-
geregtes Phosphen folgen der neuen Blickrichtung.

## Phosphentheater

Nachbilder, die wir als Sehende erfahren, gleichen elektrisch angeregten
Phosphenen in wesentlichen Eigenschaften. Eine blinde Person nimmt
die elektrisch angeregten Phosphene wahrscheinlich in sehr ähnlicher
Weise wahr wie Sehende die Nachbilder. Wir können uns daher aufgrund eigener Erfahrungen mit optischen Nachbildern vorstellen, was
blinde Personen in einem experimentellen «Phosphentheater» sehen
können:

Mehrere Strom führende Elektroden reizen verschiedene Punkte der
visuellen Hirnrinde. Der blinde Beobachter sieht in dem dunklen
Raum vor seinem Gesicht ein «Sternbild» schwach leuchtender Punkte,
nicht heller als ein gewöhnliches Nachbild. Es scheint in Armeslänge zu
schweben. Ein solches «Sternbild» lässt sich mit keinem Verfahren fo-
tografieren, denn es gehört nicht der Welt herkömmlicher physikalischer Erscheinungen an. Allein die blinde Person kann es sehen und beschreiben. Mit einem Stift oder einem elektronischen Lichtgriffel kann
sie Punkte auf eine Zeichenebene setzen und anzeigen, in welchen Positionen und Abständen die Phosphene zueinander liegen. Als Orien-
tierungshilfe kann beispielsweise ein erhabenes Raster dienen, das, über
die Zeichenebene gelegt, bestimmte Koordinaten vorgibt. Mit dieser
Methode können die «Sternbilder» und Lichtpunkte näherungsweise
kartiert werden. Wenn 64 Elektroden in einem 8 × 8-Feld an der visuel-

len Rinde anliegen, kann man einige von ihnen so «schalten», dass die entsprechenden Phosphene eine bestimmte Form bilden, vielleicht sogar einen Buchstaben oder ein Punktmuster der Braille- bzw. Blindenschrift.

Gegenwärtig erlaubt das experimentelle «Phosphentheater» nur solch einfache Schaustücke aufzuführen, und wahrscheinlich bedarf es noch vieler Anstrengungen, bis blinden Menschen eine elektronische «Lichtbrille» als ernsthafte Sehhilfe zur Verfügung steht. Sicher muss die Anzahl der Reizelektroden noch erhöht werden. Von einem $8 \times 8$-Feld cortikaler Elektroden, das unter die harte Hirnhaut geschoben wird, finden einige keinen unmittelbaren Kontakt mit dem neuralen Gewebe, da sie über einer der zahlreichen Einfaltungen der Hirnrinde liegen. Der Reizstrom einer solchen Elektrode erreicht mehrere Orte am Rand der Einfaltung, die aber nicht retinotop benachbart sind. Statt eines punktartigen Phosphens wird nur eine amorphe «Wolke» erzeugt.

Wenn ein optisches Bild Punkt für Punkt auf entsprechende Stellen der visuellen Rinde übertragen werden soll, dürfen solche fehlplatzierten Elektroden nicht genutzt werden. Doch selbst wenn alle 64 Reizelektroden mit der visuellen Rinde in Kontakt stünden, könnten die Erregungspunkte auch nur nach dem groben Raster eines Schachbrettes angeordnet werden. Entsprechend grobkörnig wäre auch ein Bild, das sich aus 64 Punktphosphenen unterschiedlicher Intensität zusammensetzt. So würde eine Anordnung von $100 \times 100$ Reizelektroden schon eine viel bessere Auflösung ermöglichen. Entsprechend wäre das Bild der TV-Kamera in 10 000 Pixel aufzulösen, von denen jedes einer Reizelektrode an passender Stelle der visuellen Rinde zugeordnet ist. Jedes Pixel des TV-Bildes erzeugt dann ein punktartiges Phosphen entsprechender Intensität, sodass 10 000 Phosphenpunkte dem blinden Betrachter einen bildhaften Gesamteindruck vermitteln. Im Raum vor seinem Gesicht «stünde» schließlich ein Gegenstand, den die TV-Kamera stellvertretend für seine zerstörte Retina aufgenommen hat.

## Ein neues Höhlengleichnis

Der blinde Betrachter unseres «Phosphentheaters» ähnelt in gewisser Weise dem Gefangenen in Platons finsterer Höhle. Er weiß um die Tiefe des dunklen Raumes, der ihn umgibt. Vor ihm schweben unter den Bedingungen des Experiments helle Punkte, Sterne, Körner, Scheibchen und Münzen. Sie gruppieren sich zu «Sternbildern» oder formen Linien, Bogen, Kreise und sogar Buchstaben, flackern auf und erlöschen.

Als Sehende verbinden wir jeden visuellen Eindruck mit Gegenständen, von denen wir seit früher Kindheit wissen, dass es sie tatsächlich gibt. Wir halten sie ganz selbstverständlich für wahr. Geleitet von unserem Gesichtssinn, können wir einige Schritte tun, mit einer Hand ausgreifen und schließlich einen Gegenstand fassen, den uns das Auge zeigt. Visuelle, taktile und haptische Wahrnehmungen münden dabei in dieselbe Erfahrung: Es handelt sich tatsächlich um genau das materielle Gebilde, das uns das visuelle System gezeigt hat. Wir können uns darauf verlassen, und niemand wird die aktuelle Erscheinung nur für ein gaukelndes Schattenspiel halten.

Die blinde Person aber sieht im dunklen Raum ebenfalls Gegenstände. Jedes Phosphen hat eine gewisse Ausdehnung und befindet sich an einem Ort in bestimmter Distanz zu einem inneren Zentrum, das im Kopf des Beobachters vermutlich zwischen und wenige Zenitmeter hinter den beiden Augen liegt. Ein Phosphen glimmt gelblich, flackert in milchigem Weiß und sticht als bläulicher Punkt hervor. Doch all diesen Wahrnehmungen entspricht kein Ding des physikalischen Raumes. Die blinde Person mag auf Stellen zeigen, an denen Phosphene blinken, doch liegt an diesen Orten nichts.

Der Schluss, dass in Armeslänge vor dem Gesicht ein paar schwache Lämpchen leuchten, wäre falsch. Wenn auch Phosphene einen Raum einnehmen, sind sie doch keine materiellen Gegenstände. Nichts kann sie in kleinere, feste Partikel zerlegen, die Atomen und Elementarteilchen entsprechen. Letztlich ist Materie «eingefrorene» Energie, die sich in den Formen stabiler Elementarteilchen verdichtet hat. Von diesen Teilchen gehen Kräfte aus. Doch kein Phosphen zieht das andere an oder stößt es ab. Es hat keine Masse und kein Gewicht. Es ist auch nicht

Energie, sondern eine primäre und pure, nicht weiter zerlegbare Eigenschaft. Phosphene besetzen auch keine Orte im physikalischen Raum, sie gehören zu einem ganz anderen Raum, der allerdings den physikalischen in sich abbildet. Es ist der Raum einer persönlichen Innenwelt. Nur die Stimme des Wahrnehmenden kann von den Ereignissen in dieser Innenwelt berichten, die den Blicken Fremder entzogen ist.

Empfangen unsere Augen kein Licht, sind wir Gefangene im Dunkel eines persönlichen Innenraumes. Der Strahlengang des Lichts bildet Sektoren des physikalischen Außenraumes, denen sich die Augen zuwenden, auf der Retina ab. Die axonale Impulsleitung wirft dieses Bild retinotop auf eine Schicht von Nervenzellen der visuellen Hirnrinde. Bis dahin verdanken wir die Zuordnung des umgebenden Raumes zu einem räumlichen Erregungsmuster der Hirnrinde einem genetisch vorbestimmten Programm, das den axonalen Bahnen während der embryonalen Phase ihren Weg vom Auge zum Gehirn gewiesen hat. Doch dann wird es phantastisch: Die Bildinformation tritt, dem Blick wissenschaftlicher Beobachter und all ihren Instrumenten verborgen, über eine geheimnisvolle Schwelle in eine Welt, deren Existenz bisherige Theorien der Naturwissenschaft nicht erklären konnten: Trotzdem lässt sie sich experimentell erforschen, indem der einsame Bewohner dieser Innenwelt von seinem Erleben berichtet und selbst anstelle eines Beobachtungsinstruments Ereignisse aus dieser Innenwelt für Außenstehende aufzeichnet. Platons Gefangener muss seine Innenwelt bezeugen.

Freilich ist sich dieser Gefangene bereits bewusst, dass ihn ein Raum umgibt, noch ehe darin ein Lichtschein flackert. Er selbst weist sich einen Platz in dessen Mitte zu und bestimmt von dort aus alle Richtungen und Tiefen in das Dunkel hinein. Der Raum wird sein allererster Gegenstand. Er tritt seinem Subjekt in einem Akt primärer Wahrnehmung gegenüber, sobald und sooft das Gehirn aus dem Schlaf erwacht.

Lokale elektrische Reize der visuellen Hirnrinde regen deren Nervenzellen an. Da aber jedes Neuron mit zahlreichen Neuronen anderer Gehirnteile verbunden ist, greift die Erregung vom visuellen Rindenfeld auf ein weitläufiges neurales Netzwerk über. Den Orten der visuellen

Rinde, an die elektrische Reize gelegt werden, entsprechen Orte eines persönlichen Innenraumes, an denen sich Phosphene zeigen. Offensichtlich bestimmt ein neurales Netzwerk die Topologie des persönlichen Innenraumes. Dann aber steht zu vermuten, dass erst die Aktivität eines solchen Netzwerkes diesen Innenraum aufspannt und Läsionen bestimmter Bereiche des Gehirns ihn wesentlich verengen können.

## Kapitel 11
## Neglect: Wenn die Höhle einstürzt

In beiden Hirnhälften legt sich der hintere Scheitellappen (Parietalcortex) wie ein Gürtel um die Polregionen der primären und sekundären visuellen Rindenfelder. Wie in anderen Bereichen des Gehirns kann dort ein Infarkt der versorgenden Blutgefäße neurales Gewebe vernichten. Für den betroffenen Patienten hat es besonders dramatische Folgen, wenn der Infarkt einen großen Teil des *rechten* Parietalcortex zerstört (Abb. 11.1). Die Umwelt scheint dem Betroffenen danach in verwirrender und zunächst kaum begreiflicher Weise verändert. Viele

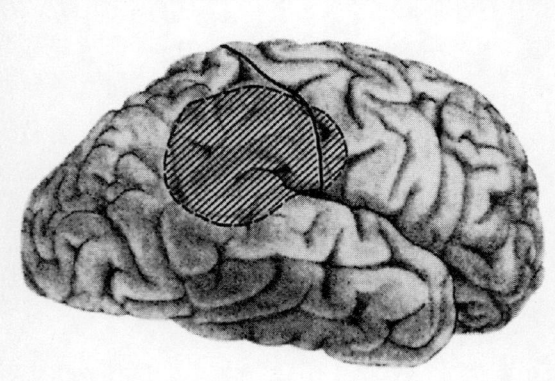

**Abb. 11.1  Hintere Parietalregion der rechten Hirnrinde, deren Zerstörung das Phänomen des linksseitigen Neglects hervorruft** (Heilman und Watson, 1977).

Patienten verhalten sich so, als gäbe es links der Mittellinie ihres Körpers und Gesichtsfeldes nichts mehr, also auch keinen Raum. Sie vernachlässigen alle Objekte im linken Gesichtsfeld und nehmen die linke Seite ihres Körpers nicht mehr wahr. Dies ist ganz wörtlich zu verstehen: Der Patient lebt nur noch mit einem halben Körper in einem halben Raum. In einem Fall wendete der Betroffene seinen Körper im Bett fortwährend rechtsherum, da für ihn die Welt links der Mitte endete. Ein anderer *Neglect*-Patient sah, den Blick nach links gewandt, zwar Arm und Bein an seiner linken Körperseite, doch wunderte er sich darüber, wie diese «fremden» Körperteile in sein Bett gekommen waren.

## Das Neglect-Syndrom

Ungeachtet solch tief greifender Störungen bleiben alle geistigen Fähigkeiten unberührt. Die Patienten können sich ohne Einschränkung sprachlich mitteilen, sie können lesen, schreiben und zeichnen. Aber sie beginnen einen Text erst in der Mitte einer Zeile zu lesen. Die ganze linke Seite eines Blattes, auf das sie den Blick gerichtet halten, verschwindet im Nichts. Man kann gedruckte Textseiten heranziehen, um damit die veränderte Wahrnehmung von Neglect-Patienten zu testen. Die Stellen, an denen sie zu lesen beginnen, werden angestrichen. Die Trennstriche bilden dann Zeile für Zeile eine senkrechte Linie, die in der Mitte des Blattes verläuft.

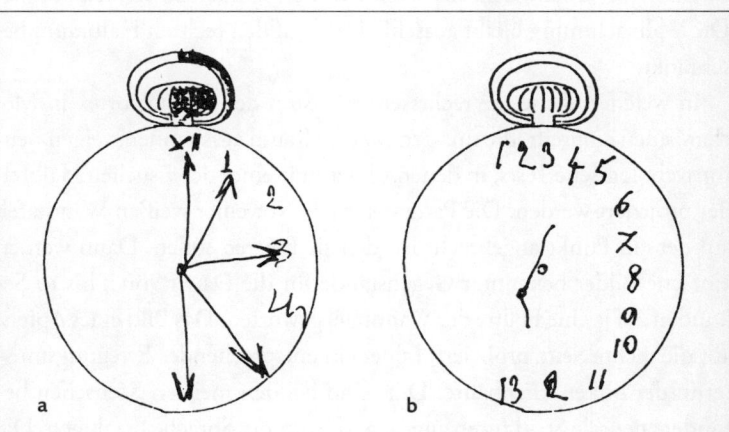

**Abb. 11.2   Beschriftungen des Zifferblattes einer Uhr durch zwei Neglect-Patienten** (Bisiach et al., 1981).

Werden die Patienten gebeten, einen bestimmten Gegenstand nach einer Vorlage zu zeichnen, erfassen sie in ihrer Skizze nur den rechten Teil der Vorlage. Dabei gibt es gewisse Unterschiede: So wurde zwei Patienten das Zifferblatt einer Uhr gezeigt: Der eine zeichnete nur die Ziffern von 1 bis 4 (Abb. 11.2 a). Der andere trug alle Ziffern von 1 bis 13 ein, gruppierte sie jedoch in der rechten Hälfte des gezeichneten Zifferblattes. Er bedachte offensichtlich, dass eine Uhr normalerweise 12 Ziffern hat. Da er jedoch die linke Seite nicht darstellen konnte, setzte er alle 12 Ziffern und die 13 auf die rechte Seite (Abb. 11.2 b).

Im Gegensatz zu Personen, deren visuelle Sehbahn auf einer Seite des Gehirns geschädigt ist, sind Neglect-Patienten nicht blind. Ihre visuelle Hirnrinde empfängt von den Augen ein vollständiges Bild des gesamten Gesichtsfeldes, von dem jedoch nur die rechte Hälfte bewusst wird.

Ein Mensch mit einer Erblindung im linken Gesichtsfeld nimmt diesen Teil als schwarze Leere wahr. Er kann zwar dort nichts sehen, ist sich aber des Raumes bewusst, der sich zu seiner Linken ausdehnt. Ganz anders ist die Wahrnehmung eines Neglect-Patienten: Für ihn sind nicht nur einzelne Gegenstände des linken Halbraumes außerhalb seines Bewusstseins. Links der Mitte des Gesichtsfeldes scheint überhaupt kein Raum mehr zu sein, dem sich seine Aufmerksamkeit zuwenden könnte. Die Wahrnehmung bleibt ausschließlich auf den rechten Halbraum beschränkt.

In welcher Weise die rechtsseitige Läsion des Parietalcortex in Mechanismen eingreift, die uns den *inneren* Raum aufspannen, zeigen neuropsychologische Tests, in denen Bilder in je eines der visuellen Halbfelder projiziert werden. Die Patienten sitzen vor einer weißen Wandtafel, auf der ein Punkt angebracht ist, den sie fixieren sollen. Dann werden einfache Bilder bekannter Gegenstände für die Dauer von 5 bis 10 Sekunden auf je eine Hälfte der Wandtafel geworfen. Das Bild eines Apfels, auf die rechte Seite projiziert, bildet ein entsprechendes Erregungsmuster in der linken Hirnhälfte. Dort sind bei den meisten Menschen besondere neurale Strukturen angelegt, die uns der Sprache befähigen. Die rechte Hirnhälfte dagegen verfügt nur über eine sehr begrenzte Sprachkompetenz. Sie kann zwar einzelne Objekte benennen, bildet aber keine Sätze nach grammatikalischen Regeln. Daher benennt das dominante

Sprachzentrum der linken Hirnhälfte eines Neglect-Patienten, was dieser sieht, und beschreibt den auf der rechten Seite gezeigten Gegenstand korrekt als «Apfel» (Abb. 11.3a).

Wird das Bild des Apfels auf die linke Seite der Wandtafel projiziert, bildet es sich ausschließlich in der rechten visuellen Hirnrinde als Erregungsmuster ab. Das Sprachzentrum «erfährt» davon aufgrund der Aktionsimpulse, die von diesem Erregungsmuster durch das Faserbündel des *Corpus callosum* zur linken Hirnhälfte laufen. Seltsamerweise können einige Neglect-Patienten ein einzelnes Bild in ihrem linken Gesichtsfeld sehen und es wiederum richtig als «Apfel» benennen (Abb. 11.3b).

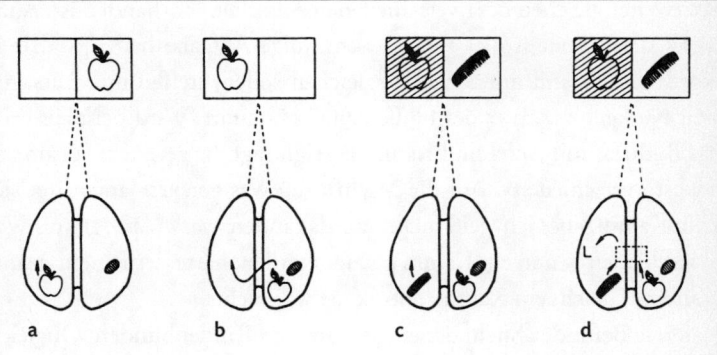

**Abb. 11.3** Vier verschiedene Präsentationen von Gegenständen im linken und rechten Gesichtsfeld und deren Wiedergabe durch einen Neglect-Patienten. Die Auslöschung eines Gegenstandes des linken Gesichtsfeldes erfolgt, wenn gleichzeitig im rechten Gesichtsfeld ein anderer Gegenstand gezeigt wird (Volpe et al., 1979).

Wird jedoch in einem Test das Bild des Apfels auf der linken gleichzeitig mit dem eines anderen Gegenstandes auf der rechten Seite angeboten, nimmt der Neglect-Patient allein diesen zweiten Gegenstand wahr und benennt nur ihn. Im vorgegebenen Beispiel ist dies ein Kamm. Das Bild des Apfels hingegen verschwindet im Nichts. Auf die Nachfrage, welcher Gegenstand sonst noch zu sehen war, bestätigt der

Patient, weiter nichts erkannt zu haben (Abb. 11.3 c). Offensichtlich *löscht* die visuelle Wahrnehmung eines Objektes im rechten Gesichtsfeld alles, was sich im linken Gesichtsfeld befindet. Neglect-Patienten sind in ihrem linken Gesichtsfeld nicht blind, aber ihre Aufmerksamkeit wird vom rechten Gesichtsfeld dominiert, sofern ein Gegenstand darin erscheint. Da dies unter den alltäglichen Umständen stets zutrifft, bleibt die Aufmerksamkeit eines Neglect-Patienten ganz im rechten Halbraum gefangen.

Dieser Test kann noch etwas abgewandelt werden: Man zeigt Neglect-Patienten wiederum eine Serie projizierter Bildpaare mit gleichen oder verschiedenen Gegenständen und bittet sie zu raten, ob neben dem Gegenstand, den sie auf der rechten Seite ihres Gesichtsfeldes erkennen, ein zweiter gleichen oder verschiedenen Aussehens vorhanden ist. Auch wenn die Patienten dies für eine unsinnige Aufgabe halten, da sie ja einen Gegenstand mit nichts vergleichen sollen, treffen ihre Aussagen weit häufiger zu, als es der bloße Zufall einräumt. Wird beispielsweise das Bildpaar mit Apfel und Kamm gezeigt, sagt die getestete Person zunächst «verschieden». Auf die Nachfrage «Was genau?» antwortet sie: «Ein Kamm, aber ich weiß nicht, was das andere war» (Abb. 11.3 c). Wäre auf beiden Seiten ein Kamm gezeigt worden, hätte der Patient geantwortet: «Gleich, ein Kamm, aber sonst war nichts.»

Diese Befunde ähneln denen von einseitig Rindenblinden. Obgleich der Gegenstand zur Linken nicht bewusst wird, vergleicht ihn das Gehirn mit einem Gegenstand zur Rechten. Nur dieser wird jedoch in das Bewusstsein des Neglect-Patient getragen. Wie bei den halbseitig rindengeschädigten Blinden sind wahrscheinlich neurale Mechanismen unterhalb der Hirnrinde tätig, wenn einem Neglect-Patienten solche scheinbar paradoxen Vergleiche von Gegenständen gelingen, von denen einer bewusst wird, der andere aber nicht. Offensichtlich wirkt der nichtbewusste Teil in das Bewusstgewordene hinein.

## Die blinde Seite des tauben Mannes

Die klinische Neuropsychologie kennt Patienten, zu deren einer Behinderung eine zweite hinzugekommen ist, die mit der ersten in unvorhergesehener Weise zusammenwirkt. Solche Einzelschicksale ermöglichen Erkenntnisse darüber, wie verschiedene neuronale Prozesse miteinander wechselwirken, sich gegenseitig behindern oder ergänzen. Die amerikanischen Neuropsychologen David Corina, Mark Kritchevsky und Ursula Bellugi haben einen solchen Patienten untersucht und seine überraschenden Fähigkeiten in einer aufschlussreichen Einzelfallstudie beschrieben.

Ein rechtshändiger, tauber Mann hatte im Alter von 58 Jahren einen rechtsseitigen Hirninfarkt erlitten. Obwohl von Geburt an taub, waren ihm doch einige Hörreste geblieben. Daher hatte er als Kind sich zu artikulieren gelernt und sprach, als einziges taubstummes Familienmitglied, mit seiner Familie, seinen Freunden und den späteren Arbeitskollegen Englisch. Im Alter von fünf Jahren erlernte er an einer Schule für Taubstumme die amerikanische Zeichensprache. Sie wurde sein bevorzugtes Kommunikationsmittel im Umgang mit anderen tauben Personen. Er lebte allein und arbeitete bis zu seinem Schlaganfall als Angestellter in einer Flugzeugfabrik.

Drei Jahre nach seinem Hirninfarkt zeigte eine neurologische Untersuchung, dass er Gegenstände seines linken Gesichtsfeldes nicht bemerkte. Auch seine Empfindung für milde Schmerz- und Berührungsreize in der linken Körperhälfte war herabgesetzt, wobei sich Arm und Bein dort als leichtgradig spastisch erwiesen. Eine Kernspintomographie belegte einen alten Infarkt der rechten Hirnhälfte, der große Teile des frontalen, parietalen und temporalen Lappens geschädigt hatte.

Von der Zeichensprache wissen wir, dass sie ebenso wie die gesprochene Sprache von der linken Hirnrinde semantisch, syntaktisch und motorisch organisiert wird. Der rechtsseitige Hirninfarkt hatte daher keinen störenden Einfluss auf die Fähigkeit des Patienten, Zeichensprache zu gebrauchen. Hätte den tauben Mann anstelle des rechtsseitigen Infarktes ein entsprechend ausgedehnter Infarkt in seiner linken Hirnhälfte getroffen, wäre ihm die Zeichensprache abhanden gekommen wie anderen Menschen die gesprochene. Er wäre ein *Aphasiker* der Zeichensprache geworden.

So aber konnte er weiterhin mit diesem Medium kommunizieren. Da die Zeichensprache jedoch durch Gesten beider Hände ausgeführt wird, war zu erwarten, dass der taube Neglect-Patient sie nicht mehr uneingeschränkt verstehen könne. Zumindest wurde erwartet, dass es ihm große Schwierigkeiten bereiten würde, Handzeichen von der rechten Hand zu entschlüsseln, da diese in seinem «blinden» Gesichtsfeld verschwand. Es stellte sich jedoch heraus, dass der taube Mann die Zeichensprache nach wie vor sowohl in der Konversation als auch in einem besonderen Test uneingeschränkt verstand. Dies war umso erstaunlicher, da die Zeichen gebende Person zeitweise so weit zur Linken des Patienten stand, dass dieser sie vollkommen übersah. Erst nachdem er sich bewusst nach links gewendet hatte, bemerkte er den Zeichensender und zeigte sich von dessen Anwesenheit überrascht. Er hatte sich bis zu diesem Augenblick buchstäblich mit einem Niemand in der Zeichensprache unterhalten. Um dieses Phänomen zu verstehen, wurde ein besonderes Testverfahren entwickelt.

Eine Videoaufnahme zeigt eine Person, die mit den Händen Wörter und kurze Sätze in der amerikanischen Zeichensprache formt, wie es einer normalen Konversation zwischen Taubstummen entspricht. Zwischen den Wörtern und Sätzen hebt die Person gelegentlich einen bekannten Gegenstand – eine Kamera, eine Haarbürste, ein Telefon und Ähnliches – mit der rechten oder linken Hand auf Schulterhöhe. Diese Gegenstände erscheinen für den Betrachter im rechten oder linken Feld des Videobildes. Sie haben jedoch nichts mit den zuvor in Zeichensprache vermittelten Begriffen zu tun. Durch eine besondere elektronische Bearbeitung ist es möglich, das Bild des Monitors an der Mittellinie zu spiegeln, sodass alle Szenen wahlweise auch seitenverkehrt abgespielt werden können.

Die ausgewählten Handzeichen unterscheiden sich darin, dass sie entweder nur mit einer Hand oder gleichzeitig mit beiden Händen geformt werden müssen, um korrekt zu sein. So wird das einhändige Zeichen für «Vater» in der amerikanischen Zeichensprache mit einer offenen Hand in Augenhöhe gebildet. Alle fünf Finger sind dabei ab-

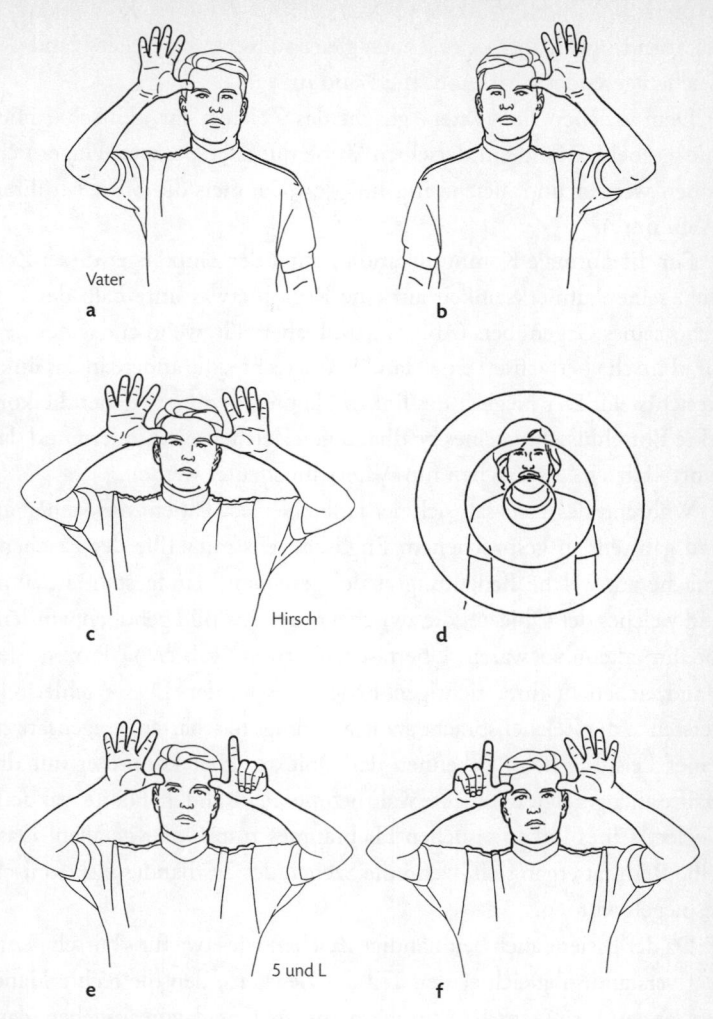

Vater

a

b

c

Hirsch

d

5 und L

e

f

**Abb. 11.4 Verschiedene Handstellungen der amerikanischen Zeichensprache:** a) und b) korrekte, einhändige Zeichen für «Vater», c) korrektes, beidhändiges Zeichen für «Hirsch», d) visueller Raum, auf den sich Empfänger solcher Zeichen konzentrieren, e) und f) falsche, beidhändige 5+L-Zeichen. Diese und ähnliche Zeichen werden benutzt, um die visuellen und semantischen Fähigkeiten tauber Neglect-Patienten zu testen (Corina et al., 1996).

gespreizt. Die Hand wird so bewegt, dass der Daumen zweimal gegen die Stirn tippt. Dabei ist es jedoch gleichgültig, mit welcher Hand das Zeichen gesendet wird (Abb. 11.4a und b).

Dem Zeichen für «Vater» gleicht das Zeichen für «Hirsch». Hier müssen beide Hände in derselben Weise mit abgespreizten Fingern erhoben werden und gleichzeitig mit den Daumen die Stirn berühren (Abb. 11.4c).

Für die normale Kommunikation richtet der Empfänger dieser Zeichen seine Aufmerksamkeit auf eine Region etwas unterhalb des Gesichts seines Gegenübers (Abb. 11.4d). Daher fällt, wenn er das Zeichen für «Hirsch» betrachtet, eine Hand in das rechte, die andere in das linke Gesichtsfeld. Der Neglect des linken Halbfeldes müsste daher die korrekte Entschlüsselung eines beidhändigen Zeichens verhindern und das Wort «Hirsch» als Zeichen für «Vater» missdeutet werden.

Während des Tests sah sich der taube Neglect-Patient die Szenen an und gab teils in gesprochenem Englisch, teils mit Hilfe der Zeichensprache an, welche Bedeutung er der gezeigten Handgesten entnahm und welches der Objekte, die zwischendurch ins Bild gehoben wurden, für ihn erkennbar waren. Überraschenderweise gab er 94 Prozent der Handzeichen in ihrer richtigen Bedeutung wieder. Dieses fehlerfreie Verstehen der Zeichensprache stand allerdings in scharfem Gegensatz zu seiner Leistung beim Erkennen der Objekte. Hier konnte er nur die Hälfte aller gezeigten Objekte wahrnehmen. Die andere Hälfte war dem Neglect seines linken visuellen Halbraumes zum Opfer gefallen. Dasselbe Resultat ergab sich, wenn die Szenen des Testbandes elektronisch gespiegelt wurden.

Da der Patient auch beidhändige Zeichen wie etwa für «Hirsch» korrekt verstand, obgleich er den Teil des Zeichens, den die rechte Hand des Senders formte, nicht wahrnahm, musste man davon ausgehen, dass sich eine Handgeste auch im linken, «blinden» Gesichtsfeld neuronal abbildet und die innere Repräsentation des gesamten Zeichens beeinflusst, obgleich sie nicht bewusst wahrgenommen werden kann. Auch wenn nur der rechte Anteil des Handzeichens ins Bewusstsein dringt, kann der taube Neglect-Patient die gesamte Konfiguration richtig erfassen. Offensichtlich wirkt hier derselbe Mechanismus, der sich an

Neglect-Patienten beobachten lässt, die Gegenstände ihres rechten, «sehenden» Gesichtsfeldes mit denen ihres linken, «blinden» Feldes vergleichen und dabei überdurchschnittlich gut abschneiden.

Diese Deutung wird von einem weiteren Test gestützt. Wir können erwarten, dass der taube Neglect-Patient ein zweihändig geformtes, unsinniges Zeichen nur dann als korrektes Signal aufnimmt, wenn wenigstens ein Teil des Zeichens erklärbar ist. Anderenfalls müsste er das gesamte Zeichen als falsch oder sinnlos erkennen. Beispielsweise könnte eine Hand die fünf Finger abspreizen («Vater»), während die andere mit Daumen und Zeigefinger ein L-förmiges Zeichen bildet (Abb. 11.4 e und f). Diese L-Form hat innerhalb der amerikanischen Zeichensprache keine Bedeutung. Wenn dem Patienten ein Videobild gezeigt wird, auf dem die korrekte Handgeste mit fünf abgespreizten Fingern in seinem linken Gesichtsfeld erscheint, die L-Form aber im rechten, wertet er die ganze Geste des Senders als unsinnig (Abb. 11.4 e). Wird das Bild jedoch gespiegelt, deutet der Patient das gesamte Zeichen als korrekten Ausdruck für den Begriff «Hirsch». Die unsinnige L-Form wird hier durch eine Figur mit fünf abgespreizten Fingern ersetzt, die das Zeichen der anderen Hand zu einer sinnvollen Konfiguration ergänzt (Abb. 11.4 f).

Wie diese Beispiel zeigen, durchdringt die innere semantische Repräsentation der Gegenstände und räumlichen Muster auf geheimnisvolle Weise den Raum der aktuellen sinnlichen Wahrnehmung und kann Informationen selbst jenen Teilen dieses Innenraumes entreißen, die dem Neglect zum Opfer gefallen sind.

## Der Domplatz in Mailand

Alle bisher beschriebenen klinischen Zeichen und die Ergebnisse neuropsychologischer Tests belegen, dass Neglect-Patienten aktuelle Sinnesreize vernachlässigen, die sie von Gegenständen des linken Halbraumes einschließlich ihres eigenen Körpers empfangen. Wie aber steht es mit Gegenständen, die sie nicht unmittelbar im Raum sehen, sondern sich nur vorstellen? Betrifft der Neglect allein die aktuelle, egozentrische Perspektive der physikalischen Außenwelt oder auch solche räumlichen

Anordnungen, die man sich nur gedanklich vergegenwärtigt? Können Neglect-Patienten, die nicht sehen und fühlen, was von links kommt, wenigstens sagen, ob Gegenstände und Orte, die ihnen vertraut sind, zur rechten oder linken Seite liegen, wenn sie sich daran erinnern? Kann sich ein Neglect-Patient beispielsweise in Gedanken auf einen vertrauten Platz seines Wohnortes stellen und markante Gebäude benennen, die um diesem Platz stehen?

Eduardo Bisiach und Claudio Luzzatti vom Zentrum für Neurologie der Universität Mailand haben genau diese Frage gestellt. Eine Antwort gaben ihnen zwei ihrer Neglect-Patienten:

Eine 86-jährige ehemalige Geschäftsfrau hatte einen Hirninfarkt erlitten, ohne bewusstlos geworden zu sein. Sie konnte danach Gegenstände in ihrem linken Gesichtsfeld nicht mehr sehen. Auf ihrer linken Körperseite nahm sie keine Reize mehr wahr. Ihr linker Arm und ihr linkes Bein waren spastisch gelähmt. Trotz dieser schweren Behinderung gab sie einige Tage später an, in ihren Bewegungen nur geringfügig eingeschränkt zu sein und kein verengtes Gesichtsfeld zu haben. Wie andere Neglect-Patienten war sie sich des Schweregrades ihrer neurologischen Ausfälle nicht bewusst. Als sie aufgefordert wurde, in einem symmetrischen Muster von insgesamt dreizehn Punkten alle nacheinander anzutippen, im Zentrum beginnend, berührte sie nur die sechs Punkte auf der rechten Seite und sagte: «Ich denke, ich habe alle angetippt.» Dann zögerte sie einige Sekunden und berührte auch alle übrigen Punkte.

Danach wurde die Patientin gebeten, die Piazza del Duomo in Mailand zu beschreiben und einige ihr vertraute Gebäude im Umkreis der Kathedrale zu nennen (Abb. 11.5). Zuerst sollte sie sich vorstellen, am Ende der Piazza gegenüber dem Portal der Kathedrale zu stehen und das zweite Mal auf den Stufen vor dem Portal mit Blick über die Piazza.

Aus der ersten Perspektive beschrieb sie ihre Vorstellung wie folgt: «die Kathedrale mit ihren Stufen vor mir; der königliche Palast (1); die Treppen (2); der Arengario (3); und weiter, der Archiepiscopal Palast (4); dann die Via delle Ore (5)». Alle diese Gebäude und Lokalitäten befinden sich jedoch ausschließlich auf der rechten Seite des Domplatzes (Abb. 11.5).

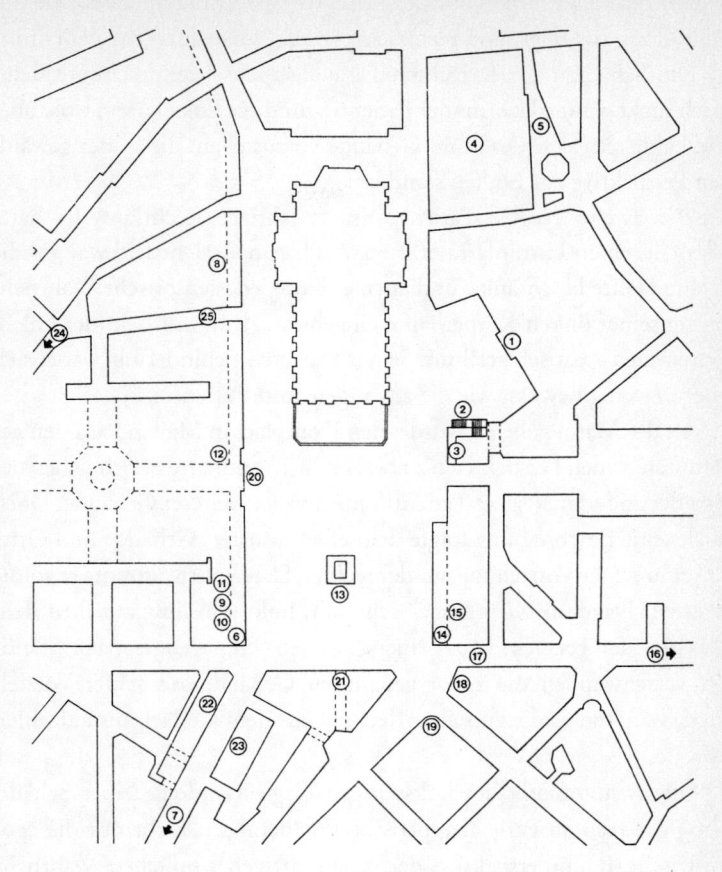

**Abb. 11.5 Der Domplatz in Mailand** Die Zahlen in der Karte bezeichnen bekannte Gebäude und Orte. Patienten mit Schädigungen der rechten, hinteren Parietalregion der Hirnrinde konnten aus dem Gedächtnis nur solche Gebäude des Domplatzes nennen, die in der jeweiligen gedanklichen Perspektive zu ihrer rechten Seite standen (Bisiach und Luzzatti, 1978).

Aus der entgegengesetzten Perspektive zählte die Patientin folgende Gebäude auf: «die Arkaden mit den Einkaufsgeschäften (gemeint sind die nördlichen Arkaden) (6), die Via Dante (7), das Rinascente (8), die Juwelierläden (9 + 10), einen Hemdenladen (11), die Motta (12)». Alle **181** diese Lokalitäten liegen auf der linken Seite des Domplatzes, wie ihn Abbildung 11.5 zeigt, und rechtsseitig in der Vorstellung der Patientin.

Die Schädigung des rechten Parietallappens beeinträchtigte demnach nicht das Gedächtnis der Patientin für diese Lokalitäten, wohl aber die Fähigkeit, sich Orte und Gebäude vorzustellen, die in der gewählten Perspektive zur Linken standen.

Der zweite Neglect-Patient, ein 72-jähriger Rechtsanwalt, hatte ebenfalls einen Hirninfarkt erlitten. Auch sein Gesichtsfeld war auf die rechte Hälfte beschränkt, und auch er hatte jede sensorische Wahrnehmung seiner linken Körperhälfte eingebüßt. Arm und Bein der linken Seite waren spastisch gelähmt. Seiner schweren Behinderung war er sich ebenso wenig bewusst wie die zuvor genannte Patientin.

Als der Mann gebeten wurde, den Domplatz in Mailand aus den genannten beiden Perspektiven zu beschreiben, erinnerte er sich neben denen der anderen Neglect-Patientin noch vieler weiterer Gebäude. Doch auch seine Beschreibung folgte demselben Muster: Gebäude und Orte, die er in seiner Vorstellung auf der rechten Seite wusste, konnte er sofort nennen. Dagegen blieb ausgelöscht, was links von ihm war. Mit dem Wechsel der Perspektive zu einem zweiten, entgegengesetzten Standort verschwanden die zuvor genannten Gebäude aus seiner Vorstellung, während er die zu seiner Rechten aus dem Gedächtnis aufzählen konnte.

Die Symptomatik des linksseitigen Neglects infolge einer Schädigung des rechten Parietallappens betrifft demnach nicht nur die egozentrische Raumperspektive der gegenwärtigen sinnlichen Wahrnehmung, sondern auch den persönlichen Innenraum unserer Vorstellung. Gesunde Menschen können ihn rechts und links, oben und unten mit allerlei Gegenständen ihrer Phantasie füllen. Ein Neglect-Patient aber kann nur noch die rechte Hälfte seines ursprünglichen Innenraumes gedanklich besetzen. Sein persönlicher Innenraum ist auf der linken Seite zusammengebrochen. Es bilden sich darin weder Gegenstände ab, die er sinnlich wahrnimmt, noch Figuren seiner Erinnerung.

Und so setzt sich unser modernes Höhlengleichnis fort: Es ist für einen Neglect-Patienten, als sei die Decke der Höhle, in der er als Gefangener sitzt, eingestürzt und habe ihre linke Hälfte mit Gesteinsmassen zugeschüttet. Die äußere Welt wirft nur noch Reflexe auf die verbliebene Wand zur Rechten. Da Lichter und Schatten alles sind, was ein Gefangener in dieser Höhle erfahren kann, ist seine Welt dort zu Ende, wo keine Wand mehr Licht von außen aufnimmt. Der Raum seiner Erfahrung ist im Vergleich zu einem normal wahrnehmenden Menschen bedeutend eingeengt, doch vermisst der Gefangene als Neglect-Patient die verschüttete Raumhälfte nicht.

## Ungleiche Hirnhälften

Der Halbraum, in dem wir Dinge wahrnehmen oder uns vorstellen, bricht zur linken Seite weg, wenn ein bestimmter Bereich des rechten, hinteren Parietallappens geschädigt ist. Wird hingegen spiegelsymmetrisch ein gleich großer Bereich auf der linken Hirnhälfte zerstört, bleibt der gesamte innere Raum erhalten. Offensichtlich können die neuralen Strukturen des rechten Parietalcortex für sich allein den gesamten Innenraum aufspannen. Daher ist anzunehmen, dass es dort zwei Netzwerke gibt, von denen eines der rechten, das andere der linken Hälfte des Raumes zugeteilt ist. Die neuronale Aktivität dieser Netzwerke verschiebt unsere Aufmerksamkeit ungehindert von einem Halbraum in den anderen. Der linke Parietallappen bildet dagegen ausschließlich die rechte Raumhälfte ab.

Wenn sich beide Hirnhälften auch an Größe und Form gleichen, arbeiten sie doch in sehr unterschiedlicher Weise. Ein sprachdominantes Zentrum im linken Schläfenlappen meistert Sprache und sprachlich geleitetes Denken. Außerdem bevorzugen die meisten Menschen ihre rechte Hand für praktische und handwerkliche Tätigkeiten. Offensichtlich spielt das linke Gehirn eine wichtige Rolle in der Vorbereitung und Ausführung von Handlungsentwürfen. Auf hochwertige Formen der Informationsverarbeitung festgelegt, musste die linke Hirnhälfte andere Funktionen an die rechte abtreten. Wahrscheinlich kann die linke Hirnhälfte aus diesem Grund nicht den gesamten persönlichen Innenraum, sondern nur dessen rechten Teil aufspannen und steht mit dieser Aufgabe allein, wenn der rechte, hintere Parietallappen zerstört wird. Das

Neglect-Syndrom macht somit deutlich, dass die linke Hirnhälfte den Raum nur eingeschränkt repräsentieren kann. Die Aufmerksamkeit des linken Gehirns wird überwiegend nach rechts gerichtet und von jedem Objekt der rechten Raumseite festgehalten, sodass sie sich nicht nach links wenden kann. Gegenstände der linken Raumhälfte finden dann keine Beachtung mehr. Sie werden uns ebenso wenig bewusst wie das stete Ticken einer Uhr, dem wir, einmal daran gewöhnt, die Aufmerksamkeit entzogen haben.

Es bedarf also der gerichteten Aufmerksamkeit, um einen Gegenstand in das Bewusstsein zu heben. Wohin sich die Aufmerksamkeit wendet, legen neurale Netzwerke fest, die sich über beide Seiten des hinteren Parietallappens erstrecken, jedoch in der rechten Gehirnhälfte anders beschaffen sind als in der linken. Nach einer Zerstörung des rechten Parietallappens bleibt die Aufmerksamkeit zumeist auf die rechte Seite des Raumes beschränkt. Ein Neglect-Patient kann daher Gegenstände zu seiner Linken nicht sehen, obgleich seine intakte visuelle Hirnrinde Abbilder dieser Gegenstände empfängt. Offensichtlich sehen wir Gegenstände nicht unmittelbar, nachdem die visuelle Rinde ein entsprechendes Erregungsmuster hervorgebracht hat, sondern erst, wenn dieses auf die parietalen Netzwerke weiterprojiziert wird. In diesem Moment gelangt der Gegenstand unserer Wahrnehmung in den Innenraum des Bewusstseins.

Andererseits erschließt sich dieser Innenraum zunächst in den unterschiedlichen Richtungen, denen sich unsere Aufmerksamkeit nach und nach zuwendet. Er endet dort, wohin sie aufgrund einer zentralen Störung des Gehirns nicht gelangen kann. Diese stete Wachsamkeit zeigt sich beispielsweise in den willkürlichen Augenbewegungen, die wir selbst in vollkommener Dunkelheit ausführen, wenn kein Gegenstand den Blick auf sich zieht.

Während sich unsere Aufmerksamkeit mit jedem Augenblick verlagert, wird der Raum in eine Vielzahl von Orten aufgelöst. Gegenstände besetzen diese Orte, halten untereinander bestimmte Abstände, gruppieren und häufen sich. Man muss die geometrischen Beziehungen und Mengenverhältnisse nicht ausdrücklich verstehen, um den Raum und die darin enthaltenen Gegenstände zu erkennen. Dies geschieht in einem

Akt ganzheitlichen Erfassens. Wenn wir jedoch die relative Lage von Gegenständen beurteilen oder diese nach Teilmengen gruppieren und vergleichen wollen, brauchen wir bestimmte neurale Strukturen.

Diese Leistung können wir dem hinteren Parietallappen des linken Gehirns zuschreiben. Personen, die dort eine Schädigung erlitten haben, zeigen das erstmals von dem Wiener Neurologen Joseph Gerstmann beschriebene Syndrom der *Akalkulie*. Sie haben den Sinn für Zahlen, Mengen und Relationen verloren und sind nicht mehr fähig, die Grundrechenarten anzuwenden oder Zahlen nach ihrer Größe zu ordnen. Spiegelsymmetrisch zu den rechtsseitigen Parietalregionen, deren Verletzung einen Neglect des linken Halbraumes nach sich zieht, liegt ein Feld des linken Parietallappens, das uns befähigt, Begriffe und Operationen der Mathematik zu gebrauchen. Wenn auch die neuralen Strukturen des linken Parietallappens, allein auf sich gestellt, nur die rechte Seite der Welt vermitteln können, öffnen sie andererseits einen neuen, abstrakten Nebenraum, den Raum der Zahlen und Mengen. Zweifellos wäre unser modernes Weltbild, das sich größtenteils aus der mathematischen Formulierung physikalischer Gesetze herleitet, ohne die Tätigkeit neuraler Strukturen des linksseitigen Parietallappens nie zustande gekommen. Da er uns mathematisches Denken ermöglicht, hat er wesentlichen Anteil an der Wirksamkeit unseres «Weltbildapparates».

## Cartesisches Theater

Innerhalb des persönlichen Raumes, den die neuronale Aktivität eines intakten Parietallappens «aufspannt», existiert eine gesonderte Zone. Sie spiegelt den Körper wider und setzt der Innenwelt ein Zentrum, an das unser Ich gebunden zu sein scheint. Alle Gegenstände werden in der Perspektive eines virtuellen Punktes wahrgenommen, der innerhalb des Kopfes zwischen und etwas hinter den beiden Augen angenommen wird. Visuelle, akustische und taktile Signale sind auf diesen Punkt bezogen, fast als säße dort ein Geist und würde betrachten, was sich um ihn herum ereignet. Der Kopf wird zum Schauspielhaus, in dessen

Mitte ein einzelner Gast Platz genommen hat, der ein Stück betrachtet, das ihm die Sinne aufführen. Nervenzellen und Fasern, Synapsen und Transmitter sind darin nichts weiter als Apparate der Bühnentechnik. Sie gehorchen physikalischen Gesetzen, und ihre Wirkungsweise kann erklärt werden. Der betrachtende Geist aber entzieht sich dieser Art der Beschreibung. Er bleibt ein körperloser Fremder, ein Phantom in einer Welt, deren Gegenstände sich vermessen und anhand mathematischer Gesetze darstellen lassen. Descartes glaubte, dass dieser fremde Gast die Zirbeldrüse des Gehirns bewohne. Ist unser Gehirn ein cartesisches Theater?

Diesem virtuellen Ort, aus dessen Perspektive die Gegenstände bewusst werden, entspricht nichts Vergleichbares im physikalischen Raum. Hinter dem Augenpaar finden wir das Chiasma opticum und dessen benachbarte Hirnstrukturen. Nichts weist sie als Sitz des Bewusstseins aus. Dennoch erfahren wir die Welt, als befände sich unser Ich in einem Zentrum hinter den Augen. Jeder Gegenstand erscheint dort in einem bestimmten Winkel, einer bestimmten Entfernung. Alle Geräusche hören wir aus einer bestimmten Richtung kommen und schätzen den Abstand ihrer Quelle zu diesem virtuellen zentralen Ort. Jede Berührung, jeder Schmerz wird in Relation zu ihm an eine bestimmte Stelle verlegt. So erfahren wir Orte taktiler und schmerzender Reize auf unserem Körper.

Das Gehirn aber grenzt den Bereich des Körpers vom übrigen Raum unserer Innenwelt ab. Auch diese Leistung verdanken wir dem Parietallappen. Es ist jedoch nicht dessen hinteres Band, sondern ein weiter vorne gelegener Streifen, der dafür ausgebildet wurde. Während der hintere Parietalcortex uns den inneren Raum als Ganzes vermittelt, befindet sich im vorderen Parietalcortex ein besonderer Kernbezirk, der unseren Körper widerspiegelt.

### Das Körperbild

Ähnlich dem Gesichtsfeld, das Punkt für Punkt und je zur Hälfte im rechten oder linken Gehirn abgebildet wird, findet sich die Körperoberfläche ebenfalls zur Hälfte im rechten und im linken Teil des vorderen Parietallappens wiedergegeben. Alle Aktionsimpulse, welche die Sinneszellen der Haut auf Berührung oder Wärme- und Kältereize hin erzeugen, leiten axonale Bahnen dorthin. Auch Sinneszellen, die die mechanische Spannung der Muskeln und die Stellung der Gelenke messen, senden Impulse entlang axonaler Bahnen, die von einer Körperseite zur entgegengesetzten Hirnhälfte kreuzen und im vorderen Parietallappen der jeweiligen Hirnhälfte münden. Wir spüren daher die linke Seite unseres Körpers mit dem rechten, die rechte Seite mit dem linken Gehirn.

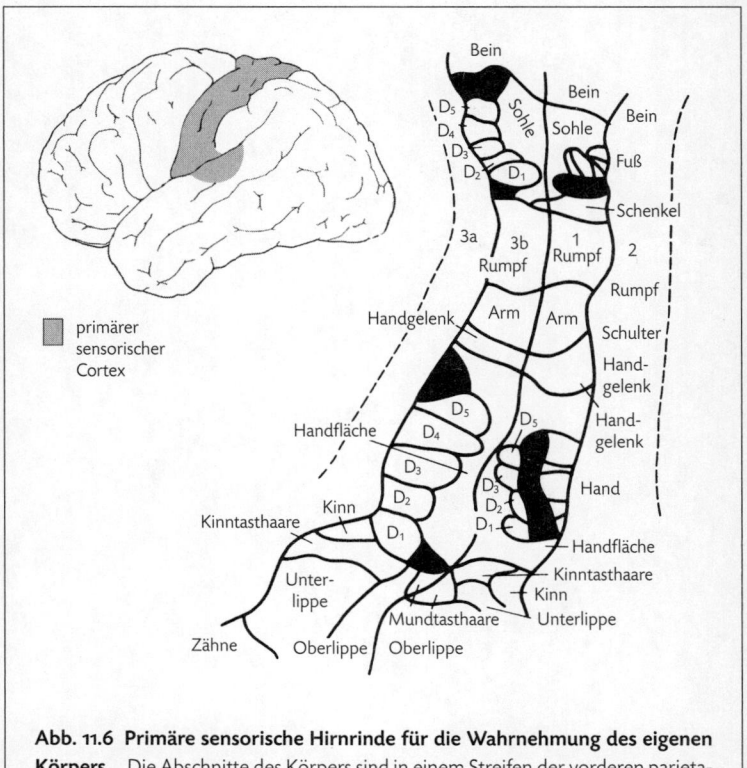

**Abb. 11.6 Primäre sensorische Hirnrinde für die Wahrnehmung des eigenen Körpers** Die Abschnitte des Körpers sind in einem Streifen der vorderen parietalen Hirnrinde nach der anterioren-posterioren Körperachse in kleinen Funktionsinseln repräsentiert (Kaas et al., 1979).

Das Schema einer Körperhälfte ist von Kopf bis Fuß entlang eines cortikalen Streifens angelegt, der sich von der zentralen Furche, welche die beiden Hirnhälften trennt, seitlich einige Zentimeter weit in Richtung Ohr erstreckt (Abb. 11.6). Neuronen an den Flanken der Zentralfurche empfangen Aktionsimpulse vom Fuß, Neuronen am seitlichen Ende eines Parietalstreifens die von Kopf, Gesicht und Hand. Dazwischen liegen Orte, die der Schulter, dem Oberarm, der Brust und den unteren Segmenten des Rumpfes zugeordnet sind. Somit bildet jeder der beiden Parietalstreifen das alte Grundschema eines segmentierten Körpers ab, dessen Längsachse einen anterioren und einen posterioren Pol verbindet. Der vordere Parietalstreifen ist *somatotop* gegliedert.

# Kapitel 12
## Wie lange dauert die Inkubation von Bewusstsein?

Ob wir liegen, sitzen, stehen oder gehen, jederzeit empfangen die Zellen des vorderen Parietalcortex elektrische Impulse aus fast allen Teilen des Körpers. Daher formen sich dort Erregungsmuster, lösen sich wieder auf und lassen andere nachkeimen. Diesen Aktivitäten des somatosensorischen Cortex entspricht das Erleben eines Körpers im Raum. Seit den dreißiger Jahren ist bekannt, dass der Körper und seine Teile auch dann wahrgenommen werden, wenn anstelle natürlicher Sinnesreize schwache elektrische Impulse dem somatosensorischen Cortex unmittelbar zugeleitet werden. Als einer der Ersten beobachtete dies der Neurochirurg Wilder Penfield, als er lokale elektrische Stimulationen der Hirnrinde anwandte, um Tumorgewebe von der intakten neuronalen Substanz abzugrenzen.

Tumoroperationen erfolgen gewöhnlich in zwei Schritten. Während der Schädel zunächst über dem zukünftigen Operationsfeld geöffnet und sogleich wieder abgedeckt wird, steht der Patient unter Vollnarkose. Der Tumor aber wird erst einige Tage später entfernt, denn hierzu bedarf es der Mitarbeit des Patienten. Die abermalige Öffnung des Operationsfeldes und den Eingriff in sein Gehirn erlebt er daher bei vollem Bewusstsein. Allerdings nimmt der Patient von den Manipulationen und Einschnitten in sein Hirngewebe nichts wahr. Das Gehirn enthält weder eigene Sinneszellen, die anzeigen könnten, dass es berührt oder verletzt wird, noch dringt etwas in unser Bewusstsein, wenn mechanische Kräfte unmittelbar auf neurales Gewebe wirken. Das Gehirn nimmt zwar Reize der Außenwelt einschließlich derjenigen des eigenen Körpers wahr, nicht aber sich selbst.

Das mag zunächst erstaunen. Schließlich sind es auch nur physikalische Wirkungen an Nervenzellen, die unsere sensorischen Empfindungen auslösen. Aber gesetzt den Fall, das Hirngewebe enthielte besondere Sinneszellen und neurale Netze, an denen sich mechanische Reize in eine Sinnesqualität umsetzen ließen, hätte dies unter natürlichen Umständen doch keinen Vorteil, da die Schädelkapsel das Gehirn vor mechanischen Erschütterungen schützt und alle unmittelbaren Reize abhält. Das Gehirn wäre mit Nutzlosem belastet. Da sich die neuronale Ausstattung wie jede andere Eigenschaft eines Organismus unter dem Druck der natürlichen Selektion entwickeln und bewähren musste, besitzt das Gehirn auch keinen offensichtlich überflüssigen Mechanismus der Selbstwahrnehmung.

Lokale elektrische Reize des somatosensorischen Cortex rufen jedoch Empfindungen hervor, als würde der Körper an einer Stelle berührt. Patienten, die sich einer Hirnoperation bei vollem Bewusstsein unterziehen, lokalisieren diese Empfindungen auf ihrem Körper. Das Gehirn macht keinen Unterschied, ob die innere Handfläche mit einer Feder bestrichen oder die entsprechende somatotope Stelle des vorderen Parietalbereichs direkt elektrisch gereizt wird. Immer ist es der Körper, der empfunden wird. Wie das Gewebe im Umkreis des hinteren Schädelpols nur Lichtempfindungen und ein bestimmter Bezirk des hinteren Schläfenlappens nur akustische Eindrücke vermittelt, ist die neurale Substanz des vorderen Parietalcortex ausschließlich auf taktile Empfindungen festgelegt, die bei hoher Reizintensität in Schmerzen übergehen können. Die drei primären Projektionsfelder für das Sehen, Hören und Fühlen bilden auf der Hirnrinde inselartige, voneinander getrennte Bereiche. Elektrische Reize außerhalb dieser Inseln rufen keine Sinnesempfindungen hervor. Solche scheinbar «stummen» Felder vermitteln jedoch zwischen den primären Projektionsfeldern und schaffen assoziative Verbindungen der unterschiedlichen Sinneseindrücke. Insbesondere vermittelt die neuronale Aktivität des hinteren Parietallappens, wie bereits beschrieben, den gemeinsamen Raum aller Sinnesempfindungen.

Hat sich innerhalb der Hirnrinde ein Tumor entwickelt, ist an dieser Stelle neurales Gewebe verdrängt worden. Elektrische Punktreize am Tumor bewirken daher keine Sinnesempfindung. Andererseits tritt die Grenze zwischen gesundem und malignem Gewebe optisch nicht immer scharf hervor. Bevor der Neurochirurg den Tumor entfernt, «tastet» er deshalb das Grenzgewebe ab, indem er elektrische Reizpunkte setzt und anhand dessen, was ihm der Patient über seine Empfindungen berichtet, den Tumor und das intakte, umgebende Gewebe kartiert. Schließlich erlaubt es diese Kartierung, den Tumor so abzugrenzen, dass er beseitigt werden kann, ohne allzu viel des umgebenden, intakten Hirngewebes zu zerstören.

Hirngewebe ist für sich genommen ohne Gefühl und Empfinden. Die meisten seiner physiologischen Prozesse verlaufen, ohne dass Bewusstsein sie begleitet. Seine elektrischen Aktionsimpulse übertragen Information nicht wesentlich anders, als dies auch der Impulscode elektronischer Rechenautomaten tut. Bekanntlich kann ein Supercomputer, entsprechend programmiert, in Windeseile eine astronomische Anzahl möglicher Schachzüge durchspielen, deren Gewinnchancen berechnen und den jeweils Erfolg versprechenden Zug auswählen. Ein solcher Automat kann einen Schachmeister schlagen. Aber wir können ihn nicht fragen, ob er während der Schachpartie körperlich in einem Raum anwesend war, seinen Gegner erkannt und ihm überhaupt klar geworden ist, dass er ein Spiel gewonnen hat.

Dagegen ist das Hirngewebe eine vielseitige «Phantommaschine», die einen inneren Raum anstelle des physikalischen setzt, den sie mit Lichtern, Tönen und taktilen Empfindungen füllt, die alle zusammenkommen, als seien sie auf einen einzigen Punkt der Raumperspektive bezogen. Wenn diese Phantommaschine außerdem Bewegungen und Handlungen eines Organismus steuert, erweist sich, dass der innere Raum den äußeren, physikalischen durchdringt und seine Phantome sich mit den Gegenständen der Außenwelt decken.

Die Phantommaschine, deren Natur wir noch nicht verstehen, arbeitet zuverlässig und daher nach bestimmten Gesetzen. Die Evolution hat Kombinationen ihrer neuronalen Elemente ausgewählt, welche die Gegenstände der Außenwelt in Phantombildern hinreichend genau wiedergeben. Getrost können wir daher, den inneren Raum vor Augen, sicher ausschreiten und uns in einer realen Außenwelt zurechtfinden, obwohl es nur Phantome sind, die uns davon unterrichten. Hätte der Mechanismus, dem sie entspringen, je grob getäuscht, wären bereits die ersten Träger solch untauglicher «Weltbildapparate» in tödliche Abgründe gestürzt und ausgestorben.

Es bleibt eine der anspruchsvollsten Aufgaben der gegenwärtigen Forschung, experimentell zu klären und in einer Theorie zu begründen, wie und warum neuronale Mechanismen Phantome «entwerfen». Schließlich übt die Beschäftigung mit dem zentralen Nervensystem ihre gewaltige Faszination gerade deshalb aus, weil uns dieser seltsame «Weltbildapparat» eine große Lücke unseres naturwissenschaftlichen Weltbildes vor Augen führt, das wir gerade mit seiner Hilfe gezeichnet haben.

## Wie schnell arbeitet eine Phantommaschine?

Neurales Gewebe ist nicht für beliebige Reize empfänglich. Empfindungen von Licht, Geräuschen oder Berührungen stellen sich erst ein, wenn Serien kurzer elektrischer Stromimpulse besondere Netzwerke von Neuronen anregen. Der einzelne, künstlich erzeugte Reizimpuls muss nur 1 bis 2 Millisekunden andauern und eine Stärke von ungefähr 2 Milliampere besitzen. In einer solchen Dimensionierung entfalten Reizimpulse an Neuronen eine Wirkung, die der natürlicher Aktionsimpulse entspricht. Wie viele solcher Impulse genügen, um innerhalb des neuralen Gewebes eine Phantommaschine zu aktivieren, und wie lange braucht diese, bis sie eine sinnliche Empfindung freigibt?

Das war auch die Frage, die sich der Neurophysiologe Benjamin Libet bereits 1965 stellte. Sein Freund Bertram Feinstein, Leiter des Mount-Zion-Hospitals in San Francisco, gab ihm Gelegenheit, dies experimentell an Patienten zu überprüfen, die sich einer Hirnoperation unterziehen mussten. Libet wurde die Möglichkeit gegeben, während der Operation das freigelegte Rindenfeld eines Patienten an einigen ausgesuchten Punkten des vorderen Parietallappens mit elektrischen Impulsen zu reizen. Die Stärke der Reizimpulse wie auch die Dauer einer Impulsserie konnten dabei in gewissen Grenzen verändert werden. Der Patient wurde gebeten zu berichten, wann und wo er etwas spürte.

Erwartungsgemäß zeigte sich, dass ein Patient von der örtlichen Reizung seiner somatosensorischen Hirnrinde nur dann etwas wahrnimmt, wenn die elektrischen Reizimpulse eine gewisse Mindeststärke besitzen.

Ein zweiter Befund aber brachte eine große Überraschung: Für eine schwellennahe Wahrnehmung genügen nicht nur einzelne oder wenige Reizimpulse. Es bedarf einer Serie dicht aufeinander folgender, leicht überschwelliger Impulse, die länger als eine halbe Sekunde andauern. Dann prickelt, kitzelt oder pocht es an einer Stelle des Körpers, die dem somatotopen Reizpunkt auf der Hirnrinde entspricht. Eine halbe Sekunde lang also muss neurales Gewebe in andauernder Erregung gehalten werden, bis die Phantommaschine eine somatosensorische Empfindung «abgibt».

Dies ist umso erstaunlicher, als einzelne mechanische Reize, die in natürlicher Weise auf die Haut wirken, dem Patienten bewusst werden, auch wenn sie nur wenige Millisekunden anhalten. In einem Elektroenzephalogramm, das von der freigelegten Hirnrinde abgeleitet wird, löst ein solcher kurzer Hautreiz bereits nach 0,01 Sekunden ein Antwortsignal aus, das bereits nach 0,20 Sekunden wieder abgeklungen ist. Auch sind Reaktionszeiten, die verstreichen, wenn jemand auf ein unerwartet optisches oder akustisches Signal hin das Bremspedal eines Fahrzeuges betätigt, nicht länger als 0,20 Sekunden. All diese kurzzeitigen Abläufe bleiben unbewusst. Offensichtlich aber lösen einige von ihnen am primären Projektionsort der Hirnrinde eine Kaskade weiterer neuronaler Prozesse aus, die sich in anderen Rindenfeldern fortsetzen und so lange anhalten, bis schließlich eine Wahrnehmung daraus hervorgegangen ist.

### Die verkehrte Zeit

Wie verhalten sich zwei Wahrnehmungen, von denen eine durch elektrische Impulsserien ausgelöst wird, die unmittelbar auf einen Punkt der somatosensorischen Rinde geleitet werden, und die andere von einem kurzen mechanischen Reiz an einer entsprechenden Stelle des Körpers hervorgerufen wird? Im Operationsfeld kann beispielsweise eine Stelle des rechten somatosensorischen Cortex direkt gereizt werden, sodass der Patient mit jeder einzelnen Impulsserie eine kurze taktile Empfindung wahrnimmt, die er auf seinem linken Handrücken ortet. Wenn gleichzeitig mit den elektrischen Impulsserien ein Stempel seinen rechten Handrücken kurz antippt, gibt der Patient an, die Berührung seines rechten Handrückens deutlich vor der «Berührung» seines linken zu spüren. Die Wahrnehmung datiert den natürlichen, taktilen Reiz vor den «unnatürlichen», cortikalen, obwohl beide zur selben Zeit ausgelöst wurden. Wie Libet zeigen konnte, wird der «natürliche» Reiz selbst dann noch vor dem cortikalen wahrgenommen, wenn er um 0,40 Sekunden verzögert wird. Die Wahrnehmung kehrt also die zeitliche Reihenfolge beider Reize um: Das Nachher wird Vorher.

Diese Befunde schienen zunächst mehr zu verwirren, denn etwas zu klären. Die Umkehr einer objektiven zeitlichen Reihenfolge scheint das Prinzip der Kausalität zu verletzen, ist daher schwer zu deuten und bleibt ohne Logik. Einwände gegen Libets seltsame Befunde waren daher willkommen. Es könnte doch sein, so wurde gesagt, dass ein natürlicher taktiler Hautreiz bereits bewusst wird, sobald die ersten sensorischen Aktionsimpulse im parietalen Cortex eingetroffen sind. Dagegen brauchen elektrische Impulsströme, unmittelbar auf die Hirnrinde geleitet, unverhältnismäßig lange, eine entsprechende Empfindung anzuregen, weil sie nicht dem natürlichen Impulscode der Neuronen entsprechen. Sie reizen die Hirnrinde in einer unnatürlichen Weise und würden deshalb erst nach einer halben Sekunde bewusst. Im Vergleich mit einem natürlichen, taktilen Reiz der Haut müsste daher ein cortikaler Reiz selbst dann unzweifelhaft als das spätere Ereignis wahrgenommen werden, wenn er bereits 0,40 Sekunden vor dem taktilen einsetzt. Dieser nahe liegende Einwand hat jedoch nichts mit den bewusstseinsbildenden Vorgängen zu tun, die tatsächlich in der somatosensorischen Hirnrinde ablaufen.

Am Beispiel der visuellen Sehbahn wurde bereits gezeigt, dass Aktionsimpulse von Sinneszellen das Zwischenhirn durchlaufen, bevor sie in die Hirnrinde gelangen. Dies gilt mit Ausnahme der olfaktorischen Bahn für alle sensorischen Kanäle. Auch die Sinneszellen der Haut, die auf Berührungen, Temperaturunterschiede und Schmerzreize ansprechen, senden ihre Aktionspotenziale in ein Gebiet des Zwischenhirns, den so genannten *Thalamus*. Bevor die sensorischen Bahnen den Thalamus erreichen, überkreuzen sie sich innerhalb des Gehirns. Sensorische Bahnen der rechten Körperhälfte münden im linken, die der linken Körperhälfte im rechten Teil des Thalamus. Von beiden Teilen des Thalamus werden die Aktionsimpulse an die jeweils gleichseitige Parietalrinde weitergeleitet.

Im Thalamus liegen außerdem Neuronenverbände, die dazu beitragen, die Bewegungen unserer Arme und Beine zu steuern. Sie benutzen die Transmittersubstanz *Dopamin*. Wird diese nicht in genügendem Maße hergestellt, erlischt die motorische Kontrollfunktion thalamischer Neuronen. Die betroffenen Personen leiden unter anderem an einer Schüttellähmung, die als Parkinson'sche Bewegungsstörung bekannt ist. Als letzte Hilfe bleibt in Fällen einer schweren Parkinson-Erkrankung oft nur die operative Zerstörung der entsprechenden thalamischen Neuronen. Dazu werden stereotaktische Elektroden von mehreren Zentimetern Länge in das thalamische Zielgebiet gesteckt. Ein elektrischer Stromstoß hinreichender Stärke «verbrennt» die Zellen im Thalamus. Die Schüttellähmung hört sofort auf. Bevor jedoch das Gewebe im Zielgebiet zerstört werden kann, muss es in ähnlicher Weise kartiert werden, wie dies für die Hirnrinde vor der operativen Entfernung eines Tumors geschieht. Mit Hilfe mehrerer stereotaktischer Elektroden wird das thalamische Gewebe an unterschiedlichen Stellen mit schwachen elektrischen Impulsserien gereizt und die Empfindungen oder die motorischen Reaktionen des Patienten beobachtet, der auch bei diesem Eingriff in das Gehirn bei vollem Bewusstsein ist. So lässt sich mit Hilfe des Patienten das Zielgebiet für den neurochirurgischen Eingriff genau vorbestimmen.

Libet konnte seine Studien an Feinsteins Parkinson-Patienten fortsetzen, die sich zur Behebung ihrer Schüttellähmung diesem Eingriff unterzogen. Hierbei ließ sich prüfen, welche Impulsserien an den Thalamus geleitet werden müssen, damit diese eine Sinnesempfindung auslösen. Den Grundgedanken seiner neuen Studie entwickelte Libet auf der Basis der vorangegangenen Experimente. Die alten Befunde waren so zu deuten, dass in der Hirnrinde zwei Prozesse beteiligt sind, wenn ein natürlicher Hautreiz bewusst wird. Der eine wird mit den ersten sensorischen Aktionsimpulsen, die in der Hirnrinde eintreffen, in Gang gesetzt und hält mindestens eine halbe Sekunde lang an. Erst nach dieser

Zeitspanne bringt er eine Empfindung hervor. Der zweite Prozess beginnt ebenfalls mit den ersten Aktionsimpulsen, die von der gereizten Hautstelle in die parietale Hirnrinde gelangen und dort ein lokales Summenpotenzial der angeregten Neuronen hervorrufen. Ein solches Summenpotenzial ist vergleichsweise kurz. Es erlischt bereits 0,20 Sekunden nach dem Hautreiz und damit 0,30 Sekunden vor der Empfindung. Dieses initiale Summenpotenzial wird selbst dann beobachtet, wenn der Hautreiz unterschwellig bleibt und folglich keine Empfindung nach sich zieht. Demnach haben die eintreffenden Aktionsimpulse und das durch sie bedingte lokale Summenpotenzial der parietalen Hirnrinde nichts mit dem ersten Prozess zu tun, der letztlich eine Empfindung hervorbringt. Wohl aber könnten sie einen gesonderten Prozess antreiben, der die Zeit bestimmt, in der wir einen Reiz wahrnehmen. Die Salve sensorischer Aktionsimpulse und das damit ausgelöste Summenpotenzial fehlen, wenn die somatosensorische Rinde direkt gereizt wird. Möglicherweise, so schloss Libet, ist es dieser kurzfristige Initialprozess, der den Inhalt des Bewusstseins auf jene Zeit datiert, in der die ersten Aktionsimpulse in der Hirnrinde eintreffen.

Die Studien an Parkinson-Patienten sollten diese Annahme prüfen. Anstatt den Patienten an der Haut zu reizen, wurde dessen Thalamus elektrisch gereizt. Eine Reizung thalamischer Neuronen mit Serien elektrischer Impulse ist ebenso unnatürlich wie die der Hirnrinde. Es zeigte sich, dass sie ähnlich der cortikalen Reizung mindestens 0,50 Sekunden anhalten muss, bis der Patient etwas wahrnimmt. Andererseits senden die gereizten Neuronen des Thalamus Salven von Aktionsimpulsen an die Hirnrinde. Diese neuronalen Impulssalven lösen am entsprechenden Ort der somatosensorischen Rinde zunächst ein initiales Summenpotenzial aus, das dem eines natürlichen Hautreizes in Größe und Verlauf entspricht. Die elektrische Reizung des Thalamus aber muss weit über die Zeit des initialen Summenpotenzials hinaus noch eine halbe Sekunde andauern, bis der Patient etwas spürt. Die Reizung des Thalamus gleicht also einerseits einer Reizung der Hirnrinde, da sie 0,50 Sekunden braucht, um bewusst zu werden, und andererseits einem natürlichen Hautreiz, da sie wie dieser ein initiales Summenpotenzial auf der Hirnrinde erzeugt.

Die Parkinson-Patienten sollten nun zwei Reize miteinander vergleichen, einen thalamischen und einen cortikalen. Diese unterscheiden sich, wie beschrieben, allein darin, dass der thalamische Reiz ein initiales Rindenpotenzial auslöst, der cortikale aber nicht. Sollte mit dem initialen Rindenpotenzial ein Vorgang verbunden sein, der Empfindung datiert, musste dies im Vergleich der beiden Reize deutlich werden.

Um beide Empfindungen räumlich zu trennen, können beispielsweise der rechte Parietalcortex und der linke Thalamus gereizt werden. Die cortikale Reizung wird dann als Prickeln der linken, die thalamische als Prickeln der rechten Hand empfunden. Werden beide Reize gleichzeitig angesetzt und für die Dauer einer halben Sekunde aufrechterhalten, empfinden die Patienten ein Prickeln in beiden Händen, berichteten aber, das Prickelgefühl zuerst in der rechten und dann in der linken Hand gespürt zu haben. Der thalamische Reiz wird subjektiv vor den cortikalen gelegt. Dieser zeitliche Vorsprung lässt sich erst ausgleichen, wenn die cortikale Reizung der thalamischen um 0,40 bis 0,50 Sekunden vorausgesandt wird.

Die Wahrnehmung datiert also den thalamischen Reiz um fast dieselbe Zeit zurück, die der Dauer eines bewusstseinswirksamen Reizes entspricht. Obwohl ein Reiz des neuralen Gewebes erst nach einer halben Sekunde bewusst wird, ist die ausgelöste Empfindung nahezu auf den Beginn der elektrischen Impulsserie vorverlegt, sofern diese auf der Hirnrinde ein initiales, elektrisches Potenzial auslöst. Das cortikale Summenpotenzial, das eine künstliche Thalamusreizung ebenso nach sich zieht wie ein natürlicher Hautreiz, ist gleichsam ein «Eingangsstempel». Mit ihm wird jenem langen cortikalen Prozess, der erst nach 0,50 Sekunden zu einer Empfindung führt, das Datum aufgeprägt, an dem der Prozess gestartet wurde. Direkte cortikale Reize erhalten dagegen kein Datum «eingestempelt» und werden daher im Vergleich mit einem natürlichen Hautreiz oder einem elektrischen Reiz des Thalamus stets zurückgestellt.

Wir sehen hier eine Phantommaschine am Werk. Sie arbeitet auf der Grundlage neuronaler Erregungen, wirft aber als Produkt eine Sinnesempfindung in den Innenraum unseres Bewusstseins aus. Dabei fällt auf, welche seltsame Rolle die Zeit für diese «Maschine» spielt. Offensichtlich gibt es zwei Zeitformen: Die neuronalen Abläufe lassen sich wie alle physikalischen Vorgänge mit Hilfe einer Uhr vermessen und entlang einer linearen Zeitskala ordnen. Die Phantommaschine braucht 0,50 Sekunden, um eine Empfindung «herzustellen». Für die Empfindung selbst aber gilt eine andere Zeit, die sich nicht mit Hilfe einer Uhr bestimmen lässt, sondern durch den Vergleich zweier Empfindungen, die aus unterschiedlichen neuronalen Prozessen hervorgegangen sind. Der eine Prozess erhält einen «Datumsstempel», der andere nicht. Die Empfindungen sind daher auch zeitlich anders geordnet als die neuronalen Vorgänge. Obwohl der undatierte neuronale Prozess vor demjenigen mit einem «Datumsstempel» begonnen hat, kehrt sich die zeitliche Reihenfolge um, in der die Reize empfunden werden.

Man kann die unterschiedlichen Zeiten erklären, wenn wir die Phantommaschine mit einem Parkscheinautomaten vergleichen. Wenn der Parkschein durch einen Tastendruck angefordert wird, stempelt der Automat in diesem Moment die Uhrzeit auf den Schein. Es dauert dann aber noch einige Sekunden, bis der Schein ausgeworfen wird. Wir erhalten den Parkschein als Träger einer Zeitinformation etwas später, als es die ihm ausgedruckte Uhrzeit anzeigt. Ist der Zeitstempel fehlerhaft oder wird seine Mechanik blockiert, stellt der Automat einen Parkschein ohne Zeitangabe aus. Es gilt dann die Zeit, zu der er dem Automaten entnommen wurde.

### Der springende Punkt

Nicht minder paradox als die verkehrte Zeit in Libets Experiment sind mitunter Positionen taktiler Empfindungen im Raum unserer subjektiven Innenwelt, wenn Berührungsreize in bestimmten zeitlichen Abständen aufeinander folgen.

Wird die Spitze eines Bleistiftes auf eine Stelle unserer Haut gesetzt, orten wir die Berührung mit geschlossenen Augen ungefähr dort, wo sie tatsächlich erfolgt. Man kann nun ein elektromechanisches Testgerät bauen, das zwei bewegliche Stempel mit je einer Spitze auf zwei mehrere Zentimeter voneinander entfernte Stellen des Unterarmes drückt

(Abb. 12.1). Beide Stempel werden zeitlich versetzt betätigt. Der erste gibt einen kurzen Berührungsreiz und nach etwa einer Sekunde einen zweiten. Er tippt also zweimal dieselbe Stelle der Haut an. Der zweite Stempel wird an einer anderen Stelle zu unterschiedlichen Zeitintervallen nach dem zweiten Reizstoß auf die Haut gedrückt. Man empfängt folglich nach den ersten beiden, zeitlich getrennten Berührungsreizen P1 und P2 einen dritten, P3, an der anderen Stelle des Oberarmes.

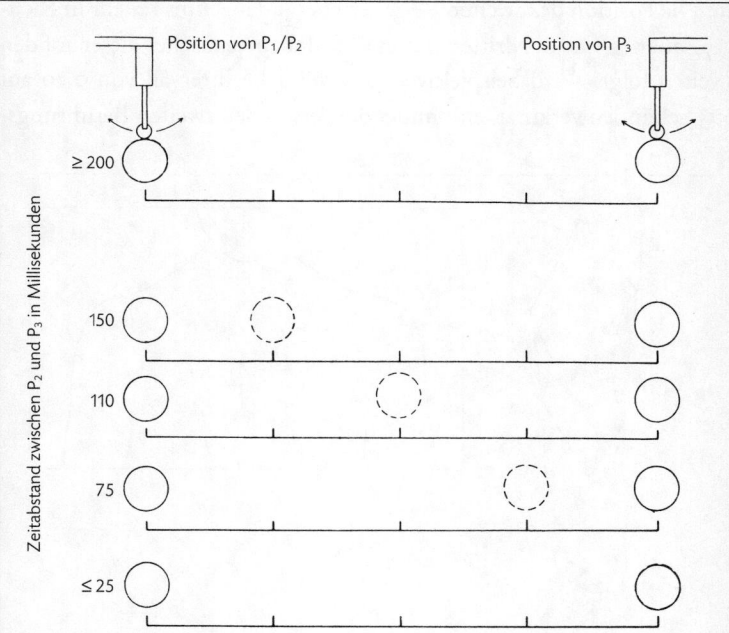

**Abb. 12.1 Der springende Punkt (das Phänomen der Saltation)** In Abhängigkeit der zeitlichen Beziehungen zwischen einem Reiz an einer Stelle der Haut und einem nachfolgenden an einer entfernten Stelle kommt es zu einer scheinbaren Verlagerung des vorausgegangenen Reizes. Die gestrichelten Kreise zeigen die wahrgenommenen Positionen eines Druckreizes P2 in Bezug auf die Druckreize P1 und P3. Es besteht annähernd eine lineare Funktion des Zeitabstandes zwischen P2 und P3, wenn dieser zwischen 0,2 und 0,025 Sekunden variiert wird. Obwohl der Druckreiz P2 an derselben Stelle wie der Reiz P1 gegeben wird, bewegt er sich scheinbar auf den Ort des späteren Reizes P3 zu (Geldard und Sherrick, 1990).

Die Versuchsperson nimmt die Reize an der richtigen Position wahr, allerdings nur, wenn der dritte Berührungsreiz mehr als 0,20 Sekunden nach dem zweiten erfolgt. Verkürzt man dagegen die Zeitspanne zwischen dem zweiten und dritten Berührungsreiz auf weniger als 0,20 Sekunden, geschieht etwas Unerwartetes: Die Person empfindet den Berührungsreiz P2 nicht mehr an seinem wahren Ort, sondern irgendwo auf der Strecke zwischen dem Ort des ersten und dem Ort des dritten Reizes. Der dritte Reiz zieht den vorausgegangenen zweiten zu sich heran. Die Position des zweiten Reizes erscheint dabei umso mehr in Richtung auf den Ort des dritten Reizes verschoben, je rascher dieser auf den zweiten folgt. Wird beispielsweise das zeitliche Intervall von 0,20 auf 0,15 Sekunden verkürzt, empfindet die Person den zweiten Berührungs-

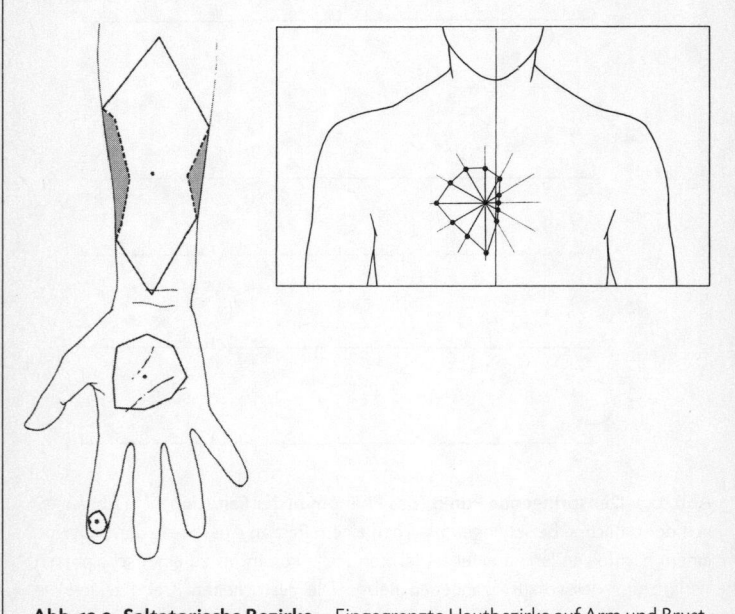

**Abb. 12.2  Saltatorische Bezirke**  Eingegrenzte Hautbezirke auf Arm und Brust, in denen durch Druckreize das Phänomen der Saltation ausgelöst werden kann. Der scheinbare Sprung eines Druckreizes führt niemals über die Mittellinie des Körpers. Dies weist darauf hin, dass die neuronalen Prozesse dieses Phänomens in jeder Hirnhälfte getrennt ablaufen (Geldard und Sherrick, 1990).

reiz nicht mehr an seinem wahren Ort, der dem des ersten Reizes P1 entspricht, sondern im ersten Viertel zwischen den beiden Berührungspunkten P1 und P3. Mit einem Zeitintervall von 0,10 Sekunden scheint die zweite Berührung gerade in der Mitte zu erfolgen. Bei einem zeitlichen Intervall von nur 0,05 Sekunden rutscht sie in das dritte Viertel. Wenn der Reiz P3 gleichzeitig mit dem Reiz P2 erfolgt, fällt der zweite Berührungsreiz schließlich ganz mit dem Reizort P3 zusammen. Die zeitliche Nähe wird in eine räumliche übertragen.

Das Experiment kann noch abgeändert werden. Wird anstelle eines einzelnen Berührungsreizes am Ort P3 eine Serie von Reizen gegeben, die je einen zeitlichen Abstand von 0,15, 0,10 und 0,05 Sekunden zum zweiten Reiz P2 einhalten, scheint der zweite Berührungsreiz zunächst in das erste Viertel, von dort in die Mitte und schließlich in das dritte Viertel der Strecke zwischen P1 und P3 zu springen. Er hüpft in der Wahrnehmung der Versuchsperson entlang des Unterarmes von einer Position zur anderen. Der Effekt des springenden Punktes heißt *Saltation*.

Die Illusion des springenden Punktes kann zwischen Reizpunkten beobachtet werden, die nur wenige Zentimeter voneinander entfernt liegen. Auf dem Unterarm sind es etwa 10 Zentimeter, an der Fingerspitze nur 1 Zentimeter. Setzt man beide Reizpunkte zu weit auseinander, bleibt der Effekt aus. Die Saltation ist nur innerhalb bestimmter Grenzen möglich.

Mit Hilfe des beschriebenen Testgerätes lassen sich auf der gesamten Körperoberfläche *saltatorische Felder* unterschiedlichen Ausmaßes abgrenzen (Abb. 12.2). Sie bedecken den Körper wie ein unsichtbares Schuppenkleid. Dabei finden sich spiegelsymmetrisch zur Mittellinie, welche die Körperhälften trennt, entsprechende Bezirke auf der rechten und linken Seite. Die Mittellinie aber ist eine unüberwindbare Grenze. Niemals wurde beobachtet, dass einer der springenden Punkte über sie hinweggekommen wäre. Wie alle sensorischen Bahnen der beiden Körperhälften sind auch die saltatorischen Felder den jeweils gegenüberliegenden Hirnhälften zugeteilt. Jede Hirnhälfte enthält somatosensorische Rindenfelder, in denen die saltatorischen Bezirke der jeweils gegenüberliegenden Körperhälfte abgebildet sind.

Die Wahrnehmung eines springenden Punktes ist nicht auf Berührungsreize beschränkt. Saltation wird ebenfalls bei entsprechenden optischen und akustischen Reizen beobachtet. Mit Hilfe eines Projektors und einer geeigneten Zeitschaltung lassen sich beispielsweise im rechten oder linken Gesichtsfeld zwei übereinander liegende Lichtpunkte auf eine Wand werfen. Eine der Lichtpunkte P1/P2 leuchtet zweimal im zeitlichen Abstand von einer Sekunde auf. Der zweite, davon entfernte Punkt P3 blitzt je einmal 0,15, 0,10 und 0,05 Sekunden nach dem zweiten auf. Die Versuchsperson nimmt auch hier einen springenden Punkt zwischen den beiden Endpunkten wahr, die der erste und der dritte Lichtreiz festlegen. Wie auch bei den Berührungsreizen gelingt dieses Experiment nur, wenn die beiden Endpunkte in einem der beiden visuellen Halbfelder und nicht allzu weit voneinander entfernt liegen. Die Mittelachse der visuellen Halbfelder kann auch hier nicht übersprungen werden.

Eine akustische Saltation wird beobachtet, wenn zwei Schallquellen an getrennten, nicht zu weit voneinander entfernten Orten des rechten oder linken Halbraumes angebracht werden. Kurze Schallreize, in den genannten zeitlichen Abständen von den beiden Orten ausgesandt, werden subjektiv so geortet, als würde der zweite Schallreiz über Zwischenstationen von der ersten zur zweiten Schallquelle springen.

Der psychophysische Mechanismus, der zeitlich nahe Reize in der subjektiven Innenwelt auch räumlich annähert, ist also keine Besonderheit eines einzelnen Sinneskanales. Er beherrscht die gesamte Wahrnehmung. Durch ihn wird die Zeit eng mit der Metrik des subjektiven Innenraumes verbunden. Hierbei fällt seine paradoxe Wirkung auf, scheint doch auf den ersten Blick die Kausalität verletzt zu werden. Es wäre logischer, wenn der zeitlich vorausgehende Reiz P2 den späteren am entfernten Ort P3 anziehen würde. Man könnte dann sagen, dass der Reiz P2 an der Stelle seiner Repräsentation in der somatosensorischen Hirnrinde eine Wirkung entfaltet, die wenig später den Repräsentationsort des Reizes P3 erreicht und dort einen psychophysischen Mechanismus betätigt, der diesen letzten Reiz aus seiner wahren Position in die Richtung des vorangegangenen Reizes P2 zieht. Doch es ist gerade umgekehrt. Der spätere Reiz P3 beeinflusst den früheren, der zu dem Zeitpunkt, an dem der Reiz P3 ausgelöst wird, objektiv bereits abgeklungen ist.

Wenn sich den neuronalen Vorgängen in einer subjektiven Nebenwelt Empfindungen beigesellen, tun sie dies offensichtlich nicht zeitgleich. Wie Libets Studien gezeigt haben, muss die neuronale Aktivität in der Hirnrinde ungefähr eine halbe Sekunde lang vorlaufen, bis ein überschwelliger Reiz in eine Empfindung übergeht. Das Bewusstwerden eines Reizes braucht gewissermaßen eine Inkubationszeit. Diese ist, verglichen mit den reflektorischen Reaktionszeiten unseres Nervensystems, erstaunlich lange. Andererseits ist zu vermuten, dass Empfindungen mit neuronalen Vorgängen verbunden sind, die mit den Eigenschaften von Attraktoren in Zusammenhang stehen.

Bestimmte Erregungsmuster müssen sich in neuralen Netzwerken aus deren stochastischer oder chaotischer Grundaktivität abheben, wobei Salven elektrischer Aktionsimpulse eines Sinneskanals dazu dienen, auf der Hirnrinde bestimmte Systemparameter eines neuralen Netzwerkes lokal zu verschieben. Die Systemdynamik des Netzwerkes strebt dann vom stochastischen Rauschen oder von einer chaotischen Grundaktivität weg und organisiert sich selbst in einem neuen, geordneten Zustand. Es wird gleichsam ein frischer Attraktor errichtet, der die Aktivität eines neuralen Netzes in seinen Bann schlägt. Doch braucht er dafür Zeit. Es dauert eine Weile, bis die Netzwerkdynamik auf den neuen Attraktor eingeschwungen ist. Wenn Empfindungen mit solchen Attraktorzuständen verbunden sind, bedarf es auch einer längeren Zeit, bis sich eine Empfindung «eingenistet» hat.

Nach Ablauf dieser vergleichsweise langen «Inkubationszeiten» von 0,50 Sekunden aber kann der zugrunde liegende Prozess der neuronalen Selbstorganisation von zeitlich und räumlich benachbarten, ähnlichen Prozessen beeinflusst werden. Libet konnte zeigen, dass elektrische Präpotenziale, die ein somatosensorischer Reiz an seinem Repräsentationsort auf der Hirnrinde auslöst, nicht nur einen länger dauernden Prozess anstoßen, der letztlich zu einer Wahrnehmung führt, sondern auch das Wahrgenommene vor die Zeit seiner tatsächlichen Entstehung datieren. Offensichtlich dienen die Präpotenziale als Eingangsstempel. Darüber hinaus ging Libet davon aus, dass diese lokalen Präpotenziale auch dazu beitrag, der auftauchenden Empfindung einen Ort im subjektiven Innenraum zuzuweisen. Sie könnten also nicht nur zeitliche, sondern auch ortsbestimmte Marker sein. Unter solchen Voraussetzungen könnte sich das scheinbare Paradox aufklären, das der Illusion des springenden Punktes anhaftet.

Ein kurzes, lokales Präpotenzial an einem Ort der Hirnrinde löst eine Aktivitätswelle aus, die sich über ein weitläufiges neurales Netzwerk rasch ausbreitet. Eine solche Aktivitätswelle kann von einer Stelle der Hirnrinde ausgehen, in der beispielsweise die beiden Reizorte der Haut P1 und P2 repräsentiert sind. Der Reiz P2 folgt etwa eine Sekunde später auf den Reiz P1. Die erste vom Reiz P1 ausgelöste Aktivitätswelle ist daher längst abgeklungen, wenn der Reiz P2 am selben Repräsentationsort der Hirnrinde erscheint. Zwischen beiden Reizen erfolgt keine Beeinflussung. Wenn der Reiz P2 eine schnelle Aktivitätswelle über das Netzwerk schickt, erreicht diese den entfernten Repräsentationspunkt des Reizes P3, bevor dieser aufgrund seiner zeitlichen Verzögerung aktiviert wird. Der vorausgehende Reiz P2 wird also die Repräsentation des Reizes P3 im neuralen Netzwerk nicht beeinflussen. Wenn aber das lokale Präpotenzial des Reizes P3 eine Aktivitätswelle über das Netzwerk schickt, kann diese kurze Zeit später den Repräsentationsort des Reizes P2 erreichen, an dem der Prozess einer neuronalen Selbstorganisation noch für die Dauer einer halben Sekunde im Gange ist. Auch wenn die Aktivitätswelle vom Repräsentationsort des Reizes P3 später ausgelöst wird als der Reiz P2, kann sie diesen Vorgang noch beeinflussen. Sie bewirkt, dass der Reizort entgegen seiner tatsächlichen Position auf der Haut in Richtung auf die Position des späteren Reizes P3 in der Wahrnehmung verschoben wird. Das Paradox, dass ein späterer Berührungsreiz P3 die Wahrnehmung eines früheren Reizes P2 beeinflusst, wäre demnach die Folge der langen neuronalen «Inkubationszeit», die dem Empfinden des Reizes vorausgeht. Der spätere Reiz hat unter diesen Umständen genügend Zeit, den langsamen Nachprozess des zeitlich vorausgegangenen Reizes zu beeinflussen, an dessen Ende die Berührung bewusst wird.

Raum und Zeit als Grundbegriffe der physikalischen Naturbeschreibung wurden von Albert Einstein als untrennbare Koordinaten eines

Raum-Zeit-Kontinuums erkannt, das mit Hilfe von Maßstäben und Uhren vermessen werden kann, jedoch nur im Ausnahmefall eines masseleeren Raumes die unserer Anschauung genehme Metrik der Euklid'schen Geometrie besitzt.

Wenn wir den Innenraum unserer Wahrnehmung und die darin waltende raumzeitliche Ordnung vermessen, vergleichen wir sie in psychophysischen Experimenten mit der so genannten objektiven Raumzeit, in die unsere Mess- und Beobachtungsinstrumente auch die neuronalen Prozesse des Gehirns einteilen. Wenn wir dabei von den objektiven physikalischen Ereignissen, die sich in einem neuralen Netzwerk des Gehirns zutragen, in eine innere Parallelwelt wechseln, über die nur das Subjekt Auskunft geben kann, erfahren wir überraschende Zusammenhänge: Auch die Raumzeit unserer Wahrnehmung besitzt offensichtlich eine nichteuklidische Metrik, die die zeitliche Folge umkehrt und Punkte an Orte springen lässt, an denen sie sich objektiv nicht befinden. Eine zukünftige Theorie, anhand deren wir diese experimentell belegten Erscheinungen an der Grenze zweier unvergleichlicher Welten verstehen könnten, sollte uns auch darüber aufklären, wann und unter welchen Umständen aus der Tätigkeit neuronaler Netzwerke Empfindungen in unser Bewusstsein treten.

# Kapitel 13
## Phantomkörper

Versehrte Personen, denen eine Gliedmaße amputiert wurde, spüren diesen Körperteil selbst Jahre nach der Operation, als sei er weiterhin vorhanden. Sie empfinden auch lokale Schmerzen an dem fehlenden Körperteil. Lange Zeit herrschte die Ansicht, es seien Reize des Narbengewebes am Amputationsstumpf, die solche *Phantomempfindungen* bewirken. Heute wissen wir, dass diese im Gehirn selbst entstehen.

An allen Stellen der Hirnrinde konkurrieren Synapsen untereinander um Plätze auf den Zellmembranen der Neuronen. Die zahlreich verästelten Ausläufer eines Axons bilden umso mehr Synapsen auf ihren Zielneuronen, je öfter sie Nervenimpulse leiten. Besonders häufig leitende Fasern vermehren ihre Synapsen sogar derart, dass sie die selten aktivierten Axone allmählich vom gemeinsamen Zielneuron verdrängen.

### Ein brachliegendes Feld

Wenn ein Mensch seine Hand verloren hat, empfängt das entsprechende Projektionsfeld der somatosensorischen Hirnrinde keine Aktionsimpulse mehr. Dementsprechend bilden sich die Synapsen der Axone zurück, die einst Aktionsimpulse in das Handfeld geleitet haben. Nach und nach räumen sie ihre Plätze an den Membranen der Neuronen. In dieses von Synapsen entleerte, cortikale Projektionsfeld können Endverzweigungen solcher Axone einsprießen, die zu Feldern in unmittelbarer Nachbarschaft des Handfeldes führen. Ein Teil der Aktionsimpulse, die Bereichen des Oberarmes, der Schulter oder des Gesichtes entstammen, werden so in das sensorische Rindenfeld der Hand umgeleitet und die somatosensorische Hirnrinde an dieser Stelle neu kartiert. Schließlich erregen Nervenimpulse, ausgelöst durch Berührungen des Gesichtes, des Armes oder der Schulter, Neuronen des ursprünglichen Handfeldes.

Was geschieht? Tragen diese neuen axonalen Verzweigungen einen chemischen Marker, der den Neuronen des Handfeldes ihre Herkunft übermittelt? Leiten sie gar spezifische Impulsgruppen, die ihren Ursprungsort auf Gesicht, Arm oder Schulter durch einen besonderen Code verraten? Das ist nicht der Fall. Jener Teil der somatosensorischen Hirnrinde, der vor der Amputation die Hand vertreten hat, tut dies auch weiterhin selbst dann, wenn Nervenfasern aus einer anderen Körperregion Aktionsimpulse auf die Neuronen des Handfeldes leiten. Eine Hand als Hand zu fühlen ist eine unveränderliche Leistung neuronaler Prozesse des cortikalen Handfeldes. Die bewusste Repräsentanz einzelner Körperteile bleibt unveränderlich an neuronale Aktivitäten genetisch vorbestimmter und örtlich begrenzter Module der somatosensorischen Hirnrinde gebunden. Wenn daher Teile des Gesichts, des Arms oder der Schulter mit einem Wattestäbchen berührt werden, können Menschen, die an der Hand amputiert wurden, dies empfinden, als habe man nicht die genannten Hautpartien, sondern ihre Hand berührt. Sie tragen ihre verlorene Hand unsichtbar in ihrem Gesicht, am Oberarm oder an der Schulter.

## Die Hand im Gesicht

Von einem beeindruckenden Beispiel solcher neu kartierten Felder berichtete der Neuropsychologe Vilajanur Ramachandran von der University of California in San Diego (Abb. 13.1). Einer seiner Patienten hatte nach der Operation einen Amputationsstumpf am rechten Unterarm zurückbehalten. Eine Phantomempfindung seiner fehlenden Hand und ihrer einzelnen Finger konnte dort an zwei getrennten Stellen ausgelöst werden. Eine weitere Repräsentation seiner Finger war im Gesicht entstanden. Wurde seine Oberlippe mit einem Wattestäbchen berührt, nahm der Mann den Zeigefinger seiner verlorenen Hand wahr. Eine Berührung unterhalb des linken Mundwinkels ließ ihn den kleinen Finger fühlen, und sein ehemaliger Daumen meldete sich, wenn man über eine Stelle seiner linken Wange strich. Alle diese neuen Projektionen waren bereits vier Wochen nach der Amputation seiner Hand nachzuweisen.

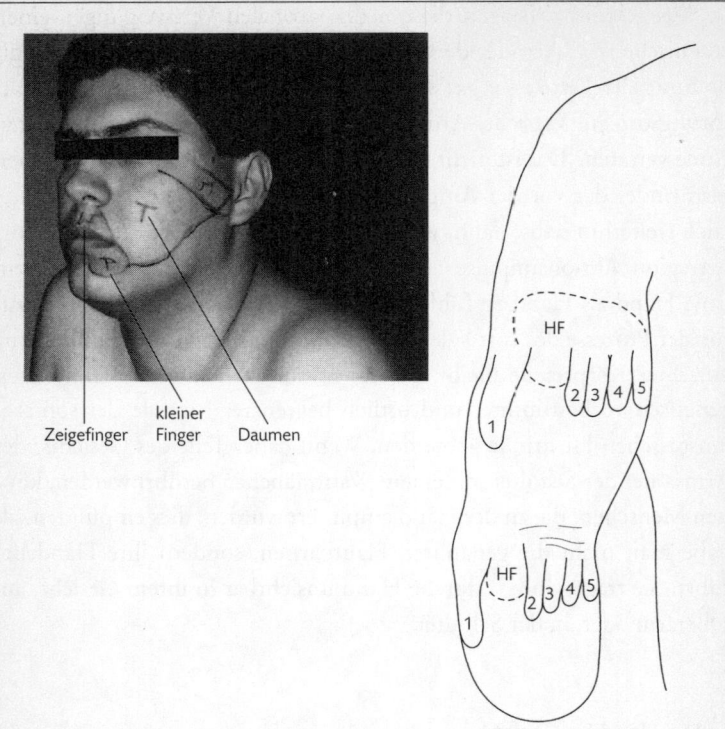

**Abb. 13.1 Körperzonen für Phantomempfindungen** Auf der linken Gesichtshälfte eines Patienten, dessen rechte Hand amputiert wurde, sind Zonen mit einem Farbstift gekennzeichnet, an denen die Berührung mit einem Wattestäbchen lokalisierbare Empfindungen von Phantomfingern (Zeigefinger, kleiner Finger, Daumen) auslösen. Auch Berührungen des Armes in zwei räumlich getrennten Abschnitten – nahe der Amputationslinie und 6 cm oberhalb der Armbeuge – rufen bei diesem Patienten Empfindungen von Phantomfingern hervor. Die Karten der Phantomfinger sind auf die entsprechenden Hautstellen des Armes gezeichnet. HF bezeichnet Stellen, an denen eine Berührung die Empfindung einer Handfläche auslöst (Ramachandran, 1993).

Es ist nicht der physikalische Körper, der dem Gehirn über somatosensorische Sinneskanäle «sagt», wie groß er ist, in welche Teile er zerfällt oder wie er sich bewegt. Der Körper, den wir empfinden, ist ein Phantom, erzeugt von einer Phantommaschine in den Netzwerken der vorderen parietalen Hirnrinde. Wir nehmen Phantomhände und Phantombeine wahr, die, sofern das Gehirn tätig bleibt, fortbestehen, auch wenn es gar keine Gliedmaßen und keinen Rumpf mehr gibt. Das Gehirn stülpt dem physikalischen Körper gewissermaßen einen unsichtbaren über, der jeder Bewegung folgt, die es dem materiellen Körper aufzwingt.

Bewusstsein bedeutet vor allem das pure Empfinden von Dauer und Raum. Alles, was erlebt wird, hat einen Ort. So auch das Subjekt selbst. Es setzt sich ins Zentrum eines beliebig weitläufigen Raumes und darin in einen begrenzten Körper. In diesem und mit ihm verbunden zu sein zählt zu den beständigsten Erfahrungen. Wir verdanken sie wahrscheinlich einem besonders robusten Teil der psychophysischen Phantommaschine, denn nur selten empfindet jemand, dass er aus seinem Körper tritt und als freie, ausdehnungslose Einheit im Raum schwebt.

Zu den wenigen Ausnahmen zählen Berichte von Nahtod-Erlebnissen. Immer häufiger gelingt es, dank der fortgeschrittenen Medizin, Personen wiederzubeleben, die infolge eines Herz-Kreislauf-Versagens oder eines schweren Schädel-Hirn-Traumas bereits für Minuten in einem Zustand des klinischen Todes waren. Das Gehirn wird dabei nicht oder nur in sehr geringem Maße mit Sauerstoff und Glukose versorgt. Viele Patienten, die aus diesem lebensbedrohlichen Finalzustand wiederbelebt wurden, haben berichtet, dass sie die Bemühungen der Ärzte um ihren «toten» Körper von außerhalb verfolgt hätten. Sie seien schon am Unfallort und später auf der Intensivstation meist schmerzfrei und beglückt einige Meter über ihrem Körper geschwebt. Von dort hätten sie auch die Gespräche der Ärzte und Helfer vernommen. Schließlich seien sie, als die medizinischen Maßnahmen der Reanimation erfolgreich waren, unter starken Schmerzen und widerstrebend in ihren Körper zurückgekehrt.

# Kapitel 14
## Mentale Landkarten

Wenn wir uns in einem begrenzten Körper ruhend als Mitte eines Raumes beliebiger Ausdehnung fühlen, wissen wir auch stets, wo wir uns in der wirklichen Welt gerade befinden. Wir besitzen ein räumliches Modell, sozusagen eine Weltkarte, auf der bekannte Orte verzeichnet sind und fremde in Relation zu diesen erschlossen werden können. Von den verschiedenen Bereichen gibt es mentale Landkarten, die in- und aufeinander gelegt werden können. Eine Skizze der eigenen Wohnung lässt sich ausdehnen, um die nähere Umgebung des Hauses, des Wohnortes und schließlich des ganzen Landes darzustellen. Beliebig können weitere Bereiche angeführt werden. Dieses Verfahren gelingt auch, wenn wir von unterschiedlichen Aufenthaltsorten ausgehen. Alte Orte erscheinen dann in der neuen Landkarte aus veränderter Perspektive.

### Der Hippocampus: ein Kartenarchiv

Die Fähigkeit, mentale Landkarten von unserer Umwelt anzulegen und zu speichern, verdanken wir einem neuralen Gewebe in der Tiefe beider Schläfenlappen. Die anatomische Form dieses alten Teiles der Hirnrinde gleicht entfernt einem Seepferdchen und wird daher *Hippocampus* genannt. Es kann unter anderem durch langjährigen Alkoholmissbrauch geschädigt werden. Die betroffenen Personen können sich dann nicht mehr nach räumlichen Gegebenheiten orientieren, auch wenn ihnen diese geläufig sein sollten. Sie finden beispielsweise auf der klinischen Station, in der sie untergebracht sind, nicht den Weg von ihrem Zimmer zu dem des behandelnden Arztes, obwohl die räumlichen Verhältnisse übersichtlich sind. Dieses Krankheitsbild wurde erstmals von dem russischen Neurologen Serge Korsakoff beschrieben.

Wie der Mensch beanspruchen auch viele Tiere einen Lebensraum, der den unmittelbaren visuellen Horizont um ein Vielfaches übersteigt. Sie nutzen und verteidigen ein bestimmtes, weitläufiges Gelände gegen konkurrierende Eindringlinge, ohne es als Ganzes überblicken zu können. Während sie das Gebiet durchstreifen, fügen sich optische, akustische und vor allem olfaktorische Eindrücke zu einem Gesamtbild des Territoriums. Die neuronalen Grundlagen mentaler Landkarten wurden daher vielfach an kleinen Nagern wie Ratten, Mäusen und Hamstern untersucht, die man künstliche Labyrinthe erkunden ließ. Dabei wurde Überraschendes entdeckt: Wenn ein Tier ein solches Labyrinth durchstreift, gewinnen die Neuronen des Hippocampus nach und nach eine neue Funktion.

Einzelne Neuronen steigern ihre ursprünglich geringe, spontane Impulsaktivität, sobald und sooft das Tier bestimmte Orte des Labyrinths erreicht, dort verweilt oder sie nur kurz überläuft. Jedes einzelne Neuron «feuert» für einen bestimmten Ort. Die ursprünglich indifferenten Neuronen sind durch Erfahrung zu spezifischen *Ortszellen* geworden und bezeichnen fortan ganz bestimmte Punkte des Labyrinths. Verlässt das Tier den spezifischen Ort, erlischt die Impulsaktivität der zugeordneten Zelle. Kehrt es zurück, «feuert» sie aufs Neue. Eine große Summe solcher Ortszellen bildet schließlich das gesamte Labyrinth nach Art einer Landkarte ab. Wird das Tier in ein anderes Labyrinth gebracht, legt sein Hippocampus eine weitere Landkarte an, ohne die des ersten Labyrinths zu löschen. Selbst nach Monaten der Abwesenheit können solche neuronalen Landkarten mit derselben Ortsspezifität ihrer Neuronen angeregt werden, wenn das Tier in eines der Labyrinthe zurückgesetzt wird. Der Hippocampus kann gleichzeitig mehrere neuronale Landkarten archivieren. Für deren Erhalt aber scheint der Schlaf eine wichtige Rolle zu spielen.

## Landkarten werden im Schlaf nachgezeichnet

Mit Hilfe dauerhaft eingesetzter Mikroelektroden lässt sich die Impulsaktivität unterschiedlicher Ortszellen aus dem Hippocampus eines Tieres ableiten. C. Pavlides und J. Winson gelang es, im Hippocampus der

Ratte Paare von Ortszellen zu finden, die unterschiedlichen Orten eines Labyrinths zugeteilt waren.

Im Versuch wurde der Zugang zu einem dieser Orte durch einen Plexiglaszylinder abgesperrt, sodass das Tier den Ort nicht mehr erreichen konnte. Die entsprechende Ortszelle wurde fortan nicht mehr erregt, wohl aber die andere, sooft das Tier den dazugehörenden Ort innerhalb des Labyrinths aufsuchte. Diese unterschiedliche Behandlung der Ortszellen schlug sich schließlich in der Impulsaktivität nieder, die von beiden Neuronen während des Schlafes registriert wurde. Beide Neuronen entfalteten eine spontane Impulsaktivität sowohl im ruhigen, tiefen Schlaf des Tieres als auch während des REM-Schlafes. Es schien, als würden die Zellen als Bestandteil einer neuronalen Landkarte bevorzugt in diesen Stadien des Schlafes nachaktiviert. Allerdings war diese nachträgliche Aktivierung während des Schlafes bei der Zelle stärker, deren Ort das wache Tier zuvor mehrmals aufgesucht hatte. Die Zelle, von deren Ort die Ratte ausgesperrt worden war, zeigte dagegen eine deutlich geringere Aktivität.

Wie bereits beschrieben wurde, steigern wiederholt und gemeinsam aktivierte Neuronen eines Netzwerkes die Wirksamkeit ihrer Synapsen und festigen auf diese Weise ihre Verbindung untereinander. Wenn Ortszellen während des Schlafes gleichzeitig und häufig «feuern», deutet dies darauf hin, dass sich der Verband an Ortszellen spontan reaktiviert und verstärkt. Die neuronale Landkarte wird dadurch nachgezeichnet und aufgefrischt. Dabei werden die Orte deutlicher hervorgehoben, welche das wache Tier häufig aufgesucht hat. Die Repräsentanz anderer Orte innerhalb des hippocampalen Netzwerkes aber kann im Laufe der Zeit verblassen.

In einer Studie von M. A. Wilson und B. L. McNaughton (1994) wurden Ratten trainiert, innerhalb eines Labyrinths einen bestimmten Parcours wiederholt zu durchlaufen. Der Weg der Tiere hinterließ offensichtlich eine Spur im Hippocampus, denn es fanden sich mehrere Zellen, die nacheinander «feuerten», wenn die Tiere die entsprechenden Orte auf dem Parcours überliefen. Zur großen Überraschung zeigte sich, dass selbst die Reihenfolge, in der die Zellen nacheinander auf dem Parcours «feuerten», während der Nachaktivierung im schlafenden Gehirn beibehalten wurden. Die Tiere durchliefen im Schlaf denselben Parcours in derselben Richtung, wie sie es im Labyrinth tatsächlich getan hatten.

Es wurde nicht alleine von Sigmund Freud vermutet, dass das Gehirn Erfahrungen, die es im Wachzustand gemacht hat, im Schlaf reaktiviert und nachbearbeitet. Elektrophysiologische Studien mit einer mehrfachen Einzelableitung verschiedener Neuronen des Hippocampus geben uns heute Hinweise auf die Grundlagen mentaler Landkarten und die Bedeutung des Schlafes für deren Erhalt.

Es sind neuronale Aktivitäten besonderer Netzwerke des Gehirns, die uns das Empfinden vermitteln, von einem Raum umgeben und darin an einen Körper gebunden zu sein. In das Dunkel des weiten Raumes projizieren dieselben Mechanismen Landkarten, mit deren Hilfe wir uns die Orte und Dinge in bestimmten Relationen zueinander vorstellen und uns in einer Welt zurechtfinden können, die ein Vielfaches unseres aktuellen Erfahrungshorizonts einschließt.

# Kapitel 15
## Die Evolution unseres dualen
## Weltbildapparates

Alle Nervensysteme entwickeln sich während der Embryonalperiode nach dem gleichen Gestaltungsprinzip, dessen funktionale Elemente Neuronen sind. Diese erzeugen die gleichen elektrischen Spannungsimpulse und übertragen in Netzwerke eingeflochten ihre Erregung mit Hilfe gleichartiger chemischer Botenstoffe (Transmitter) auf andere Neuronen. Aus eigener Erfahrung wissen wir, dass neuronale Prozesse des menschlichen Gehirns von Bewusstsein begleitet sind. Es liegt nahe, dies zu verallgemeinern: Bewusstsein darf überall dort vermutet werden, wo ein Nervensystem tätig ist. Dennoch stimmt es auch, dass der überwiegende Teile neuronaler Prozesse ohne Bewusstsein verläuft und dies bei unterschiedlichen Tieren in verschiedenen Graden ausgeprägt sein kann. Es gibt aber kein stichhaltiges Argument, Tieren ein Bewusstsein ganz abzusprechen. Zumindest lassen sich viele Verhaltensweisen unserer nächsten tierischen Verwandten, der Bonobos und Schimpansen, nur deuten, wenn wir ihnen ein Bewusstsein zuschreiben, das dem menschlichen ähnlich ist.

Obgleich vielen dieser großen Affen in tierpsychologischen Instituten gelehrt werden konnte, mit Hilfe von Gesten, Symbolkarten, Plastikchips oder Keybord-Tasten Gegenstände ihrer Umwelt zu bezeichnen und mit ihren Tutoren darüber zu kommunizieren, ist es bisher nicht gelungen, auf diesem Wege auch Aussagen über die psychische Innenwelt der Tiere zu erhalten. So bleibt der Mensch vorerst das einzige Lebewesen, das dank seiner Sprache von den Innenräumen seines Bewusstseins reden kann.

Zweifellos spielt die Sprache für unser Denken eine entscheidende Rolle. Sie verschränkt sich als lautloses Denksprechen untrennbar mit Prozessen des Wahrnehmens und Verstehens, wie es am Beispiel des tauben Neglect-Patienten zu beobachten war. Er konnte Symbolgesten der Taubstummensprache selbst dann noch entschlüsseln, wenn diese in seiner für Gegenstände «blinden» Raumhälfte gezeigt wurden. Es scheint daher, als seien die inneren Raummodelle und mentalen Landkarten mit entsprechenden semantischen Räumen vernetzt. Diese können, wie im Fall des tauben Neglect-Patienten, noch genutzt werden, wenn infolge eines Hirnschadens der Raum unserer Wahrnehmung auf einer Seite schon zur Hälfte weggebrochen ist.

## Tierische Kommunikation und menschliche Sprache

Bevor wir weiter ausführen, wie Raum, Kognition und Sprache zusammenhängen, ist es wichtig, auf den grundsätzlichen Unterschied hinzuweisen, der zwischen der menschlichen Sprache einschließlich der Gesten- und Zeichensprache und allen tierischen Kommunikationssystemen besteht, mögen diese auch hochgradig spezialisiert sein. Die Kommunikation von Vervet-Affen, einer in Kenia beheimateten Art, kann hier als ein Beispiel von vielen dienen.

Die Äffchen beherrschen neben anderen Lauten, die sie gezielt in bestimmten Situationen einsetzen, verschiedene Warnrufe. Damit kann ein Tier seine Artgenossen nicht nur allgemein auf Gefahr hinweisen, es kann die drohende Gefahr auch spezifizieren. Wenn ein Tier eine Schlange entdeckt, stößt es einen eigenen «Schlangenruf» aus, begegnet es einem Leoparden, warnt es mit einem «Leopardenruf», und sieht es einen Adler, gebraucht es einen «Adlerruf». Entsprechend reagieren die gewarnten Artgenossen. Beim «Schlangenruf» suchen sie aus sicherer Höhe den Boden mit den Augen ab, vor einem Leoparden gewarnt, flüchten sie in die höchsten Etagen der Bäume, und beim Adlerruf ducken sie sich unter das Blätterdach.

Die Tiere besitzen die Fähigkeit, ihre verschiedenen Raubfeinde lautlich zu identifizieren. Sie gebrauchen und verstehen diese Laute in ähnlicher Weise wie wir unsere Wörter. Auch müssen Jungtiere den richtigen Gebrauch der Warnlaute von älteren Tieren erlernen. Die lautliche Kommunikation der Vervet-Äffchen ist hierin nicht sehr verschieden vom menschlichen Spracherwerb. Es wurde jedoch niemals beobachtet, dass eines der Äffchen beispielsweise den «Adlerruf» zu einem anderen

Zeitpunkt ausgestoßen hätte als gerade in dem Augenblick, in dem es tatsächlich einen Adler sichtet. Die Warnrufe weisen stets auf eine unmittelbare Wahrnehmung hin und veranlassen die Tiere, die diesen Ruf hören, sich sofort in Sicherheit zu bringen. Es kommt nicht vor, das ein Vervet-Äffchen den «Adlerruf» dazu nutzt, um seine Artgenossen an einen Adler zu erinnern, der vor einer Viertelstunde vorbeigeflogen ist, oder um darauf hinzuweisen, dass tags zuvor im benachbarten Tal Adler gesichtet worden sind und dort auch in Zukunft mit ihnen zu rechnen ist.

Wären die Tiere in der Lage, dies zu tun, könnten sie mit ihren Lauten auf Objekte und Ereignisse hinweisen, die außerhalb der unmittelbaren Gegenwart in Raum und Zeit verschoben sind. Es ist insbesondere diese Operation der «Verschiebung», die unsere Sprache von den Kommunikationssystemen der Tiere unterscheidet. Ohne sie könnten wir nicht denken und reden, wie wir es tun. Die Fähigkeit, sich entfernte, nicht mehr wahrnehmbare Gegenstände anhand von Laut- oder anderen Symbolen zu vergegenwärtigen und auch Vergangenes und Zukünftiges erörtern zu können, unterscheidet den Menschen selbst von seinen genetisch Nächstverwandten.

Die bereits erwähnten Studien über die Kommunikation von Tieren belegen, dass zumindest die großen, nichtmenschlichen Primaten, die Bonobos, Schimpansen, Gorillas und Orang-Utans, bestimmte Gegenstände und Aspekte der Umwelt gedanklich abbilden und lernen können, dafür Gesten, Plastikchips oder Keybord-Zeichen symbolisch zu gebrauchen. So können sie sich, wenn auch in begrenztem Maße, ihren menschlichen Tutoren mitteilen. Die großen Affen stehen an der Schwelle zur Entwicklung eines der menschlichen Sprache ähnlichen Kommunikationssystems. Sie haben den Schritt aber nicht getan.

Ein Grund hiefür mag darin liegen, dass alle nichtmenschlichen Primaten ein Leben führen, in dem jedes Individuum parallel zu den anderen agiert. Die Mitglieder einer Horde oder Gruppe durchstreifen zusammen auf denselben Pfaden ihren Lebensraum. Einzelne Tiere entfernen sich dabei nicht weit von der übrigen Gruppe, jedenfalls nicht für längere Zeit. Alle machen so dieselben Erfahrungen und teilen dieselben Absichten und Ziele. Es erübrigt sich daher, auf Gegenstände an entfernten Orten und auf zeitlich versetzte Ereignisse hinzuweisen. Um ein Kommunikationssystem entstehen zu lassen, das sich durch die Fähigkeit zur zeitlichen und räumlichen Verschiebung auszeichnet, musste sich für den Vorgänger des Menschen eine tief greifende Änderung seiner sozialen Organisation vollzogen haben.

## Frühe Wildbeuter und Sammler

Zahlreiche fossile Skelettteile, die im äthiopischen Omotal, in dem Gebiet um den Turkanasee in Kenia und der Oldoway-Schlucht in Tansania gefunden wurden, belegen die frühe Existenz aufrecht gehender, menschenartiger Wesen im afrikanischen Erdteil. Die Datierung solcher Funde mit Hilfe radiometrischer Methoden der Altersbestimmung beweist eine mehr als drei Millionen Jahre dauernde Naturgeschichte des Menschen. Der Gebrauch von Steinwerkzeugen als Zeichen frühmenschlicher Kognition ist für einen Zeitraum von zwei Millionen Jahren gesichert. Werden Fundstellen solcher Steinwerkzeuge nach Grabungshorizonten durchsucht, findet man oft Streumuster weiterer Steinartefakte, die Hinweise auf Lagerstätten von Frühmenschen geben. Lokale Häufungen von Steinwerkzeugen und fossilen Knochenresten erlegter Tiere weisen unsere prähistorischen Ahnen, insbesondere jene Art, die wir heute Homo erectus nennen, als Wildbeuter aus. Offensichtlich trugen diese Vorläufer des modernen Menschen erlegte Tiere an bestimmte Lagerplätze, zergliederten dort ihre Beute mit Hilfe ihrer Steinwerkzeuge und teilten das Fleisch mit den Individuen einer schätzungsweise 30-köpfigen Gruppe. Nebenbei sammelten sie auch vegetarische Nahrung.

Diese Lebensform des Jäger- und Sammlertums ist für einen Zeitraum von zwei Millionen Jahren belegt. Erst vor ungefähr 10 000 Jahren wurden Wildbeuter und Sammler von neolithischen Vertretern einer auf Viehzucht und Ackerbau gegründeten Vorratswirtschaft abgelöst. Der Mensch verbrachte somit den überwiegenden Teil seiner Existenz als biologische Gattung – immerhin mehr als 99 Prozent der Zeit – auf der sozioökologischen Stufe des steinzeitlichen Jäger- und Sammlertums. Diese Lebensform setzte eine bestimmte soziale Organisation voraus, die sich von der Gruppen- und Horden-Organisation nichtmenschlicher Primaten unterscheidet. Dennoch muss sich auch dieses hominide Muster eines Zusammenlebens im Gruppenverband aus dem nichthominider Vorläufer entwickelt haben.

Die begann wahrscheinlich damit, dass einige Affenarten des Miozäns unter dem Selektionsdruck, den ein begrenztes Nahrungsangebot erzeugt, genetisch dazu veranlagt wurden, eine geschlechtsspezifische Nahrungssuche auszuüben, wie dies heute noch an deren Nachkommen beobachtet werden kann. Der Vorteil einer solchen Festlegung ist leicht ersichtlich: Die männlichen Tiere konkurrieren nicht mehr mit den weiblichen und den eigenen Nachkommen um lokale Futterquellen. Beispielsweise fressen bei manchen baumbewohnenden Arten die Männchen bevorzugt in den unteren Etagen der Bäume und überlassen den Weibchen und Jungtieren die sicheren Bereiche unter dem Kronendach.

Als vor 15 Millionen Jahren das Klima trockener wurde, wandelten sich die Wälder Afrikas zu einem großen Teil in Savannen. Arten, die nach Geschlechtern getrennt auf Nahrungssuche gingen, mussten sich nunmehr statt der ursprünglichen, vertikalen Trennung in den Baumetagen auf dem Boden zentrifugal voneinander entfernen. Die Männchen gingen aus dem für Weibchen und Jungtiere reservierten Kernbezirk fort. So erweiterte sich zwangsläufig der tägliche Aktionsradius männlicher Tiere, während der Kernbezirk für Weibchen und Jungtiere dank der verminderten Nahrungskonkurrenz durch die Männchen entsprechend eingeschränkt werden konnte.

Diese Trennung konzentrischer Nah- und Fernbezirke konnte wahrscheinlich von frühen Hominiden der Gattung Australopithecus ausgeweitet werden, die vor etwa vier Millionen Jahren den aufrechten Gang annahmen. Der dauerhafte zweibeinige Gang befreite die vorderen Gliedmaßen aus dem Dienst der Fortbewegung. Stattdessen ermöglichten die freien Arme und Hände, größere Nahrungsmengen über weite Entfernungen zu tragen. Die Separation geschlechtsspezifischer Bezirke der Nahrungssuche konnte daher mit einer Nahrungsteilung verbunden werden. Man brachte Nahrung in ein gemeinsames Lager innerhalb des Kernbezirkes, um sie dort mit anderen zu teilen. Die Weibchen konnten so während der Schwangerschaft und der Stillperioden von den Männchen mit herbeigeschafften Nahrungsmitteln unterstützt werden. Alle Individuen einer so organisierten Gruppe erhielten eine größere Überlebenschance. Auch erwies sich die im Vergleich mit Vierbeinern geringe Mobilität der zweibeinigen Vorfahren in dieser Situation als Vorteil. Beschränkt auf einen kleinen Kernbezirk mit Basislager, verminderten sich für die Weibchen und Jungen Gefahren, die sonst auf ausgedehnten Streifzügen drohten.

Das Leben in konzentrischen Nahrungsbezirken bedingte jedoch, dass sich die Gruppenmitglieder, wenngleich vielfach aufeinander angewiesen, für längere Tagesabschnitte trennen mussten. Eine solche räumliche Trennung von Mitgliedern einer hominiden Gruppe aber machte eine Kommunikation über nicht gemeinsam Erlebtes erforderlich. Ein Kommunikationssystem, ob auf Gesten oder Laute gegründet, das den Gruppenmitgliedern erlaubt, sich über entfernte Gegenstände sowie über vergangene und zukünftige Ereignisse zu verständigen, erhielt somit einen hohen Überlebenswert. Gesten und Laute als Zeichen für Gegenstände oder Begebenheiten durften nicht länger an die gegenwärtig durchlebte Situation gebunden sein, sondern mussten sich in Raum und Zeit verschieben lassen. Es bestand ein hoher Selektionsdruck, durch den die Individuen begünstigt wurden, deren Gehirn durch eine entsprechende genetische Mutation befähigt wurde, die kognitive Operation der Verschiebung zu meistern.

Im Gegensatz zum Nahrungsangebot dichter Regenwälder sind die Ressourcen einer Savannen- und Buschlandschaft weitläufig verstreut. Wenn wir beispielsweise wild lebende Schimpansen auf ihren Streifzügen beobachten, gewinnen wir eine Vorstellung vom Aufwand, den unsere prähistorischen Vorfahren betreiben mussten, um sich in den Savannen Afrikas ernähren zu können.

Schimpansen streifen auf Tagesrouten, die sich viele Kilometer weit erstrecken und mehrere Stunden beanspruchen. Die Kalorien, die sie dabei verlieren, können nicht ersetzt werden, wenn die Nahrungssuche nicht erfolgreich genug ist. Die Effizienz der Nahrungssuche ist daher eine Frage der Zeit, die es braucht, bis eine lohnende Nahrungsquelle gefunden ist. Individuen, die durch Gesten oder Laute ihren übrigen Gruppenmitgliedern die Lage einer nun entdeckten Nahrungsquelle mitteilen können, vermindern die Zeit der Suche für die ganze Gruppe. Sofern diese Kommunikation von allen ausgeübt wird, profitieren auch alle davon. Wenn nun frühe Hominiden, die bereits zu einer Kommunikation mit Verschiebung fähig waren, beispielsweise den frischen Kadaver eines größeren Wildes weitab vom Lager ihrer Gruppe auffanden, konnten sie diesen Fund benennen und, mit Handzeichen unterstützt, seine Lage im Gelände bezeichnen.

### Raum, Kognition und Sprache

Die Anfänge der menschlichen Sprache entstammen demnach einem Kommunikationssystem, in dem mit Lauten Gegenstände und Ereignisse bezeichnet wurden, die nicht nur der unmittelbaren Gegenwart angehörten, sondern außerhalb des aktuellen Gesichtskreises lagen, schon vergangen waren oder sich erst in der Zukunft ereignen würden.

Die Verschiebung der mentalen Repräsentanz von Gegenständen in räumlichen und zeitlichen Bezügen kann auf dem Boden eines bereits bestehenden neuronalen Systems erfolgen, das einen weitläufigen Lebensraum in verschieden großen, in- und übereinander gelagerten mentalen Landkarten abbilden kann. Will jemand ein unbekanntes Gebiet erkunden – dies kann eine fremde Stadt sein –, durchwandert er es. Der aktuelle Gesichtskreis vermittelt ihm jeweils einen Ausschnitt des Geländes. So sammelt er in seinem Gedächtnis nacheinander unterschiedliche visuelle Eindrücke, die schließlich zu einem Gesamtbild der Landschaft oder Stadt zusammengesetzt werden. Es formt sich eine mentale Landkarte, die zukünftig als Orientierung dient.

Wesentliche neuronale Mechanismen dieses kognitiven Prozesses sind im Hippocampus der rechten Hirnhälfte zu finden. Personen, deren Temporallappen bis zur Tiefe des Hippocampus rechtseitig beschädigt ist, können von unbekannten räumlichen Gegebenheiten keine mentale Landkarte anlegen und verlieren die Fähigkeit, sich selbst in vertrauten Räumen zurechtzufinden. Dagegen zeigen Personen mit

Schädigungen des linken Hippocampus auffallende Defizite in der sprachlichen Wiedergabe räumlicher Beziehungen und anderer Zusammenhänge. Es wird daher vermutet, dass der rechte Hippocampus des Menschen das neuronale Substrat mentaler Landkarten ist, während der linke Hippocampus Mechanismen enthält, die eine semantische Karte für Wörter, Sätze und Geschichten erstellen. In solchen Karten können Begriffe von Gegenständen in ähnlicher Art «geclustert» sein, wie es die Gegenstände im Raum selbst sind. Nahe liegende Gegenstände und Orte haben darin auch benachbarte Repräsentanzen, entfernt liegende und sehr verschiedene Gegenstände hingegen sind weitläufig verstreut.

Der Abstand zweier Begriffe in einer semantischen Karte kann freilich nicht wie eine räumliche Distanz nach bestimmten Längeneinheiten vermessen werden. Die Nähe zweier Begriffe zeigt sich in der Häufigkeit und Geschwindigkeit, mit der bei Nennung des einen Begriffs der andere assoziiert wird. Alle Teilstrukturen beider Hirnhälften, so auch der rechte und linke Hippocampus, sind untereinander und wechselseitig durch zahlreiche Fasersysteme verbunden. Daher sind auch die räumlichen Landkarten der rechten und die semantischen Karten der linken Hirnhälfte vielfach aufeinander bezogen.

Bei Tieren enthält die rechte und linke Seite des Hippocampus Landkarten, in denen die Grenzen und andere räumliche Gegebenheiten des beanspruchten Lebensraumes verzeichnet sind. Ihre neuronale Grundlage bilden Verbände der bereits beschriebenen «Ortszellen». Im menschlichen Gehirn hingegen bildet nur der rechte Hippocampus räumliche Gegebenheiten ab, der linke wirkt als semantische Karte. Es scheint daher, als habe vor langer Zeit eine genetische Mutation das Gehirn einiger Hominiden dahin gehend verändert, dass die ursprüngliche Funktion ihres linken Hippocampus als mentale Landkarte einer neuen Funktion als verbal-semantische Karte geopfert oder untergeordnet wurde. Die hiermit begründete funktionale Asymmetrie beschränkt sich allerdings nicht nur auf den Hippocampus, sondern bestimmt das gesamte Gehirn des Menschen.

Offensichtlich genügt es nicht, einige kleinere, spezialisierte Netzwerke von Neuronen in beiden Seiten des Gehirns zu haben, die Laute hervorbringen oder Gesten steuern, die als Symbole für Gegenstände stehen und selbst dann zu deren Bezeichnung dienen, wenn diese Gegenstände nicht sichtbar sind. Offensichtlich war für die Entwicklung einer frühen menschlichen Sprache ein eigenes, weit ausgedehntes Netzwerk von Neuronen notwendig, das sich nur einrichten ließ, wenn dafür ein großer Teil einer Hirnhälfte bereitgestellt wurde. Tatsächlich ist an Aufgussplastiken fossilierter Schädelfunde des Homo erectus ein größeres Planum temporale der linken Seite nachzuweisen. Unter dieser Windung des linksseitigen Gehirns liegt beim modernen Menschen das Sprachzentrum. Die funktional asymmetrischen Hälften eines derart mutierten Gehirns, von denen die linke Seite auf Sprache und sprachlich geleitetes Denken spezialisiert ist, während die rechte weiterhin räumliche Informationen verarbeitet, ergänzen sich zum dualen «Weltbildapparat» des Menschen.

Als nomadisierende Jäger und Sammler entwickelten unsere prähistorischen Vorfahren die Fähigkeit, mentale Landkarten ihrer Lebensräume im Gedächtnis zu bewahren, um weit verstreute Lagerplätze, Wasserstellen und Nahrungsquellen mit Pfaden zu verbinden und sich in einem unübersichtlichen Gelände zurechtzufinden. Ihre neuen semantischen Fähigkeiten konnten die mentalen Landkarten mit Geschichten und Erinnerungen an signifikante Begebenheiten ergänzen. In diesem Zusammenhang ist auffallend, dass unsere Sprache und die Bildung kognitiver Landkarten nach einem ähnlichen Schema funktionieren.

In einer Landkarte, die man aus dem Gedächtnis von der Bundesrepublik Deutschland auf ein Blatt Papier skizziert, lassen sich die Grenzen einzelner Bundesländer ziehen, in denen sich wiederum eine bestimmte Region und darin eine bestimmte Stadt eintragen lassen. Von dieser Stadt könnte eine Skizze mit Quartieren, Straßennetzen und einzelnen Gebäuden angefertigt werden. In einer großen Karte finden sich viele kleinere Teilkarten eingebettet. Eine ganz ähnliche Struktur weisen die Sätze unserer Sprache auf. Der Satz «Gestern, als es zu regnen begann, hat ein wilder Hund einen alten Mann mit schwarzem Schlapphut gebissen, als dieser gerade am Bäckerladen vorbeikam» enthält eine Reihe einfacher Sätze wie «Es war gestern», «Es hat geregnet», «Ein Hund ist wild», «Der Hund hat gebissen», «Der Mann ist alt», «Der

Mann hat einen Schlapphut» usw. All diese Teilsätze besitzen die einfache grammatische Struktur einer Folge von Bezeichnungen für ein Subjekt, ein Prädikat und höchstens ein Objekt.

Würde unser Gehirn nur über eine so begrenzte linguistische Kompetenz verfügen, dass es gerade für Satzkonstruktionen nach einer solchen Phrasenstruktur-Grammatik reichte, brauchte es eine geraume Zeit, um den gesamten Sachverhalt auszudrücken. Man könnte die Mitteilung dann ebenso schlecht verstehen wie die Äußerungen eines Broca-Aphasikers, der infolge eines linksseitigen Hirnschadens nur simple und unvollständige Sätze formulieren kann. Statt einer langen Serie einfacher Sätze aber ist unser Gehirn in der Lage, einen grammatikalisch komplizierteren Satz zu bilden, in dem die einzelnen Teilsätze eingebettet und verschachtelt sind. Hierzu muss das Gehirn über eine von Noam Chomsky definierte, generative Grammatik verfügen. Der strukturell komplexe Satz drückt den Sachverhalt in bedeutend kürzerer Zeit aus. Seine Konstruktion aber setzt die Funktion des Einbettens voraus.

Im Zusammenspiel all dieser Gegebenheiten, die unser von zahlreichen fossilen Funden belegtes Szenario der prähistorischen Jäger-Sammler-Gemeinschaft zusammenfasst, konnte sich die menschliche Sprache entwickeln. Durch sie wurde es möglich, das Erlebte unter veränderlichen räumlichen und zeitlichen Bezügen anderen mitzuteilen. War sie auch ursprünglich dafür bestimmt, Beziehungen und relative Positionen von Landmarken und Orten in einem Savannen- und Buschgelände zu beschreiben und andere mit Worten, Sätzen oder ganzen Geschichten über das Erlebte zu unterrichten, erlaubt sie doch viel mehr.

Wer sich Gegenstände, die der unmittelbaren Anschauung entzogen sind, in seiner Vorstellung vergegenwärtigen und mit anderen darüber sprechen kann, besitzt die Fähigkeit der Abstraktion. Vieles in dieser Welt bleibt dem unmittelbaren, sinnlichen Einblick verborgen. Dennoch können wir darüber in abstrakten Modellen nachdenken und sprechen. Obwohl wir beispielsweise Atome und Elementarteilchen nicht sehen können, lassen sich von diesen kleinsten Einheiten der Materie abstrakte Modell anfertigen, die es uns ermöglichen, die fundamentalen physikalischen Kräfte zu verstehen, ihre Wirkungen vorauszusagen und sie technisch zu nutzen. Wir sehen von diesen entfernten

Teilen der Welt, deren Erforschung die moderne Naturwissenschaft betreibt, nur Schatten auf einer Höhlenwand, geben ihnen Namen und erörtern, wie sie gedeutet werden sollen. Schließlich ist unsere Sprache das einzige Medium, das uns Einblicke in die privaten Innenräume des Bewusstseins anderer Menschen gibt.

# Schluss

Die Dinge sind nicht, wie sie scheinen. Wir sehen Schatten und schließen aus ihnen auf Gegenstände und Ereignisse einer äußeren Welt. Schattenbilder aber zeigen mitunter etwas ganz anderes als die wahre Beschaffenheit der Gegenstände, die sie geworfen haben. An den steten Kampf mit Trugbildern und die Begrenztheit menschlicher Erfahrung erinnert Platons Höhlengleichnis. Wie viel können wir, derart eingeschränkt, über die Gründe unserer Existenz erfahren?

Es sind keine einfachen Fragen, die die Naturwissenschaften zu beantworten versuchen. Neben dem Bemühen, Herkunft und Entwicklung des Universums zu verstehen, ist die Erforschung unseres biologischen «Weltbildapparates» ins Blickfeld gerückt. Beide Wege der aktuellen Grundlagenforschung, die Kosmologie der Physik und die kognitive Neurowissenschaft, haben ein gemeinsames Ziel. Schließlich ist es das menschliche Gehirn, das die Begrifflichkeit ausgefallener Theorien und anspruchsvolle mathematische Modelle über die Geburt des Weltalls und die Herkunft seiner Strukturen entwirft. Wie weit und wie tief kann es denken, wenn es doch in seinen Fähigkeiten begrenzt ist?

Die Gründe unserer biologischen Existenz konnten im vergangenen Jahrhundert geklärt werden. Es sind aneinander gereihte, molekulare Bausteine, die als Stränge der Desoxyribonukleinsäure (DNS) Anleitungen tragen, nach denen ein ganzer Organismus gebaut wird. Der Organismus trägt diesen genetischen Schriftsatz in sich, schützt ihn und trägt ihn fort, solange er lebt, und gibt ihn schließlich an seine Nachkommen weiter, bevor er stirbt. Die Erbsubstanz enthält Stränge aneinander gereihter chemischer Buchstaben. Einzelne Sequenzen von vier Nucleotiden der DNS sind Bauanleitungen für Eiweiße, während der überwiegende Teil der Erbsubstanz sich nicht in Eiweiße übersetzen lässt. Er enthält also auch unsinnige Texte. Einige der übersetzten Eiweiße besitzen die Eigenschaft, miteinander chemisch zu reagieren, sodass sie raumzeitliche Strukturen formen und erhalten, solange sie arbeitsfähige Energie umsetzen und als ungeordnete Wärme auf zahlreiche molekulare Teile verstreuen. Ihre Reaktionsketten und -zyklen bedingen und erhalten dissipative Strukturen. Die Erbsubstanz enthält und bewahrt Rezepturen für diese ausgezeichneten, chemischen Reaktionspartner, mit deren Hilfe sich Materie zu lebenden Organismen organisiert. So formt Materie mit immer gleichen, erklärbaren Kräften die Vielfalt der Organismen, deren funktionales Gerüst verschiedene chemische Zyklen bilden.

Wenn der Zufall molekulare Bausteine der Erbsubstanz austauscht, entstehen genetische Varianten von Lebewesen. Letztlich sind es Sequenzgruppen der vier Nucleotide einer DNS, die bestimmen, welche körperlichen Merkmale ein Individuum kennzeichnen. Ebenso sind manche Verhaltensweisen bis in die Einzelheiten ihres Ablaufes genetisch vorgegeben. Wenn dies auch nicht in aller Strenge geschieht, gibt der molekulare Code doch zumindest Fähigkeiten und Tendenzen vor, nach denen sich ein Organismus verhält. Auch die Fähigkeit, zu lernen und das Verhalten aufgrund einer Erfahrung zu ändern, gehört zu diesen genetisch vorbestimmten Eigenschaften. Wer an die augenblickliche Welt am besten angepasst ist, überlebt und gibt seine Eigenschaften an Nachkommen weiter, während andere vorzeitig sterben.

Die selbst organisierenden Eigenschaften eines Satzes von Regulatorproteinen, deren besondere Rezeptur die Erbsubstanz in Regulatorgenen bewahrt hat, erschaffen schließlich auch Nervensysteme und Gehirne. Sie sind genetisch vorgegebene «Weltbildapparate», die ihrem Träger wesentliche Ausschnitte der Welt vermitteln, ihn damit seine Vorteile wahrnehmen und Gefahren meiden lassen.

Das Gehirn des Menschen erhielt seine heutige Form erst im Laufe einer zwei Millionen Jahre währenden Evolutionsgeschichte. Mehr als 99 Prozent dieser Zeitspanne verbrachte die biologische Gattung Mensch auf der sozioökologischen Stufe des Jäger- und Sammlertums – einer Lebensform, die nur noch in einigen wenigen Kulturen am Rande der technischen Zivilisation erhalten geblieben ist. Die lange Zeit, in der sich unsere biologischen Vorläufer als Wildbeuter und Sammler vegetarischer Nahrung ohne die geringste Vorratswirtschaft von Tag zu Tag durchschlugen, bestimmte die geistige Ausstattung des modernen

Menschen. Und doch besitzt er mehr, als man zum bloßen Überleben benötigt. Unser geistiges Potenzial enthält eine beachtliche Reserve, die uns zu weit mehr befähigt, als bloß tägliche Bedürfnisse zu stillen und eine Weile zu überleben. Sie lässt uns Fragen nach unserer Herkunft stellen und nach Möglichkeiten suchen, sie zu beantworten.

Als gelte es, das von den Naturwissenschaften geprägte zwanzigste Jahrhundert mit einem gebührenden Showdown zu beenden, hat der amerikanische Kongress seine letzte Dekade als Jahrzehnt der Hirnforschung ausgerufen und Geld für ehrgeizige Forschungsprogramme bewilligt. Ungeachtet dieser und anderer weltweiter Anstrengungen wird jedoch eine Theorie psychobiologischer Prozesse, eine naturwissenschaftliche Theorie des Bewusstseins also, noch lange auf sich warten lassen. Was die neurowissenschaftliche Forschung derzeit leisten kann, ist, uns zu lehren, die angemessenen Fragen zu stellen und uns so einer Lösung des großen Rätsels näher zu bringen.

Dies ist umso wichtiger, da keine klare Verständigung darüber besteht, was genau es heißen soll, Bewusstsein zu erklären. Die einen meinen, es müsse und könne gänzlich auf neuronale Mechanismen zurückgeführt werden. In einer anderen Argumentation haben die Eigenschaften des menschlichen Gehirns, die mit naturwissenschaftlichen Begriffen erklärt werden können, zwar mit der Funktion komplexer biologischer Automaten, aber nichts mit der geistigen Existenz des Menschen zu tun. Das Bewusstsein entzieht sich dieser Auffassung nach als ein letzter unerklärlicher Rest einer naturwissenschaftlichen Beschreibung.

Größtenteils herrscht aber Konsens darüber, dass Nervensysteme biologisch vorbestimmte «Weltbildapparate» sind. Organismen, die sich im Raum bewegen, Nahrungsquellen ausspähen, Gefahren entfliehen und schützende Orte aufsuchen müssen, könnten nicht bestehen, wenn sie nicht über einen Mechanismus verfügen würden, der ihnen die Umwelt in den jeweils wesentlichen Ausschnitten vermittelt und aus häufig Wiederkehrendem ein verlässliches «Weltbild» zeichnet. Wahrscheinlich aber könnte auch ein blinder, tauber und gefühlloser Apparat, wenn er denn komplex genug wäre, in physikalischen Zuständen seiner Systemdynamik Ausschnitte der Welt abbilden. Warum aber gibt es dann neben den messbaren Größen und objektiv beobachtbaren Zuständen eines neuralen Netzwerkes auch *Empfindungen*, und woher kommen sie? Was ist das Geheimnis der Phantommaschine, von der wir in den vergangenen Kapiteln geredet haben?

Man mag von der Wissenschaft Antworten erwarten, die sie nicht geben kann. Es sind meist Antworten auf so genannte «Wesensfragen», wie sie die Philosophen vergangener Jahrhunderte häufig gestellt haben. Einige ihrer Texte bemühen allerlei zugespitzte Begriffe und Wörter, um Erscheinungen der Natur zu deuten, liefern aber keine Anweisung, das so Erklärte zu handhaben. Beispielsweise hatten vor zweihundert Jahren die damals noch unerforschten Erscheinungen der Elektrizität in den Zirkeln der gebildeten Stände eine modische Aufmerksamkeit gefunden. Bis in die Mitte des neunzehnten Jahrhunderts bemühte man sich zu verstehen, was da aus Leydener Flaschen und poliertem Bernstein funkte. Was sollte das Wesen dieser eindrucksvollen Erscheinungen sein? Georg Wilhelm Friedrich Hegel schrieb in seiner «Naturphilosophie und Philosophie des Geistes» über die Elektrizität:

«Sie ist der reine Zweck der Gestalt, der sich von ihr befreit, der reine Charakter, die in sich seiende Kraft. Sie ist im Gegensatze positiv und negativ, d. h. eben sie ist im Zwecke, im reinen Begriffe entgegengesetzt, denn sie ist das Unendliche heraustretend, die Gestalt, die ihre Gleichgültigkeit aufzuheben anfängt, denn sie ist das unmittelbare Hervortreten, oder das noch von der Gestalt herkommende, noch durch sie bedingte Dasein; oder noch nicht die Auflösung der Gestalt selbst; der oberflächliche Prozess, worin die Differenzen die Gestalt verlassen, aber sie zu ihrer Bedingung haben, noch nicht an ihnen selbständig sind.»

Was immer diese Sätze für eine philosophische Lehre bedeuten mögen, man kann sie nicht als Anleitung lesen, wie ein Elektromotor oder ein Fernsehempfänger zu bauen sei. Andere haben keine Wesensfragen gestellt, sondern systematisch Wirkungen beobachtet, die das ausmachen, was wir Elektrizität nennen. Jeder Begriff, den die naturwissenschaftliche Beschreibung verwendet, ist schließlich durch eine einfache und wiederholbare Erfahrung gedeckt. Was Physiker wie Michael Faraday und Christian Oersted experimentell herausfanden, konnte Clerk Maxwell in einer eleganten mathematischen Theorie vereinen. Durch sie konnten bis dahin noch unbekannte Erscheinungen der Elektrizität vorausgesagt und später auch genutzt werden. Seitdem eignet sich das Phänomen der Elektrizität nicht mehr für Spekulationen nach dem Wesen seiner Erscheinungen.

In keinem anderen Feld der Wissenschaften dürfen mehr epistemologische Fallgruben vermutet werden als in dem der kognitiven Neurowissenschaften, spielt sich doch, was man dort untersucht, an den Grenzen zweier unvergleichbarer Welten ab. Weder ist es angebracht, die Innenwelt unserer sinnlichen Wahrnehmung auf nichts als neuronale Vorgänge zurückzuführen noch die verschiedenen Erscheinungsformen des Bewusstseins als einfache Epi-Phänomene abzutun, nur weil sich die Begriffe bisheriger naturwissenschaftlicher Theoriebildung allein auf neuronale Prozesse anwenden lassen.

Bewusstsein als Sinnesempfindung, Gefühl, Gedanke oder Phantasie ist etwas anderes als ein elektrisches Gewitter über neuralen Geweben. Es begleitet als Parallelereignis manche dieser «Gewitter», andere aber nicht. Wenn sich Bewusstsein den neuronalen Aktivitäten des wachen Gehirns beigesellt, geschieht dies nach Gesetzen, die wir gegenwärtig zwar nicht im Rahmen einer Theorie darstellen, aber dennoch experimentell belegen können. Sie bestehen, ob wir sie zu deuten vermögen oder nicht. Was sich an der psychophysischen Schwelle als empirisches Gesetz beobachten lässt, kann eines Tages zur Grundlage einer Theorie werden, die erklärt, warum Bewusstsein nur bestimmte neuronale Tätigkeiten begleitet und andere nicht. Eine Theorie des Bewusstseins müsste auch ein mathematisches Gesetz formulieren, nach dem sich zeitparallel und verzahnt mit objektiv beobachtbaren Zuständen neuraler Netzwerke in einer unzugänglichen Nebenwelt allerlei Szenerien entwickeln lassen, deren einziger Betrachter selbst Teil dieser Gegenwelt ist.

Ein großer Schritt wäre es, wenn wir herausfinden würden, in welcher Weise physiologische Ereignisse in den entsprechenden Netzwerken des menschlichen Gehirns beeinflusst werden können, um beispielsweise eine bestimmte sinnliche Empfindung auszulösen. So könnte Blinden das verlorene Augenlicht, Tauben das fehlende Gehör und cerebral Gelähmten die Fähigkeit zurückgegeben werden, ihren Körper willentlich und koordiniert zu bewegen. Die vornehmste Anwendung einer naturwissenschaftlichen Theorie des Bewusstseins liegt in einer zukünftigen Neuroprothetik.

Der überwiegende Teil des Gehirns setzt Informationen um, die niemals bewusst werden. Darin gleicht es einer elektronischen Rechenanlage. Warum aber sind wir dann nicht zur Gänze blinde, taube und gefühllose Automaten, ausgestattet mit einer neuronalen Hardware, die uns an Hindernissen vorbeileitet und Gefahren erkennen lässt? Automaten, die Energiequellen aufspüren und anzapfen, sich auf diese Weise über eine endliche Zeitspanne fortbringen und unwissend Nachkommen hinterlassen?

Warum sind einige der neuronalen Prozesse unseres Gehirns von Bewusstsein begleitet, wenn Leben auch ohne dies auskommt? Wie viel Hirnsubstanz ist nötig, um darin Bewusstsein zu beherbergen? Wann und wodurch wird neurales Gewebe zu einer Phantommaschine? Wie dicht muss ein neurales Netz geknüpft sein, damit es eine «innere Bühne» trägt, und was lässt sich auf dieser Bühne darstellen? Wer ist es, der als Zuschauer die Szenen und Handlungen in diesem cartesischen Theater verfolgt? Wie viel kann von außen eindringen und Schatten auf die Wände unseres inneren Raumes werfen? Wie lassen sich die Schatten deuten, und wie viel können wir aus ihnen über die Welt und uns selbst erschließen? Wie groß also ist Platons Höhle?

# Bildquellen

**Abb. 1.1** a) Gilbert, S. F., Developmental Biology, S. 245
b) Berhard Verbeek (1990), Anthropologie der Umweltzerstörung, Wissenschaftliche Buchgesellschaft (S. 25, Abb. 4)

**Abb. 2.1** Leff, H. S., and Rex, A. F. (Eds.), Maxwell's Demon. In: Entropy, Information, Computing; Adam Hilger, Bristol 1990

**Abb. 2.2** nach Vorlagen des Autors

**Abb. 3.1** Odum, E. P., Fundamental of Ecology, 3$^{erd}$ Edition (1971), Saunders Company Philadelphia

**Abb. 3.2** Müller, S. C., and Hess, B. (1989), Spiral order in chemical reactions. In: Goldbeter, A. (Ed.), Cell to Cell Signalling. From Experiments to Mathematical Models, Academic Press, London, 503 – 520

**Abb. 3.3** Welsh, B. J., Gomatam, J., and Burgess, A. E. (1983), Threedimensional chemical waves in the Belousov-Zhabotinsky reaction, Nature, 304, 611 – 614

**Abb. 3.4** Computersimulation durch den Autor

**Abb. 4.1** a) Romanes, G. J. (1901), Darwin and After Darwin, Open Court Publishing, London
b) Raff, R., and Kaufman, T. C. (1983), Embryos, Genes and Evolution. The Developmental-Genetic Basis of Evolutionary Change, Macmillan, New York

**Abb. 4.2** Gehring, W. J. (1985), Homeotic genes, the homeobox and the genetic control of development, Cold Spring Harbor Symposium of Quantifying Biology 50, 243 – 251

**Abb. 4.3** Goodwin, B. C., and Kaufman, S. A. (1989), Bifurcations, harmonics and the four colour wheel model of *Drosophila* development. In: Goldbeter, A. (Ed.), Cell to Cell Signalling. From Experiments to Theoretical Models, Academic Press, London, 213 – 227

**Abb. 4.4** Meinhardt, H. (1984), Models for positional signaling, the three fold subdivision of segments and the pigmentation pattern in molluscs, Journal of Experimental Morphology 83 (Supplement), 289 – 311

**Abb. 4.5** Macdonald, P. M., and Struhl, G. (1986), A molecular gradient in early *Drosophila* embryos and its role in specifying body pattern, Nature, 324, 537–545

**Abb. 4.6** Meinhardt, H. (1989), Pattern formation and the activation of particular genes. In: Goldbeter, A. (Ed.), Cell to Cell Signalling. From Experiments to Theoretical Models, Academic Press, London, 182–212

**Abb. 4.7** a, c, d) Nüsslein-Volhard, C., and Wieschaus, E. (1980), Mutations affecting segment number and polarity in *Drosophila*, Nature, 287, 795–801

b) Nüsslein-Volhard, C. (1977), Genetic analysis of pattern formation in the embryo of *Drosophila melanogaster,* Wilhelm Roux's Archive 183, 249–268

**Abb. 4.8** a) Hunding, A. (1993), Simulation of 3 dimensional Turing Patterns related to early biological morphogenesis. In: ECAL (European Congress on Artificial Life), Centre for Non-linear Phenomena and Complex Systems, Université Libre de Bruxelles, 506–513

b und c) Turner, R. F., and Mahowald, A. P. (1977), Scanning electron microscopy *Drosophila melanogaster* embryogenesis, Developmental Biology, 57, 403–416

**Abb. 5.1** und **Abb. 5.2** Odell, G. M., Oster, G., Alberch, P., and Burnside, B. (1981), The mechanical basis of morphogenesis. I. Epithelial folding and invagination, Developmental Biology, 85, 446–462

**Abb. 5.3** und **Abb. 5.4** Tuchmann-Duplessis, H., Auroux, M., and Haegel, P., Illustrated Human Embryology, Vol. 3, Nervous system and Endocrine Glands (S. 6 Abb. 1 und S. 8 Abb. 1)

**Abb. 5.5, Abb. 5.6, Abb. 5.7** Cowan, W. M. (1983), Die Entwicklung des Gehirns. In: Gehirn und Nervensystem, Spektrum der Wissenschaft, Verlagsgesellschaft, Heidelberg, S. 103, Abb. 3, S. 106, Abb. 7 und S. 107, Abb. 8

**Abb. 6.1** Levin, R. (1980), Is your brain really necessary? Research News. Science, 210, 1232–1234

**Abb. 6.2** Kandel, E. R., Schwartz, J. H., und Jessell, T. M. (Eds.) (1995), Neurowissenschaften, Spektrum Akademischer Verlag, Heidelberg, S. 77, Abb. 5.2

**Abb. 7.1** Brodman, K. (1909), Vergleichende Lokalisationslehre der Großhirnrinde in ihren Prinzipien dargestellt auf Grund des Zellbaumes, Barth J. A., Leipzig

**Abb. 7.2** a) Döving, K. B., and Gemne, G. (1965), Electrophysiological and histological properties of the olfactory tract of the burbot, Journal of Neurophysiology, 28, 130–152

b) Freeman, W. J., and Skarda, C. A. (1987), How brains make chaos in order to make sense of the world, Behavioral and Brain Sciences, 10, 161–195

**Abb. 7.3** Vorlagen des Autors

**Abb. 7.4** Freeman, W. J., and Skarda, C. A. (1987), How brains make chaos in order to make sense of the world, Behavioral and Brain Sciences, 10, 161–195

**Abb. 8.1** Vorlagen des Autors

**Abb. 8.2** a) Zell, A. (1994), Simulation Neuronaler Netze, Addison-Wesley Publishing Company, Bonn, S. 219, Abb. 19.2

b) Bartlett, F. (1957), Denken und Begreifen, Kiepenheuer & Witsch, Köln

**Abb. 9.1** Mann, I. (1964), Development of the Human Eye, Grune and Stratton, New York

**Abb. 9.2, Abb. 9.3** und **Abb. 10.1** Goldstein, B. (1989), Sensation and Perception (Third Edition), Wadswoth Publishing Company, Belmont, California, S. 74, Abb. 3.12 3.13, und S. 51, Abb. 2.2

**Abb. 10.2** Vorlagen des Autors

**Abb. 11.1** Heilman, K. M., and Watson, R. T. (1977), The neglect syndrom – A unilateral defect of the orienting response. In: Harnad, S., Doty, R. W., Goldstein, L., Jaynes, J., and Krauthamer, G. (Eds.), Lateralization in the Nervous System, Academic Press, New York

**Abb. 11.2** Bisiach, E., Capitani, E., Luzzatti, C., and Perani, D. (1981), Brain and conscious representation of outside reality, Neuropsychologia, 19, 543–551

**Abb. 11.3** Volpe, B. T., Ledoux, J. E., and Gazzaniga, M. S. (1979), Information processing of visual stimuli in an «extinguished» field, Nature, 282, 722–724

**Abb. 11.4** Corina, D., Kritchevsky, M., and Bellugi, U. (1996), Visual language processing and unilateral neglect: Evidence from American sign language, Cognitive Neuropsychology, 13 (3), 321–356

**Abb. 11.5** Bisiach, E., and Luzzatti, C. (1978), Unilateral neglect of representational space, Cortex, 14, 129–133

**Abb. 11.6** Kaas, J. H., Nelson, R. J., Sur, M., Lin, C. L., and Merzenich (1979), Multiple representations of the body within the primary somatosensory cortex of primates, Science, 204, 521–523

**Abb. 12.1** und **Abb. 12.2** Geldard, F. A., and Sherrick, C. E. (1990), Raum, Zeit und Tastsinn. In: Gehirn und Kognition, Spektrum der Wissenschaft, Verlagsgesellschaft, Heidelberg, 128–133

**Abb. 13.1** Ramachandran, V. S. (1993), Behavioral and magnetoencephalographic correlates of plasticity in the adult human brain, Proceedings of the National Academy of Science USA, 90, 10413–10420

# Literatur

## Einleitung
### Der Eingang zur Höhle

**Broca, P.** (1865) Sur le siège de la faculté du language articulé. *Bulletin of the Society of Anthropology*, 377–396.

**Descartes, René** (1637) Discours de la méthode pour bien conduire sa raison et chercher la vérité dans les sciences, Leyden.

**Platon** Politeia (Der Staat, deutsche Übersetzung v. Friedrich Schleiermacher, bearbeitet v. Dietrich Kurz), Platons Werke IV, 1971, Wissenschaftliche Buchgemeinschaft, Darmstadt.

## Kapitel 1

**Breuer, R.** (1993) Immer Ärger mit dem Urknall. Das kosmologische Standardmodell in der Krise, Reinbek.

**Hawking, St. W.** (1988) Eine kurze Geschichte der Zeit. Die Suche nach der Urkraft des Universums, Reinbek.

**Nicolis, G.,** und **Prigogine, I.** (1984) Erforschung des Komplexen, München.

**Prigogine, I.,** und **Stenger, I.** (1993) Das Paradox der Zeit. Zeit, Chaos und Quantum, München.

## Kapitel 2

**Leff, H. S.,** und **Rex, A. F.** (1990) Maxwell's Demon. Entropy, Information, Computing, Bristol.

**Szilard, L.** (1929) Über die Entropieverminderung in einem thermodynamischen System bei Eingriffen intelligenter Wesen, *Zeitschrift für Physik*, 53, 640–856.

**Zurek, W. H.** (1990) Maxwell's Demon, Szilard's Engine and Quantum. Measurements. In: Maxwell's Demon. Entropy, Information, Computing, Seiten 249–259.

## Kapitel 3

**Driesch, H.** (1922) Geschichte des Vitalismus, Leipzig.

**Espstein, I.R., Kustin, K., De Kepper, P.,** und **Orban, M.** (1989) Oszillie-rende chemische Reaktionen. In: *Spektrum der Wissenschaft: Verständliche Forschung*, Heidelberg, S. 72–81.

**Lotka, A.** (1956) Elements of Physical Biology, Dover, New York.

**Müller, S. C.,** und **Hess, B.** (1989) Spiral order in chemical reactions. In: Goldbeter, A. (Ed.), *Cell-to-Cell Signalling: From Experiments to Theoretical Models*, London, pp. 503–520.

**Volterra, V.** (1931) Leçon sur la Théorie Mathematique de la Lutte pour la Vie, Paris.

**Winfree, A. T.** (1972) Spiral waves of chemical activity, *Science*, 175, 634–636.

## Kapitel 4

**Gierer, A.** (1981) Physik der biologischen Gestaltbildung. In: *Verhandlungen der Gesellschaft Deutscher Naturforscher und Ärzte*, Berlin.

**Gilbert, S. F.** (1988) Developmental Biology, Second Edition, Sunderland, Mass.

**Goodwind, B. C.,** and **Kauffman, S. A.** (1990) Spatial harmonics and pat-tern specification in early *Drosophila* development. Part I. Bifurcation se-quences gene expression, *Journal of theoretical Biology*, 144, 303–319.

**Hunding A., Kauffman, S. A.,** and **Goodwin, B.** (1990) *Drosophila* segmen-tation: Supercomputer simulation of prepattern hierarchy, *Journal of theo-retical Biology*, 145, 369–384.

**Kauffman, S. A.,** and **Goodwin, B. C.** (1990) Spatial harmonics and pattern specification in early *Drosophila* development. Part II. The four colour wheels model, *Journal of theoretical Biology*, 14, 321–345.

**Macdonald, P. M.,** and **Struhl, G.** (1986) A molecular gradient in early *Drosophila* embryos and its role in specifying the body pattern, *Nature*, 324, 537–545.

**Meinhardt, H.** (1989) Pattern formation and the activation of particular genes. In: Goldbeter, A. (Ed.), *Cell-to-Cell Signalling: From Experiments to Theoretical Models*, London, pp. 189–212.

**Nüsslein-Volhard, Ch.,** and **Wieschaus, E.** (1980) Mutations affecting segment number and polarity in *Drosophila, Nature,* 87, 795–801.

**Nüsslein-Volhard, Ch.** (1991) Determination of the embryonic axes of *Drosophila, Development* (Supplement), 1, 1–10.

**Turing, A. M.** (1952) The chemical basis of morphogenesis, *Philosophical Trans.* of the *Royal Society, London,* B 237, 37–72.


## Kapitel 5

**Gierer, A.** (1987) Directional cues for growing axons forming the retinotectal projection, *Development,* 101, 479–489.

**Odell, G. M., Oster, G., Alberch, P.,** and **Burnside, B.** (1981) The mechanical basis of morphogenesis. I. Epithelial folding and invagination, *Developmental Biology,* 85, 446–462.

**Tuchmann-Duplessis, H., Auroux, M.,** and **Haegel, P.** (1974) Illustrated Human Embryology, Vol. 3, Nervous System and Endocrine Glands, New York.


## Kapitel 6

**Lewin, R.** (1980) Is your brain really necessary? *Science* 210, 1232–1234.

**Lorber, J.** (1968) The results of early treatment of extreme hydrocephalus, *Developmental Medicine and Child Neurology Supplement* 16, 21–29.


## Kapitel 7

**Adrian, E. D.,** and **Matthews, B. H. C.** (1934) The Berger Rhythm: Potential changes from the occipital lobes in man, *Brain,* 57 (4), 355–385.

**Berger, H.** (1929) Über das Elektroenzephalogramm des Menschen, *Archiv für Psychiatrie,* 87, 527–570.

**Dement, W.,** and **Kleitman, N.** (1957) Cyclic variations in EEG during sleep and their relations to eye movements, body motility and dreaming, *Electroencephalography and chemical Neurophysiology*, 9, 673–690.

**Kleitman, N.** (1963) Sleep and Wakefulness, Chicago.

**Skarda, A.,** and **Freeman, W. J.** (1987) How brains make chaos in order to make sense of the world, *Behavioral and Brain Sciences*, 10, 161–195.

## Kapitel 8

**Hinton, G. E.,** and **Shallice, T.** (1991) Lesioning an attractor network: Investigations of acquired dyslexia, *Psychological Review*, 98, 74–95.

**Hinton, G. E., Plaut, D. C.,** and **Shallice, T.** (1993) Computersimulation eines Hirnschadens, *Spektrum der Wissenschaft,* Dezember 1993, 68–75.

**Newcombe, F.,** and **Marschall, J. C.** (1981) On psycholinguistic classifications of the acquired dyslexias, *Bulletin of the Orton Society*, 31, 29–46.

## Kapitel 9

**Perenin, M. T.,** and **Jeannerod, M.** (1975) Residual vision in cortical blind hemiphields, *Neuropsychologia,* 13, 1–7.

**Perenin, M. T.,** and **Jeannerod, M.** (1978) Visual function within the hemianopic field following early cerebral hemidecortication in man – I. Spatial Localization, *Neuropsychologia,* 16, 1–13.

**Perenin, M. T.** (1978) Visual function within the hemianopic field following early cerebral hemidecortication in man – II. Pattern discrimination, *Neuropsychologia,* 16, 697–708.

## Kapitel 10

**Brindley, G. S.,** and **Lewin, W. S.** (1968) The sensations produced by electrical stimulation of the visual cortex, *Journal of Physiology*, 196, 479–493.

**Dobelle, W. H.,** and **Mladejovsky, M. G.** (1974) Phosphenes produced by electrical stimulation of human occipital cortex, and their application to the development of a prosthesis for the blind, *Journal of Physiology*, 243, 553–576.

**Dobelle, W. H. , Mladejovsky, M. G., and Girvin, J. P.** (1974) Artificial vision for the blind: Electrical stimulation of visual cortex offers hope for a functional prosthesis, *Science*, 183, 440–443.

**Dobelle, W. H., Mladejovsky, M. G., Evans, J. R., Roberts, T. S., and Girvin, J. P.** (1976) ‹Braille› reading by a blind volunteer by visual cortex stimulation, *Nature*, 259, 111–112.

## Kapitel 11

**Bisiach, E., and Luzzatti, C.** (1978) Unilateral neglect of representational space, *Cortex*, 14, 129–133.

**Bisiach, E., Capitani, E., Luzzatti, C., and Perani, D.** (1981) Brain and conscious representation of outside reality, *Neuropsychology*, 19, 543–551.

**Corina, D., Krithevsky, M., and Bellugi, U.** (1996) Visual language processing and unilateral neglect: Evidence from American sign language, *Cognitive Neuropsychology*, 13 (3), 321–356.

**Dehaene, S.** Der Zahlensinn, Basel.

**Gerstman, J.** (1940) Syndrom of finger agnosia, disorientation for right and left, agraphia and acalculia, *Archives of Neurology and Psychiatry*, 44, 398–408.

**Marschall, J. C., and Halligan, P. W.** (1988) Blindsight and insight in visuo-spatial neglect, *Nature*, 336, 766–767.

**Volpe, B. T., Ledoux, J. E., and Gazzaniga, M. S.** (1979) Information processing of visual stimuli in an ‹extinguished› field, *Nature*, 282, 722–724.

## Kapitel 12

**Libet, B.** (1965) Cortical activation in conscious and unconscious experience, *Perspectives in Biology and Medicine*, 9, 77–86.

**Libet, B.** (1990) Time-delays in conscious processes, *The Behavioral and Brain Sciences*, 13, 672.

**Libet, B.** (1991) Conscious vs. neural time, *Nature*, 352, 27.

**Libet, B., Alberts, W. W., Wright, E. W. Jr., and Feinstein, B.** (1973) Responses of human somatosensory cortex to stimuli below threshold for conscious sensation, *Science* 159, 1597–1600.

**Libet, B., Alberts, W. W., Wright, E. W. Jr., and Feinstein, B.** (1972) Cortical and thalamic activation in conscious sensory experience. In: Somjen, G. G. (Hg.), *Neurophysiology Studied in Man*, Amsterdam, 157–168.

**Geldard, F. A.** (1982) Saltation in somesthesis, *Psychological Bulletin,* 92 (1), 136–175.

**Penfield, W.,** and **Boldrey, E.** (1958) Somatic motor and sensory representation in the cerebral cortex as studied by electrical stimulation, *Brain,* 60, 389–445.

## Kapitel 13

**Flor, H., Elbert, T., Knecht, S., Wienbruch, C., Pantev, C., Birbaumer, N., Larbig, W.,** and **Taub, E.** (1995) Phantom-limb pain as a perceptual correlate of cortical reorganization following arm amputation, *Nature,* 375, 482–484.

**Ramachandran, V. S.** (1993) Behavioral and magnetoencephalographic correlates of plasticity in the adult human brain, *Proceedings of the National Academy of Science,* USA 90, 10413–10420.

## Kapitel 14

**O'Keefe, J.,** and **Speakman, A.** (1987) Single unit avctivity in the rat hippocampus during a spatioal memory task, *Experimental Brain Research*, 68, 1–27.

**Pavlides, C.,** and **Winson, J.** (1989) Influences of hippocampal place cell firing in the awake state on the activity of these cells during subsequent sleep episodes, *Journal of Neuroscience,* 9 (8), 2907–2918.

**Wilson, M. A.,** and **MacNaughton, B. L.** (1994) Reactivation of hippocampal ensemble memories during sleep, *Science,* 265, 676–679.

**Winson, J.** (1991) Neurobiologie des Träumens, *Spektrum der Wissenschaft*, 126–134.

**Chomsky, N.** (1965) Aspects of the theory of Syntax, Cambridge.

**Isaac, G.** (1980) Casting the net wide: A Review of archeological evidence for early hominid land-use and ecological relations. In: Current arguments on early man. Report from the Nobel symposium, Königson, L-K (ed.), Oxford, New York, Toronto, 226–251.

**Johanson, D. C.,** und **Edey, M.** (1981) Lucy: Die Anfänge der Menschheit, München.

**Leakey, R. E.** (1981) Die Anfänge der Menschheit, Frankfurt.

**Lovejoy, C. O.** (1981) The origin of man, *Science* 211, 341–350.

**Potts, R.** (1984) Home base and early hominids, *American Scientist*, 72, 338–347.

**Premack, D.** (1976) Intelligence in ape and man, Hillsdale.

**Savage-Rumbaugh, S., McDonald, K., Sevick, R. A., Hopkins, W. D.,** and **Rupert, E.** (1986) Spontaneous symbol acquisition and communication use by pygmy chimpanzees (Pan paniscus), *Journal of experimental Psychology*, gen. 115, 211–235.

**Seyfarth, R. M., Cheney, D. L.,** and **Marler, P.** (1989) Monkey responses to three different alarm calls: evidence of predator classification and semantic communication, *Science*, 210, 801–803.

**Terrace, J. W.** (1979) Nim: A chimpanzee who learned sign language, New York.

**Wallace, R.** (1989) Cognitive mapping and the origin of language and mind, *Current Anthropology*, 30, 518–526.


**Schluss**

**Hegel, G. W. F.** (1987) Naturphilosophie und Philosophie des Geistes, Philosophische Bibliothek, Hamburg.

# Register